中華梅氏文庫

梅鼎祚年谱

童达清/编著

華中師範大學出版社

新出图证(鄂)字 10 号

图书在版编目(CIP)数据

梅鼎祚年谱/童达清编著.—武汉:华中师范大学出版社,2023.3
(中华梅氏文库)
ISBN 978-7-5622-9972-1

Ⅰ.①梅… Ⅱ.①童… Ⅲ.①梅鼎祚-年谱 Ⅳ.①K825.5

中国版本图书馆 CIP 数据核字(2022)第 239331 号

梅鼎祚年谱

©童达清　编著

责任编辑:梅杰　　**责任校对**:骆　宏　　**封面设计**:罗明波
编辑室:学术出版中心　　**电话**:027-67867792/67863280
出版发行:华中师范大学出版社
社址:湖北省武汉市洪山区珞喻路 152 号　　**邮编**:430079
电话:027-67863426(发行部)　027-67861321(邮购)
网址:http://press.ccnu.edu.cn　　**电子信箱**:press@mail.ccnu.edu.cn
印刷:湖北恒泰印务有限公司　　**督印**:刘　敏
字数:250 千字
开本:710mm×1000mm　1/16　　**印张**:18.75
版次:2023 年 3 月第 1 版　　**印次**:2023 年 3 月第 1 次印刷
定价:79.00 元

欢迎上网查询、购书

《梅鼎祚年谱》编委会

自　序

梅鼎祚是明末著名的文献学家、诗人、戏曲家，他一生著述繁多，交往广泛，具有较大的社会影响力。然自清代以来，学界对其注意力明显不够，研究者不多，尤其对其生平之研究更为罕见，我所仅见者，则为徐朔方先生所编之《梅鼎祚年谱》（以下简称“徐谱”），作为《晚明曲家年谱》第三卷皖赣卷的一部分，于 1993 年由浙江古籍出版社出版。徐谱基本勾勒了谱主一生的主要事迹及其著述，筚路蓝缕之功不可没。然其不足之处亦甚明显：引述资料过于单一，主要依据梅氏的诗文集《鹿裘石室集》连缀而成，其友人诗文鲜有涉及；年谱前冠有长篇“引论”以讨论梅氏戏曲创作的腔调问题，过于冗长，也不合年谱体例；对宣城士人及梅氏家族不甚了解；其他判断错误亦复不少。因此，重编梅鼎祚年谱，补正徐谱之不足乃至舛误，以期进一步推进对梅鼎祚其人的研究，甚有必要。

作为地方文史的爱好者，我对这位乡贤的关注已有三十余年，十数年前因编写《宣城梅氏》一书的需要，曾对他的生平、交往、著述有过初步的整理（其成果见于《宣城梅氏》一书，华艺出版社 2009 年版），其间也曾反复阅读过梅氏的《鹿裘石室集》，对其生前编纂的文献也作了多方面的了解，特别是对其家族《文峰梅氏宗谱》的翻阅抄录，厘清了谱主的家族世系，这对于我们了解谱主的生平活动及其诗文，极有助益。

有了这些准备，2017 年我就开始新编梅鼎祚年谱，断断续续地写作，持续了五年之久，目前已基本告竣，既是对这位乡贤的纪念，也是对宣城地方历史文化研究所作的一点力所能及的奉献。

由于文史功底所限，所见亦复不广，查找资料缺乏条件，本谱必然还存在许多不足甚至讹误，希望读者能给以持续地批评和指正，这也是我今后不断努力的一个契机和动力。2021 年 9 月，宣城市第九届党代会正式提出要加强“宣文化”的研究，弘扬“宣文化”，那么，本书的编写与出版，或许正是现实的需要与召唤吧。

本书的出版，得到梅学国和宣城市第十三中学的大力支持，《中华梅氏文库》对本书的接纳，在此一并表示衷心感谢。

2022 年 3 月 31 日

凡　　例

一、本谱以谱主梅鼎祚的主要著作《鹿裘石室集》（正文中称本集，其他文献出处称诗集、文集、书牍等，均指本书，不再详注书名）为基础，结合家谱及其同时代友人之诗文集等文献资料，力求详尽展现谱主一生之主要行实、文学创作、交游酬和等，为全面了解、研究谱主作一些基础性的工作。

二、本谱纪年采用阴历，其后注明公元纪年。阴历之年末，例为公元纪年之次年年初，不再进行一一换算。

三、本谱纪事，依据事件先后，按年月日依次排列，先概述其事，后列文献出处，间作说明、考证，附见于下。其未能考定具体日期者，以“约”等字样标明，酌情列于某年某月。

四、凡年谱中涉及谱主之亲属、友人等，一般于初见时简要概述其生平著作等，其后不再说明。对于生平事迹不详者，例付阙如，不再一一标注“生平里籍不详”等字样。其交游酬和涉及多人者，与谱主来往较疏者，一般不加介绍。

五、本谱引述文献资料，根据年谱需要，或仅举其篇目，或酌情节录，书后附《参考资料》，以便读者研究时复检。

六、本谱后附《参考资料》，仅列反复引用之文献，引述较少者，限于篇幅，不再一一罗列。

七、谱主之若干佚诗佚文，不单独作为附录，为直观起见，直接列入该年创作活动中。

目　录

年　谱

高祖珍。

曾祖楷（1462—1522），字时正，号友竹。曾祖母汤氏。

祖继先（1488—1521），字汝孝，号古庵。祖母刘氏（1488—1557）。

父守德（1510—1577），嘉靖二十年(1541)进士，官至云南布政司左参政。著有《沧洲摘稿》《沧洲近稿》《无文漫草》。母郭氏（1514—1581），府学生郭机女、顺天府通判郭说之孙女；庶母阮氏。

叔守恒、守忠、守信。

兄元祚、光祚，弟耆祚。

妻唐氏，广西按察使唐汝迪之女；妾潘、王、邹。

子士都、士好。

鼎祚字彦和，一字禹金，号胜乐道人、无求居士、千秋乡人、甘木生等。

嘉靖二十八年己酉(1549)　一岁

正月初三日，生于北京。

《释闵赋》："盖予生时有异征……唯祝犁冠于作噩兮，月毕陬而为阳。贞焉逢之淹茂兮，予乃谢阊阖而以降。"（诗集卷一）初三日，甲戌也。

《昔游》："皇昔揽拱揆予，乃在古幽燕。于时给事中，户外纷辎軿。"（诗集卷二）时其父梅守德任吏科给事中，本年改户科右给事中。

《戊申献岁六十诞辰，移舟避客，浪述十首》："燕京吾昔降，慷慨发犹循。"（诗集卷十四）

《答程照府》："燕，仆生其地。"（书牍卷八）

《伯姊麻太夫人六秩序》："当余生，家太中方给事，同省郎持牛酒贺户外，轮蹄日相击。"（文集卷十四）

《本朝分省人物考》卷三十八《梅鼎祚传》："孕七月而生。"

《宣城事函》："孕七月而生，膤甚，然英颖绝世。"

十二月六日，无锡邹迪光生。

嘉靖二十九年庚戌(1550)　二岁

父任浙江绍兴府知府，随父母之绍兴。

《昔游九首》其二："昔游会稽山，禹穴固已奇。"(诗集卷二)

《答杨司理》："越郡……先太中以单符从事其间，誉髦多士，骎骎日兴……不佞其时尚在襁负，稍长，获侍于诸君子，论世道故。"(书牍卷二)

五月，俞安期生。

八月十四日，汤显祖生。

嘉靖三十年辛亥(1551)　三岁

妻唐氏生。

嘉靖三十三年甲寅(1554)　六岁

父升山东曹濮道兵备副使，随父母至曹州。

曹濮道，又名兖西道，驻曹州。康熙《曹州志》卷七："凡直隶、河南、曹、濮接壤诸军卫有司，皆属节制。"

秋，途经扬州。

《昔游九首》其三："昔者游广陵，乘秋观水力……穷津肆衍漫，决岸何漂疾。"(诗集卷二)

八月二十九日，梅嘉祚生。《文峰梅氏宗谱》卷四

嘉靖三十四年乙卯(1555)　七岁

一月十八日，梅绵祚生。

王崇□《明长芦运使、前广西柳州府知府、龙里梅公暨配恭人施氏合葬墓志铭》，《文峰梅氏宗谱》卷末。

岳母陶氏卒，年二十七。

《祭唐外母陶恭人迁殡》："当我母恭人以年二十七殁，一女妇予鼎祚者，三龄耳。"(文集卷二十五)

父改任山东督学副使，随父至济南。

《昔游九首》其八："昔涉汶泗乡，讲业齐鲁间。伏轼孔子庐，坏壁探遗编。"其九："昔登邹峄山，徘徊览秦碑。"（诗集卷二）

嘉靖三十五年丙辰(1556)　八岁

一月八日，潘之恒生于歙县。

三月，岳父唐汝迪成进士。

父任云南左参政，随母归宣城。

约本年，父授座右铭。

《张幼于座右铭跋》："座右铭传自崔瑗，先大夫尝口授余儿时，余颛蒙不肖，以逮于强。张次公出此铭见示，文约义宏，无减子玉，殆切负先训之愧。"（文集卷十八）

约本年，从邑人范某学。

《逢范先生，是余儿时塾师》："我发渐长君渐短，挑灯闲说十年前。"（诗集卷二十二）诗当作于万历初。

十二月四日，梅蕃祚生。《文峰梅氏宗谱》卷四

嘉靖三十六年丁巳(1557)　九岁

九月九日，吴伯与生。《吴府族谱》卷九

十一月，梅鹍祚生。

梅守箕《文林郎山东道监察御史从侄仲举行状》，《文峰梅氏宗谱》卷末。

年底，父自京公干归。

梅守德《恳乞休致疏》，《无文漫草》卷十一。

本年，陈鹤徙居南京。

嘉靖三十七年戊午(1558)　十岁

二月二十八日，梅膺祚生。《文峰梅氏宗谱》卷四

三月，父上疏致仕。

梅守德《王父隐君友竹公状》："丁巳，守德参滇藩入贺，还，省付。念母老不忍远去，欲乞休，请于母。母欣然曰：'吾此意久矣，顾尔年未艾。兹殊惬予意。尔进退无愧，固不在官也。'遂疏于朝得致仕。"（《无文漫草》卷六）祖母今岁卒。

梅守德《谢大司空雷公》："丁巳南还，戊午乞休。"（《无文漫草》卷九）

《与玄草自序》："余生十岁，而大人丐身归。"（文集卷四）徐谱误系于上年。

陈鹤《和梅宛溪大参乞归得报韵》，《海樵山人集》卷九；《闻宣城梅宛溪大参疏乞归田漫寄》，《海樵山人集》卷十。

九月十三日，吴伯敬生。《吴府族谱》卷九

十月二十五日，兄元祚、光祚同日卒。

袁鹤皋《庠生梅子思善、思裕兄弟合葬墓志铭》，《文峰梅氏宗谱》卷末。

《诰封恭人先母郭太君行状》："戊午秋，见先二兄同日之丧。"（文集卷二十）此记为秋，记忆有误。

十二月十三日，从叔梅守峻生。

孟时芳《吏部文选司郎中大庚梅公墓志铭》，《文峰梅氏宗谱》卷末。

辍学三年后就塾。

《诰封恭人先母郭太君行状》："二兄并为弟子员，隽颖，以苦学致疾。府君痛之，鼎祚不就学者三年。母恭人毅然曰：'童而牿，将安施？'命就塾。而鼎祚持爱肆媢，至折塾师之荆不肯受。母恭人立命必受笞，初不以孤子废严也。"（文集卷二十）

《本朝分省人物考》卷三十八《梅鼎祚传》："幼清臞甚，然英颖绝伦。始丱与两兄俱补邑庠，随饩廪一月，而两兄相继捐逝。"

嘉靖三十八年己未(1559)　十一岁

山阴陈鹤至宣城，从之游。

朱孟震《与玄草序》："初，参知公喜延接方外士。陈山人鹤、王山人寅，皆以诗鸣江湖间，来辄留数月，禹金皆从之游。陈山人来游时，禹金方舞象。二山人顾心服禹金，为忘年交。在宛陵所交而最昵者，则沈太史君典一二辈尔。"（本集卷首）舞象，《礼记·内则》有"成童舞象"，十五岁也。按，《列朝诗集》丁集中《海樵山人陈鹤》小传云："山人卒于嘉靖壬申。"壬申为"庚申"之误，时鼎祚未成童也。

嘉庆《宁国府志》卷三十一："嘉靖己未寓宣城，与梅守德倡和诗近百篇。凡岁余去，之金陵，卒。"陈氏《海樵山人集》卷三《重恩堂歌为梅宛溪大参作》，卷九《访梅宛溪大参话旧叠前韵》《宣州禅院避俗，喜梅宛溪大参骑马冒雪见访》诸诗皆此行作。

王寅（1506—1588），字仲房，号十岳山人，歙县人。诸生。著有《十岳山人诗集》。事见汪道昆《王仲房传》（《太函集》卷二十八），康熙《徽州府志》卷十五有传。

《与玄草自序》："余生十岁而大人丐身归，数岁，余见客，客多大父行，其能诗至者，令习为客和。家大人诗成，亦辄令和之，属相率以为常。"（文集卷四）

十月二日，梅守箕生。《文峰梅氏宗谱》卷四

嘉靖三十九年庚申(1560)　十二岁

一月十八日，梅台祚生。《文峰梅氏宗谱》卷四

随父至城北木塔冲马士宁墓祭扫。

《石冢记》："马三公墓，在所居城北一里木塔冲之阳……皆负寅面申。某为儿时，侍先君岁节拜飨。"（文集卷十六）

三月十八日，龙膺生。

嘉靖四十年辛酉(1561)　十三岁

二月七日，刘仲光生。《陷马刘氏宗谱》卷七

吴伯与《恩选贡士元弢刘先生传》，《陷马刘氏宗谱》卷十五。

约本年，从邑人姚嘉谷学。

鼎祚有《存杏辞为姚武冈师作》（诗集二十一），《姚氏世节传》"丞为余师姚先生嘉谷云"（文集卷二十一），《答姚国瑞先生》"鼎祚驽劣，记称博士弟子，时则从游之，岁甫丱耳"（书牍卷二），《答姚武冈师》（书牍卷四），《答蹇督府》"业师、真定同知姚嘉谷"（书牍卷八），可知其少曾从姚嘉谷学，只不知准确年代，姑系本年。

曹学佺《赠梅禹金序》："早岁治《周易》而从事于进取之策。"（《石仓文稿》卷二）

八月，或当随父至金陵。

《大司寇华阳徐公六秩寿序》："念童子时当嘉靖辛酉，窃睹今少傅新都许公、少师吴申公与徐公，各以经魁南畿。"（文集卷十一）

《答顾广文》："仆丱已游陪京，则宝幢公往生，久读《玉露草》，尚如把松枝麈尾，对谈小品下百签也。"（书牍卷七）

嘉靖四十一年壬戌(1562)　十四岁

获见建平潘桐源。

《与潘桐源》:“鼎舞勺之年，获从先大人挹芝宇而饫霏谈。”(书牍卷二)潘桐源，名不详，当为潘嘉父或父辈。

八月七日，梅咸祚生。《文峰梅氏宗谱》卷四

约九月，罗汝芳任宁国府知府，随父从之游。

《大参盱郡罗公汝芳》:“罗公秉和德，作牧来此都。亲若冬日燠，荣若春云敷。”(诗集卷五)

《宣城杂咏十首·登楼吟》:“昔年十四五，三登谢朓楼。楼上何所有？四边树木何修修。”(诗集卷六)

嘉靖四十二年癸亥(1563)　十五岁

好古文辞。

沈懋学《庚辛草序》:“禹金方丱已为古文词……斤斤务当于作者之轨而剂之以才，不使其柅于法；达之以志，不使其衍于辞。”(本集卷首)

刘绍恤《与玄草序》:“舞象之年，辄嘐嘐好古，以请于先太中。先太中大奇之，不夺其志。”(本集卷首)

梅守箕《校次与玄草题辞》:“舞象之年即能摛词春华，目中寥寥，前无古人，后无来者，而以太中开之……都人士见禹金所为，且不解其作何语，咸骇以为怪。而禹金非独其言轨先哲，其服御亦多则古。性懒而节疏，好游衍而恶徒往来作寒暄语，即好客，客非其好者至辄不出，遂咸谪以为狂。禹金益用自远，谢一切而拜力于兹役，始而为六朝初唐，太中曰:‘绮丽矣。’去而为盛唐，太中曰:‘雅驯矣，驰骋未及也。’为歌行，太中曰:‘才达矣，神未传也。’为古五言若赋，太中喜曰:‘神与才传矣。’”(本集卷首)

诗集卷八《出塞曲》《入塞曲》《陌上桑》《当垆曲》《吴趋变曲》《西南》《上将》等拟乐府诗，当即本年前后作。

八月，罗汝芳建志学书院成，邀王畿至宣城，与之游。

《驾部郎山阴王公畿》:“王公……余大父行也，而引以小友，尝属予赠之以长歌，竟负良约。”(诗集卷五)

《王阳明年谱》卷四:“八月，提学御史耿定向、知府罗汝芳建志学

书院于宣城，祀先生。洪、畿初赴水西会，过宁国府，诸生周怡、贡安国、梅守德、沈宠、余珊、徐大行等二百人有奇，延至景德寺讲会，相继不辍。”

十二月十五日，梅庆祚生。《文峰梅氏宗谱》卷四

嘉靖四十三年甲子(1564)　十六岁

进学。据府志卷二十九本传。

梅守箕《校次予宁草题辞》：“禹金年十六，入博士籍。”（诗集卷首）

《大参盱郡罗公汝芳》诗序：“予舞象之岁，召置门下秀才。”（诗集卷五）

《报周国雍司封》：“仆年舞象，隶名博士。”（书牍卷二）

二月，沈仕至宣城来访。

《答沈山人仕再见寄》：“三载相思未报书。”（诗集卷十五）诗作于隆庆元年，逆推之，则沈仕访宣城之时间当在本年。

沈仕《寄梅禹金宣城》其六：“我忆曾浮二月槎。”（万历《宁国府志》卷十二《艺文上》）；《出宛陵》：“棹入澄江二月还。”（《沈青门诗集》卷一）则其时当在二月。

又，沈仕《寄梅禹金宣城》其一：“向昔冲年推孔融。”可见鼎祚此时尚幼。

三月，祖母刘氏八十大寿。

唐汝迪《梅太恭人八秩序》：“今年暮春，梅太夫人跻八秩，届期冢子宛溪君横金曳紫，率家之长幼拜舞堂下，次第称觞。郡邑大夫及宛溪君之门生故吏自四方闻者，或踵庭，或勤使，比比而致祝。”（《嘉议集》卷六）按，刘氏实年七十九，按宣俗为八十寿。

受知于宣城县学教谕刘焘。

《奉安福刘司理先生》：“畴昔知遇载在此心，曷有已已。”（书牍卷一）参见本谱隆庆五年、万历五年。

与南陵管橘相识。

《答管彦怀》：“不佞舞象之岁，盖投分足下不浅也。我先太中手足下文，辄咨咨称后来之俊。”（书牍卷二）

《答管涵虚》：“昔从尊先公于骑竹之年。”（书牍卷十二）

《答管侍御》：“弟唯记与翁丈同学观复楼时耳。”（书牍卷十三）

好酒使气。

《祭麻柏亭翁暨张孺人》："余小子，年逾舞象也，狂斐自命，二八代升，觞行无算，一日而醉二参，而公时时耳提之，小子无以靡曼摇精，以曲蘗伐生也。"（文集卷二十二）

《祭外舅唐嘉议公》："往者鼎祚好长夜之饮，所称酒友而为公肺腑之戚者，旧则沈生，近则吴生，公以此足伤生而伐性，未尝不交相戒也。"（文集卷二十二）

《祭吴汝州》："予佻而狷，导以饮醇。予荡而佚，勖以葆神。"（文集卷二十三）

《答吴虎臣》："不佞孤少乏酒德，然好游酒人矣。"（书牍卷一）

《与仲举弟》其二："大丈夫不雄飞万里，便当极情酒内以乐死尔，安能郁郁作儿女自好乎？仆少颇怪诞，盛气肥肠，谓人世事无不可为。"（书牍卷三）

《酒病已复饮，大醉戏作》，诗集卷二十一。正是此一段时期常态。

兄元祚过继一女。

《祭侄女》："盖伯兄短折而未有息，嫂刘即矢志无二，以其弟之女为女，则汝也，是时余年甫十六。"（文集卷二十五）

本年，宋世恩生。

嘉靖四十四年乙丑(1555)　十七岁

夏，王寅至宣城，有和答诗。

《王仲房见过，辄有投别和答》："弭楫双溪上，高城俯夏云。"（诗集卷八）

王寅《再别君典、禹金》："潭上忆中秋，难孤月色幽。"（《十岳山人诗集》卷三）当秋别时作。

心交欧大任。

《答欧桢伯》："齿在舞象，辄承五岭之区有桢伯先生。"（书牍卷一）

欧大任（1516—1595），字桢伯，号仑山，广东顺德人。嘉靖中以贡生历官江都训导，终南京工部郎中。著有《虞部集十五种》。事见杨瑞云《虞部公行状》（《虞部集》卷首），万历《粤大记》卷二十四有传。

嘉靖四十五年丙寅(1566)　十八岁

春，宁国府同知李先芳因被弹劾，免官回籍，有诗二首赠行。

《符卿李公伯承丞余郡，免归濮阳，奉寄二首》：“近海沧波曙，还家芳草春。”（诗集卷八）

《登楼吟》：“近者濮阳李尚宝，半刺不得留宣州。”（诗集卷六）

邢侗《濮阳李公先芳行状》：“擢丞宁国，见谢朓青山而乐之……用前校官通判中伤，坐台抨，竟回籍。”（《国朝献征录》卷七十七）

按，徐谱作四十四年，误。李先芳去年谪宣城，免官在今年春。

李先芳（1510—1594），字伯承，号北山，湖广监利人，山东濮州籍。嘉靖二十六年（1547）进士，四十四年（1565）任宁国府同知。著有《东岱山房诗录》《李氏山房诗选》等。事见邢侗《奉训大夫尚宝司少卿北山先生濮阳李公先芳行状》（《国朝献征录》卷七十七）、于慎行《尚宝司少卿北山李公先芳墓志铭》（《谷城山馆文集》卷二十一）和自述《北山野史传》，《明史》卷三八八有传。

春，游南京。

《金陵杂感》十首其二：“六朝花月斗春妍，十八来游二十年。”（诗集二十四）

《金陵晓出玄武堤》：“十里晓山开翡翠，一湖春水浸玻璃。”（诗集卷八，《与玄草》卷八）鼎祚出游南京多在秋，此为春景，当为本年游南京时作。

《昆仑奴传奇引》：“余少好谈剑，然未有所遇。年十七八，见刘大司马，闻客言曾中丞规河套时两道人事甚奇，剑亦诚有术。”（文集卷十八）

按，刘大司马，徐谱以为刘天和，误。刘天和嘉靖二十七年已去世。曾中丞，即曾铣，其规河套事，见《明史》卷二〇四本传。

过庭训《本朝分省人物考》卷三十八《梅鼎祚传》：一月而两兄相继捐逝，参政公哀悼之极，更抱隐虞，恒欲其焚笔砚、弃诸生，而寄业于太学，谢非所愿也，请以百金治装南游秣陵，至则尽倾橐金市书以归，杜门伏诵者三年。凡三苍六籍以及百家之言，无不淹博。

与许谷相见。

《太常卿上元许公谷》：“童子时谒许公秦淮里第，公年七十余……遽蒙月旦之题，属阳春之和，数经白门，不无西州叩策耳。”（诗集卷五）

与盛时泰游从。

盛时泰（1529—1589?），字仲交，号云浦、大城山樵，上元人。太仆丞盛时春弟。隆庆六年以贡入太学，未仕。著有《游吴杂纪》《游燕杂纪》《大城山全集》等。事见万历《金陵琐事》卷下、道光《上元县志》卷十六。

朱孟震《停云小志》："去城二十里为摄山，山之左有大城山，仲交结精舍其地，时跨一青骡，命小奚奴囊古琴，随往来，啸咏甚适也。"（《河上楮谈》卷三）

游静海寺。

《静海寺礼绣佛，永乐中得自西洋》，诗集卷二十二。

《江南通志》卷四十三："静海寺，在府西北仪凤门外卢龙山之麓，明永乐间内监郑和使西洋归，因建寺赐额。"

听查鼐弹琵琶，有感。

《听查八十弹琵琶》，诗集卷二十二。查八十，即查鼐，字廷和，休宁人。

汪道昆有《查八十传》："鼐且老，复过金陵，尝入平康里，为清弹。诸美人无知者，安氏媪年七十瞽矣，闻之大惊曰：'此先朝供奉曲也，国工张六老能之，客何为者？'既而知其鼐也，起为按节，相视以为知音。"（《太函集》卷二十八）

七月二日，祖母刘氏病逝。

梅守德《母刘太恭人行状》，《无文漫草》卷六。周怡《梅太恭人刘氏墓志铭》，《讷溪集》文录卷五。

八月六日，邑人刘仲达生。《陷马刘氏宗谱》卷三

穆宗隆庆元年丁卯(1567)　十九岁

约本年，娶妻唐氏（唐汝迪女）。

《祭外舅嘉议公》："以公长女为鼎祚妇也，为妇十年而未有举也。"（文集卷二十二）

按，徐谱作三年前后，不确。考鼎祚《唐丈人守雷阳入觐，暂还里居》有"三年梦寐逢今雨"（诗集卷十五）之句，其婚期当在去年底或今年初。

春，沈仕来诗寄怀。

《答沈山人仕再见寄》："三载相思未报书，流澌又下越江鱼……自耽春色西湖好，不道何门可曳裾。"（诗集卷十五）参见嘉靖四十三年。

再见寄，此前沈仕有《寄梅禹金宣城》七绝八首、《忆宛陵旧游寄

梅禹金》古风一首，并见万历《宁国府志》卷十二《艺文上》。

秋，赴南京乡试，谒刑部侍郎吴悌。

《少司寇金溪吴公署集（吴公初宰余邑，善家大夫）》，诗集卷二。

《答吴继疏吏部》："鼎祚丁卯秋以童儿就都试，获谒太公于留省，蒙降尊而礼接之，教诲饮食之。比狂失裁，辄有酬咏，太公复与其进而奖借之，以推厚于先大夫，兹犹炯然心目也。"（书牍卷十一）

吴悌（1502—1568），字思诚，一字顺之，学者称疏山先生，江西金溪人。嘉靖十一年进士，十三至十五年曾任宣城知县。事见范应期《吴文庄公行状》、邹元标《南京刑部侍郎赠尚书谥文端疏山吴公墓表》、吴岳《吴文庄公墓志铭》、沈鲤《吴文庄公神道碑》，并《吴疏山先生遗集》附。

与休宁詹景凤、曹诰相识。

《休宁五怀诗》其一《詹孝廉东图》、其二《曹主事仲宣》，诗集卷二十二。诗作于万历三年。

詹景凤，字东图，休宁流塘人。本年举人。康熙《徽州府志》卷十五有传。

曹诰，字仲宣，休宁曹村人。本年举人，隆庆五年进士，累官礼部郎中。事见康熙《徽州府志》卷九。

与休宁任梦榛相识。

《休宁五怀诗》其三《任别驾山甫》："五年曾附一书还，万里春光动百蛮。"（诗集卷二十二）诗作于万历三年，时任梦榛任云南府通判。

任梦榛，字山甫，号五安山人，休宁万安人，寓居杭州。例仕，历官承天府经历、德安通判、云南府通判。见康熙《徽州府志》卷十一。生平可参考李维桢《任山甫诗跋》（《大泌山房集》卷十三），朱孟震《玉笥诗谈》卷上、《河上楮谈》卷三。天启《滇志》卷十三作"陕西人，监生"，当误。

游魏国公西园。

《魏国西园赋得公宴诗》，诗集卷二。

西园，在南京，相传为古凤凰台地。可参见王世贞《游金陵诸园记》，《弇州山人续稿》卷六十四。

有诗献南京兵部尚书刘采。

《赠南大司马麻城刘公》，诗集卷二。

刘采（1500—1573），字汝质，号安峰，湖广麻城人。本年五月任南京吏部尚书，旋改南京兵部尚书，四年八月休致。参见《穆宗实录》卷八、卷四十八，耿定向《刘端简公采传》（《国朝献征录》卷四十三）。

有诗献南京吏部右侍郎裴宇。

《赠少宗伯闻喜裴公》，诗集卷二。

裴宇，字子大，山西泽州人（题中“闻喜”，当以郡望言）。本年五月任南京吏部右侍郎，十月升南京工部尚书。见《穆宗实录》卷八、卷十三。

秋试不售。参见本谱万历四年。

沈懋学秋试中举。

《留都秋夕示沈君典，兼呈部寺诸公》：“长游君好邀禽庆，多病余真类马卿。”（诗集卷十五）

与莫云卿相识。

《莫云卿辈集太常许公宅，因过天界听讲》，诗集卷十五。

莫云卿《怀友七首》诗序：“丁卯秋，余游白下，与四方文学同志诸君结社于金陵鹫峰寺，每集辄以觞咏共适，穷日乃罢。”（《莫廷韩遗稿》卷二，《石秀斋集》卷二）

莫云卿（1537—1587），原名是龙，字云卿，以字行，后改字廷韩，松江华亭人。著有《莫廷韩遗稿》《石秀斋集》《小雅堂集》等。光绪《华亭县志》卷十五有传。

九月，与姚汝循相识。

《晚秋同张山人访姚大名叙卿，姚时听徙》，诗集卷十五。

姚汝循（1536—1598），字叙卿，号凤麓，浙江永嘉人。嘉靖三十五年进士，历官南京刑部郎中、大名知府。著有《锦石山斋集》。其生平可见冯梦祯《前大名知府姚叙卿先生墓志铭》，《快雪堂集》卷十二。

游燕子矶。

《登燕子矶》：“秋冷蛰龙尊窟宅……直取寒杓作酒杯。”（诗集卷十五）

《秋夜陈比部署中有怀故园》，诗集卷十五。陈比部，不详。

周怡由太常寺少卿贬官登莱兵备佥事，有诗赠之。

《送太常周公顺之谪海右佥事》，诗集卷六。

本年，二叔梅守忠卒。

据《文峰梅氏宗谱》卷三：守忠，字良甫，号南泉，生于正德十年八月十四日，殁于隆庆丁卯。

隆庆二年戊辰(1568)　二十岁

为县廪生。

《报周国雍司封》："甫冠而廪县官。"(书牍卷二)

知于知府钟一元。

《宪使嘉禾钟公一元》诗序："士以文进，鲜许可，故士亦鲜欢。余时总发，每奏一篇，独未尝不称善也。去后，余累困都试，公数移书慰藉之。"(诗集卷五)

与泾县张应泰相识。

《寄张大来》："梅生二十称狂夫，论交张季高阳徒……琴溪结冰敬亭暮，飞梦萧萧寒雨中。"(诗集卷六)

得及见舅爷爷刘琛。

《将仕佐郎河南封丘王府教授松溪刘公暨配王孺人合葬墓表》："鼎祚冠，犹及事公，性方严，訾笑不苟，进止不失尺寸。"(文集卷二十一)

游青楼，听贾珍弹筝。

《月夜置酒听贾珍弹筝歌》，诗集卷三，《与玄草》卷三。

隆庆三年己巳(1569)　二十一岁

三月十一日，寒食节，赴蔡村祭扫兄元祚、光祚墓。

《蔡村拜二兄墓》："白杨萧骚愁煞人，孤村风雨逢寒食……樵苏虽禁丘陇荒，十枯春草梦茫茫。"(诗集卷六)二兄卒于嘉靖三十七年，距本年正"十枯春草"。

《游三天洞》，诗集卷二十。当作于此时。按，鼎祚此诗与罗汝芳嘉靖四十三年作《三天洞》同韵，或亦是时鼎祚父子随罗氏游三天洞。待考。

入府学为廪膳生员。

《奉安福刘司理先生》："鼎祚去先生左右将十载于兹，而受饩学宫者亦且八载。"(书牍卷一)书作于万历五年，逆推在本年。徐谱系于上年，当误。

秋，宣城县训导李廷栋升黄县教谕，有诗赠行。

《李子省司训归滁阳赠之》："叠嶂云寒雁度楼。"(诗集卷十五)

《送李广文迁黄县》："秋杪云霞半入城。"(诗集卷十六)

按，李廷栋，字子省，滁州人。以本年岁贡任宣城县训导，数月即升黄县教谕。见万历《滁阳志》卷十一《选举表》、同治《黄县志》卷六。

十二月十六日，随父赴贺宗人梅穗寿。

《处士耕隐梅公墓志铭》："处士当耄也，家大人携鼎小子诣处士为寿。"（文集卷二十一）本年梅穗年七十九，按俗庆八十寿。

隆庆四年庚午(1570)　二十二岁

二月一日，梅建祚生。《文峰梅氏宗谱》卷四

夏，歙县王寅至宣城。

《郭山赠王仲房》："五年之前我遇君，敬亭奇峰生夏云。"（诗集卷六）诗作于万历三年。

《饮王仲房》"坐久忽疑霜是月"，见诗集卷二十二，可见王寅由夏至秋，一直逗留于宣城。

《再入敬亭怀李白》，诗集卷八，或亦此时作。

秋，王寅别归歙县，送行至寿松铺。

《送仲房》，诗集卷二十二。《与玄草》卷八题作《寿松店送王仲房》。

王寅《寿松驿别梅禹金与叔时甫、兄思振，兼怀沈君典未至》："夕阳落叶正纷纷，送客城南忍别君。九日且归郭岭社，双里还约敬亭云。"（《十岳山人诗集》卷三）时沈懋学尚滞留塞北。

寿松驿，即寿松铺，在宣城南三十里。可参见嘉庆《宁国府志》卷二十。

邑人王樕游南京，有诗赠行。

《送王樕游金陵》，诗集卷二十二。《与玄草》卷八题作《送王樕游都下》。

八月七日，吴伯敷生。《吴府族谱》卷九

秋，南京乡试不售。参见本谱万历四年

父亦同至南京。梅守德《与陆少卿五台》："岁庚午，晤贤季白下。"（《无文漫草》卷九）贤季，指陆光宅。

唐汝迪《赠锺郡公迁四川宪副序》："今年秋八月，余姻氏宛溪梅太中大夫携令子鼎祚就试白下，余时具员留曹，鼎祚为余婿，因相常往来。太中每过余坐谈，辄及我郡侯嘉乐钟公治吾宁善政。"（《嘉议集》

卷六）

或于此时初识郭子章。

《与郭青螺大参》："鼎祚初谒先生始逾弱，健犊猋骛，勃勃不可当。"（尺牍卷六）

郭子章（1542—1618），字相奎，号青螺，江西泰和人。隆庆五年进士，累官贵州巡抚、兵部尚书。光绪《江西通志》卷一四九有传。

与陶允宜相识，与方沆等同游栖霞山。

《泰符入楚后寄答陶懋中，先是书来述栖霞之游，偕方子及余也》："逢君发高唱，始作摄山游。"（诗集卷十二）

《与陶懋中使君》："往遘陶公于栖霞，指点石佛，斠鹿泉而饮之。袖出大篇，如数十摩尼珠相注射也。一再过含香之署，钟阜玄湖，映带左右，不其乐融融哉！"（书牍卷七）书作于万历十八年。

陶允宜，字懋中，浙江会稽人。隆庆四年举人，万历二年进士。著有《镜心堂集》十六卷。

方沆，字子及，福建莆田人。隆庆二年进士，历任全州知州、南户刑二部郎中、云南提学、湖广佥事等职。著有《振蓬稿》六卷。乾隆《莆田县志》卷二十二有传。其在南京事，亦可参见朱孟震《停云小志》（《河上楮谈》卷三）。

游天界寺，晤僧果斌。

《天界寺访斌公，值其卧病》，诗集卷二十二。

《天界寺追忆半峰斌公》："十年违佛日，双树老秋阴。"（诗集卷九）诗作于万历七年，距本年恰首尾十年。参见本谱万历七年。

果斌，号半峰。著有《半峰集》。嘉靖四十二年曾至宣城讲法，作有《翠云庵》诗，见光绪《宣城县志》卷三十二。

万历《应天府志》卷二十三："天界寺，在聚宝门外善世桥南。"

归宣城，宁国府知府钟一元已离任，有诗感怀。

《望叠嶂楼奉怀故锺使君》，诗集卷二十二。万历《宁国府志》卷十二《艺文上》题作《望叠嶂楼有怀前守锺公》。

或本年，沈懋学纳妾，有诗赠之。

《艳诗赠沈二》，诗集卷二十。

冬，有诗寄怀张应泰。

《寄张大来》："琴溪结冰敬亭暮，飞梦萧萧寒雨中。"（诗集卷六）本年张氏乡试不中。

张应泰，字大来，号东山，安徽泾县人。万历十年举人，二十年进士，历任泰和知县、南工部主事、泉州知府、大名府通判、户部员外郎等职。著有《艺葵园草》《白门草》《晚香亭稿》等。嘉庆《泾县志》卷十八有传。

隆庆五年辛未(1571)　二十三岁

三月，原宁国知府罗汝芳再至宣城，有赠别诗。

《敬亭舟中送故府君罗公入京》："敬亭一相送，三月柳成丝。"（诗集卷二十）

《别近溪罗使君晚归》："一片春江月，愁分梦里看。"（诗集卷八）当作于此时。

七月，宁国府知府王嘉宾招宴北楼。

《早秋北楼宴呈王使君》，诗集卷二十。

按，王嘉宾本年任宁国府知府。嘉庆府志作隆庆四年，误。可参阅董传策《宁国府新建惠济桥碑记》、梅守德《惠济桥告成碑记》，均见万历《宁国府志》卷十三。

八月，邑友崔伯温赴扬州，有诗赠行。

《送崔大下广陵谒故相李公》："锦帆八月挂秋涛，知落扬州第几桥。"（诗集卷十五）故相李公，指李春芳，隆庆二年任内阁首辅，五年致仕归。

秋，岳父唐汝迪任雷州知府，入觐后便道归里。

《唐丈人守雷阳入觐，暂还里居》："三年梦寐逢今雨，五岭烽烟接素秋。"（诗集卷十五）

唐汝迪《白雪阳还答梅婿禹金》，《嘉议集》卷三，与上同韵，当是答诗。

有书寄前宣城教谕刘焘。

《奉安福刘司理先生》："先生持宪高州，时家外舅守雷阳，尝一寓书下执事。执事先是有匍匐之难，缄之西反。"（书牍卷一）刘焘时任高州府推官。

约本年秋，与绍兴诸大圭有诗书往来。

《寄答诸省元大圭，时家大人守会稽，延为二先兄师》，诗集卷二十二。

诸大圭，字信夫，号紫桥，浙江余姚人。嘉靖三十一年浙江乡试解元，万历五年成进士，曾任主事。著有《四书真稿》。诸大圭为其父守德嘉靖三十一年浙江乡试门下士。

有诗寄南礼部侍郎董传策。

《奉寄少宗伯上海董公》，诗集卷十五。

按，此诗当代其父作，或为请其作惠济桥碑记事。参见董传策《宁国府新建惠济桥碑记》，万历《宁国府志》卷十三《艺文下》。

董传策（1530—1579），字原汉，号幼海，南直华亭人。嘉靖二十九年进士，累官南京礼部右侍郎。著有《采薇集》《幽贞集》等。嘉庆《松江府志》卷五十三有传。

十月十日，梅振祚生。《文峰梅氏宗谱》卷四

隆庆六年壬申(1572)　二十四岁

春，胡云望以岁贡任宣城县训导，旋弃官归，有诗送行。

《送胡师弃官还武林》："莫道广文官不贫，一瓢空领西湖春。敬亭云散先生去，西湖春好先生住。"（诗集卷六）

胡云望，浙江仁和（今属杭州）人。按，万历《宁国府志》卷十四作嘉靖间任，误。卷二《官师表》不误。

春，邑人张克家被贬嘉兴府推官，有诗赠行。

《对亭庵送张侍御谪嘉兴司理》："暮向诸天别，春回大地阴。"（诗集卷二十）据万历《嘉兴府志》卷九，张克家本年任。张克家长女嫁梅守信子梅豫祚。

三月，或有泾县之行。

《张大来赠琴溪药鱼》："杖策琴溪游，冯高求其侣。"（诗集卷三）

五月，辑《宛雅》十卷成。

《宛雅序》："梅季子辑宛陵诸家诗，告大人订之，命名《宛雅》……兹余方束发，恕录广征，杀青略就，得如干人，凡如干篇。"（文集卷二）

按，原刻本序后署"万历纪元前一岁壬申长至日，汝南梅鼎祚禹金撰"，目录署名"里人甘木生鼎祚"。今四库存目本《宛雅初编》卷首署名"甘木梅鼎祚原编"。长至，夏至也。

又，鼎祚《宛雅》原刻十卷，乾隆间邑人施念曾等合刻《宛雅》三编，始厘为八卷。

有书寄建平潘桐源。

《与潘桐源》："鼎舞勺之年，获从先大人挹芝宇而饫霏谈，盖十祀

于兹，发且总总在右，人已当弃繻矣。”（书牍卷二）

九月，侍父游南京，作有《遵南赋》。

《遵南赋》序：“岁壬申秋九月，余征于南，盖余龄冠矣。行所睹记，多六代遗迹……窃放昔人《述行》，而赋《遵南》。”（诗集卷一）

访刑部主事朱孟震。

《南都访朱秉器比部》：“钟山近官舍，秋色晚冥冥。”（诗集卷八）

朱孟震《与玄草序》：“隆庆壬申秋，来游金陵。左顾右盼，冯轼抽毫，有《遵南》之赋，一时纸价为之顿高。余时守西曹，与禹金相过从，挥麈剧谈，四座风动。肤玉色，朗朗照人。无何别去。”（文集卷首）西曹，刑部官。《与玄草序》，《朱秉器集》卷一题作《梅禹金诗叙》。

《金陵留别朱比部》，诗集卷八。

鼎祚曾参与青溪社。《寄朱秉器按察大梁》其二：“十年开府未为迟，回首青溪结社时。”（诗集卷二十三）朱孟震《停云小志》：“青溪，自后湖分流，与秦淮合，当桃叶、淮清之间……陈明府芹即其地为阁焉，俯瞰溪流，颇有幽致。岁辛未，费参军懋谦约余为诗会其上，于是地主则明府，次则唐太学资贤、姚典客淛、胡民部世祥、华广文复初、钟参军倬、黄参军乔栋、周山人才甫、盛贡士时泰、任参军梦榛，先后游而未入会者，则张太学献翼、金山人銮、黄山人孔昭、梅文学鼎祚、莫山人公远、王山人寅、黄进士云龙、夏山人曰瑚、纪亳州振东、陈将军经翰、汪山人显节、汪文学道贯、道会、沈太史懋学、程文学应魁、周文学时复。癸酉复为续会……”

朱孟震（1530—1593），字秉器，号明虹，江西新淦人。隆庆二年进士，累官山西巡抚。著有《秉器集》《河上楮谈》《汾上续谈》《游宦余谈》《玉笥诗谈》等。

在南京见山阴陈鹤诗，有感怀之作。

《读山阴陈鸣野诗感旧》：“短杖烟霞积，遗编岁月深。”（诗集卷八）陈鹤卒于金陵。

侍父与张佳胤、向程游，有诗赠之。

《古意奉酬铜梁张中丞、四明向侍御》，诗集卷三。按，此诗亦见其父《沧洲近稿》卷上，题作《古意二章奉酬铜梁张中丞、四明向侍御两台》，当代父作。

《大司马蜀张公佳胤》序：“张公抚江南，拔余秀才，及移南鸿胪、光禄，时相与周旋，极为谬许。”诗云：“蹇余备逢掖，弱岁忝嘉招。片言蒙藻赏，悴色扬清韶。铜官青雀舫，金陵朱雀桥。出则入后乘，入则命沈醪。”（诗集卷五）

按，据《穆宗实录》卷六十二，隆庆五年十月甲寅，张佳胤由山西按察使升任应天巡抚。

向程，字宗洛，号见台，浙江慈溪人。嘉靖四十四年进士，隆庆六年至万历元年任巡按直隶御史。天启《慈溪县志》卷八有传。

侍父访董传策。

梅守德《与董侍郎幼海》：“仆盖向往门下者有年，顷得请于阍人，内而进之，以觐有道之光。”（《无文漫草》卷九）书作于次年，参见该年。

游牛首山，夜宿弘觉寺。

《登牛首投弘觉寺》：“秋深寻古寺，日暮闻疏钟。”（诗集卷八）

别后朱孟震有诗来寄。

《秋日朱比部诸君集莫愁湖，时予东归渡江矣，比部书来恨座中少季子，漫赋答之》，诗集卷十六。

朱孟震《寄梅禹金》：“忆昨长干上翠微，春云偏傍彩毫飞。风尘渐老苍龙剑，湖海犹闲白鸟矶。夜月分明狂客梦，晨星寥廓故人稀。交情未共年光变，宛水陵山思不违。”（《朱秉器诗集》卷三）或此时作。

十月，请许谷为父集《沧洲摘稿》作序。

许谷《沧洲摘稿序》：“《沧洲摘稿》者，盖返旆沧洲，端居静适，与词人往来商订。里之后俊袁子子鸣、沈子君典，摘其稿之精粹者以传……他日稿既刻成，令子茂才彦龢走书属余序之……隆庆壬申十月上浣日。”（《沧洲摘稿》卷首）万历《宁国府志》卷十二《艺文上》已改“彦龢”为禹金。

年底，知县姜奇方入京上计，有诗送行。

《送姜令》三首其一：“征马嘶北风，长途天雨霜。”（诗集卷三）

万历元年癸酉（1573）　二十五岁

春，有诗寄慰邑人张克家。

《寄张户曹有光通州》：“蓟门芳草逗年光，近报衔恩出建章。抗论向传真御史，量移犹滞旧曹郎。”（诗集卷十六）

按，据《明史》卷三〇九《骆问礼传》，隆庆六年正月，张克家忤旨被谪浚县丞，转嘉兴府推官，不久量移户部主事。故诗中有是言。

父示以《闻两台刻列》诗，有和诗。

《大人以〈闻两台刻列〉诗示训，步呈见怀》，诗集卷十五。

梅守德《闻两台刻列漫述》，见《沧洲近稿》卷上。据《神宗实录》卷九，一月十二日、十七日，巡按直隶御史向程、应天巡抚张佳胤分别疏举之。

春，亲长刘铸七十大寿，有贺诗。

《赠刘玉峰先生》："鸠杖逍遥七十翁。"（诗集卷六）

《刘明府席上戏赠》，诗集卷二十二，亦见《与玄草》卷八，或亦此时作。

按，刘铸生辰，据周怡《寿宣城刘玉峰大尹》（《讷溪集》诗卷五）推定。父守德同往，有《赠刘明府子肖为寿》诗，见《沧洲近稿》卷上。

与父同赏月，作咏月诗。

梅守德《春宵对月同鼎儿作》，《沧洲近稿》卷上。鼎祚诗，未见。

约本年春，南京马景言至宣城与游。

《送马景言还建康》："与君宛水怜分手，杨柳青青逼尊酒。"（诗集卷六）

邑妓周玉如为歙人所弃，为作诗伤之。

《青楼怨》诗序："周氏女，本金陵人，幼绐系宣之平康。居四年，已从歙人去。又凡两年，乃其轻薄儿捐女中道，无所归，复归平康。其所遭竟如此。"（诗集卷六）

《唁周玉如》诗序："其人故倡家，所从不终，乃自髡以明志。余本其名伤之焉。"（诗集卷二十一）

约三月，父有书寄南京礼部右侍郎董传策，希鼎祚拜于门下。

梅守德《与董侍郎幼海》："犬子犹未仰副盛望，乃其璺驾不闲，舆卫未敢谓牝牡骊黄之外无善相者也，仆所属望，不屑屑荣进，惟足称门下士可耳，负墙有日，其更教督之。"（《无文漫草》卷九）据《神宗实录》卷十，本年二月二十九日，董传策以南京工部右侍郎改南京礼部右侍郎。

春或夏，有柏枧之行。

《柏枧道中》："连翩马上来，东风吹人面。雨洗千芙蓉，历历云中见。"（诗集卷二十一）

《同沈懋敬游柏枧》："物外心期仗尔同，水边孤磬出林东。回峰映日俱骞凤，叠石横空忽引虹。花雨四檐明法界，松涛千顷度天风。十年尘土因（?）何事，妒杀闲云属远公。"或当亦此时作。见万历《宁国府志》卷十二《艺文上》，不存本集。

五月二十二日，母郭氏六十寿。

《先母郭太君行状》，文集卷二十。

唐汝迪《长生歌梅母郭恭人寿》，《嘉议集》卷一。

约六月，宁国府知府王嘉宾父王天叙去世，作诔以悼。

《祭东郡王封君》，文集卷二十二。此诔当代父守德作。

《祭王使君太公》："某等忝属令子，勤睇仪刑。"（文集卷二十二）此文当代宁国府僚属作。

约七月，为张克家文集《晋明堂草》作序。

《晋明堂草序》："尚书户部郎张公有光……隆庆中张公官御史，当今皇帝出阁，御史臣上书，请得复坐讲之仪，忤旨，落其御史而佐槜李郡，越岁始量移今官云。"（文集卷二）张克家任嘉兴府推官在去年。

秋，至南京乡试，不中。

朱孟震《与玄草序》："癸酉复来，已，又下第去。"（《鹿裘石室集》卷首）

朱孟震《玉笥诗谈》卷下："予在白下，禹金来访，已，别去。癸酉复来，已，下第去。然数以诗往来，问讯不辍。"（亦见《河上楮谈》卷三《停云小志》）

与殷都相识。

《与殷无美》："粤元祀秋裁，一觏秦淮之上，辄判袂去已三除岁，又于秦淮之上获一觏无美，又辄判袂去。"（书牍卷一）二人万历四年再觏于金陵。

殷都（1531—1601），字无美，号斗虚，南直嘉定人。万历元年举人，十一年进士，历夷陵知州、兵部职方员外郎、郎中。年七十一卒，王锡爵墓表，唐时升志铭。著有《尔雅斋集》《十笏斋稿》等。康熙《嘉定县志》卷十六有传。

游牛首山。

《上牛首宿登公房，余十年再宿此》，诗集卷十。诗作于万历十一年。

游市隐园。

《金陵姚鸿胪市隐园》，诗集卷二十一，亦见《与玄草》卷七。

姚鸿胪，姚淛，字元白，号秋涧，浙江钱塘人，后迁居江宁。弱冠入太学，谒选授鸿胪卿。

乾隆《江宁新志》卷十一："市隐园，在武定桥西，俗呼为小西湖，明姚鸿胪元白所居也。顾尚书东桥谓此园不离市廛，如在旷野，题曰'市隐'，周公瑕为记……今为熊太史涤斋别业，署曰'秋林读易斋'。"

游青莲宇。

《青莲宇寻无著上人不遇》，诗集卷二十一。

青莲宇，南京寺名。欧大任有《无著上人青莲宇和邢太常》，《欧虞部集十五种·轺中稿》；李英亦有《访无著上人因题青莲宇》，《历游集》卷上。李英，欧大任妾室。

有书寄歙县王寅。

王寅《寄梅禹金》："自得知音者，相思三载余。客逢秣陵返，题寄敬亭书。老息尘中妄，归营谷口庐。君怀经世略，且莫问樵渔。"（万历《宁国府志》卷十二《艺文上》）

娶妾潘氏。

按，万历三年潘氏生子士都，又汤显祖万历四年作《戏答宣城梅禹金四绝》其二："自是吴歈多丽情，莲花朵上觅潘卿。"（《问棘邮草》卷下）则潘氏当娶于本年南京之行。

归，"诸公相送帝城西"。

《金陵下第归，留别许太常、邢太史、阮宪使、陈明府、金山人、盛茂才、姚太守、朱比部、任光禄诸公》："十年此技始能工，徙倚齐门不得入。"（诗集卷六）自十六年入学，至本年恰十年。

许太常，许谷。邢太史，邢一凤。陈明府，陈芹。金山人，金銮（字在衡）。姚太守，姚汝循。朱比部，朱孟震。任光禄，疑为任山甫。

舟过三山，有感怀诗。

《三山舟中闻笛歌》："十载关山行路难，孤舟又向沙头泊。"（诗集卷六）三山，在南京西南板桥镇。

《江宁道宿》，诗集卷二十一，《与玄草》卷七，稍后作。

十月，董传策罢官归里，有诗寄慰。

《闻董贰卿幼海先生归松江，寄呈此篇》，诗集卷二十三。

《神宗实录》卷十七：（万历元年九月）"戊戌，勒南京礼部右侍郎董传策回籍听勘。"

有书寄朱孟震。

《与朱比部》："秋，不佞鼎在京邸也……莫愁湖雅会，其日走驱车而东也，已，沈生归则朗颂雄制，渢渢焉……走极恨不获与末席谈次，两腋下习习风生尔。"（书牍卷二）

朱孟震《寄禹金》："一自秋英把饯君，山斋长日坐斜曛。郢中拟和歌时雪，江上还停别后云。独鹤向谁堪作侣，名驹何地不空群，宛溪此夜难乘兴，苦忆玄文似马文。"（万历《宁国府志》卷十二《艺文上》）或此时作。

冬，邑人吴诏相、沈懋学、许国忠北上赴试，有诗送之。

《送吴廷丞、沈君典、许汝臣北上》："悠哉岁云晏，道远霜雪滋。"（诗集卷二）

《君典、汝臣北上怀之》，诗集卷八。诗作于次年春。

吴诏相，字廷臣，一作廷承。许国忠，字宗明，似一字汝臣。

冬，朱孟震有诗书来寄。

《与朱重庆》："计奉手教于徂冬也，绳检其慾，迅激其志，而以两瑶篇见存。"（书牍卷一）书作于次年。

冬，有雪，与父等酌酒赏雪。

梅守德《雪中与儿辈酌小楼》，《沧洲近稿》卷上。

约本年，校刊李先芳《高斋集》，代父作序。

《高斋集序（代）》："余儿鼎祚称诗诸生间，沈孝廉懋学君典起而和之，与之盟曰：'宛水如带，敬亭如砺，二君子有知，实式灵之。'伯承既宦于斯，于青莲又宗裔，其偃蹇略同而才复兼之矣。乃属校鼎祚，而君典愿得手书付锲局。姜明府者善两生，佐之俸金，以余不佞题其端。"（文集卷二，康熙《濮州志》卷六题作《濮阳李少府〈高斋集〉题词》）

蹇达《李符卿南游稿序》："往过宣州，晤沈君典太史，称《高斋诗》不置。"（康熙《濮州志》卷六）可知刊于万历四年前。

万历二年甲戌(1574)　二十六岁

正月初三日，生日，与诸兄弟集饮。

《立春前日是余诞辰，诸兄弟期饮酒家》，诗集卷八。本年正月初四立春。

约本年初，歙县汪道会至宣城来访，不遇。

汪道会《抵宛上迟梅叔子，归山口未至》《雨雪待禹金不至，将往金陵留别》,《二仲诗》卷二。

汪道会(1544—1613),字仲嘉,安徽歙县人。汪道昆从弟。著有《小山楼稿》。康熙《徽州府志》卷十五有传。

春,与父同访从叔梅守贞。

梅守德《同诸子过鸿胪弟别墅,与鼎儿赋》,《沧洲近稿》卷上。鼎祚诗,未见。

杭州姚唯之来访,有赠别诗。

《送姚山人唯之还武林》:"七十行年鬓未疏……孤灯细雨淹春酒。"(诗集卷十六)

梅守德《即席别姚山人》,《沧洲近稿》卷上。

邑人徐元太赴京任吏部稽勋清吏司主事,有诗赠行。

《送徐司封北还铨部》,诗集卷十六。

梅守德《送徐铨部二首》,《沧洲近稿》卷上。

按,徐元太父徐衢隆庆四年十月卒,徐元太丁艰归,本年服阕。

二月,邑人贡安国七十寿,有贺诗。

《赠贡东平为寿》,诗集卷二十。

父亦有《寿贡东平玄略》诗,见《沧洲近稿》卷上;《赠贡玄略序》,《无文漫草》卷三。

春,与父、袁鹤声、崔伯温等游响山。

《春日登响山望鳌峰,同汝鸣、伯温》,诗集卷十六。

梅守德《同袁、崔二友暨三郎泛舟登响山同赋》,《沧洲近稿》卷上。

春,沈懋学春试再落第,有诗慰之。

《放歌行赠沈二懋学》序:"三对公车矣。"(诗集卷六)

《赠沈君典》:"腹有五经笥,不如一囊钱。怀有千乘璧,不如二顷田。"(诗集卷六)当亦作于此时。

《短歌四章》《淮阴吟》,诗集卷六,亦当此时作,寄寓自己立志古文,不事时文之志向与能人蛰居之感慨。

史元熙任宁国府推官,与游。

《赠史仲弢司理应召序》:"大夫甫下车,首事造余。时余病肺,谢不应,数反,乃强起,应之余居,卜夜而饮,已卧日高。春为期,大夫或先期至,辄危坐以待,而或先期微知余业起,始至,必得请始还。而余间谒大夫,则大夫却行蔽席,相与备宾主之礼以为常。余有宫一亩,寓宛上。大大时时具酒自觞余前，而余间治具要大夫，大夫修爵无算，酒酣以往，和而歌相乐也。而先太中宦久减产，余有母，家贫。大夫以月奉前，辞曰：用为太夫人粗粝之费。而余终不欲以贫故，而人代养吾亲，固谢，大夫亦不固让也。”（文集卷六）参本谱万历八年。

史元熙（？—1688），字良朋，一字仲弢，号裕庵，浙江余姚人。本年进士，万历二至八年任宁国推官。

春，父往泾县庆王廷干六十寿，侍行。

梅守德《王维桢九江六十》，《沧洲近稿》卷上。

与泾县知县邵賁相识。

《春夜同王九江宴邵明府泾川城楼，因谈蔡子木司空、皇甫子安兄弟》，诗集卷十五。

王九江，王廷干，安徽泾县人。邵明府，邵賁，浙江桐庐人，万历二年任泾县知县。蔡汝楠，字子木，浙江德清人。皇甫涍，字子安；皇甫汸，字子循，南直长洲人。

《与桐庐赵孝廉》：“尊太公往令泾川，鼎祚年堇称弱耳，偶借邻封，得参后乘，杯酒淋漓，歌谈狎浪，实为忘年之交。”（书牍卷十）邵賁本年始任泾县知县。

邑人万之翼任浙江于潜知县，作七绝四首送行。

《送万明府之于潜》，诗集卷二十三。

万之翼，原名叙，字应治。嘉靖四十年举人，仕终饶州府同知。参见光绪《宣城县志》卷十三、光绪《于潜县志》卷十。

约四月，岳父唐汝迪赴任河南河道副使，归里后赴任，有诗赠行。

《送唐外舅副察大梁，兼呈吴明卿藩参，田、杜二宪伯》，诗集卷十六。吴明卿，即吴国伦，时任河南左参政。田汝颖，字登之，号圃泉，山东阳信人，时任河南按察副使。杜辂，字从殷，号质庵，山东泗水人，时任河南按察副使。

梅守德《送唐宪副督河大梁》，《沧洲近稿》卷上。

沈懋学《送唐宪使吉甫督河大梁兼呈吴明卿观察、西亭中尉》，《郊居遗稿》卷二。

按，据《神宗实录》卷二十二，本年二月，唐汝迪由雷州知府升河南河道副使。

严用和至宣城谒父守德，代父作诗送之。

《送严都谏还北》，诗集卷十六。

严用和，字可行，号春门，浙江前卫人。嘉靖四十四年进士，时任吏科都给事中，本年八月改刑科都给事中。严用和为其父守德嘉靖三十一年浙江乡试门下士。

夏，大水，有诗纪事。

《六月九日纪水》，诗集卷二十一，亦见《与玄草》卷七。府志记本年大水在八月。

七月，吴国伦来书，有诗寄答。

《早秋得吴参知明卿洛中信》，诗集卷二十二，《与玄草》卷八。

按，吴国伦万历二年六月为河南左参政，见《神宗实录》卷二十六。

七月，寄书岳父唐汝迪。

《寄上唐丈人大梁五首，时方为治河使》，诗集卷二十二，《与玄草》卷八。

《奉唐外舅》："邺都乃形胜之区，河防非簿书之秩。"（书牍卷一）

有书寄重庆知府朱孟震。

《与朱重庆》："蜀郡之擢闻自万廷平，乃比五马遄发矣……敝姻徐使君赴成都，附呈掌故，西向可胜绸结。"（书牍卷一）

徐使君，即徐元气。沈懋学《送徐使君汝和守成都》："一曲骊歌江上村，昭亭秋色照离尊。"（《郊居遗稿》卷二）可知徐元气赴任成都知府在本年秋。

朱孟震《玉笥诗谈》卷下："予守渝，禹金独从数千里来讯。"

朱孟震《小至前怀沈、梅二子》："万里怀人小至前，蚕丛西隔宛陵天。"（《朱秉器诗集》卷二）小至，冬至前一日。

秋，有诗寄怀邑友崔伯温。

《寄崔伯温塞上》其一："曲中杨柳又回青，无数梅花落敬亭。"其二："白草黄云眺暮秋，萧然谁共赋登楼。"（诗集卷二十二）参见本谱万历四年。

按，崔伯温北上在本年春。沈懋学《送崔伯温之塞上》："宛水春来烟景多，放舟欲下闻骊歌。"（《郊居遗稿》卷一）

秋，访岳父唐汝迪于河南。

《渡江》《真州》，诗集卷八，均此行作。

谒周藩镇国中尉朱睦㮮。

《答竹居殿下》："鼎祚当总发时，适外舅参藩河雒，遂获徼尊先公之宠灵，缔以神交，畅以声咏。”（书牍卷九）参见本谱万历二十三年。

《寄答西亭宗侯》诗序：“乃者薄采菲葑，无以下体，遥挥藻翰，缔之神交。”（诗集卷二十）当作于此次拜谒后不久。

朱睦㮮（1519—1587），字灌甫，号西亭。镇平恭定王朱有爌玄孙，封镇国中尉。徐谱作“周定王有燉之裔孙”，误。

约本年，刊刻《黄檗禅师心要》《原教论》。

《刻黄檗禅师心要序》：“会槜李陆冏卿以沈氏《原教论》来，辄并梓之，而《原教》版归冏卿，是书藏诸家。”（文集卷一）

陆冏卿，即陆光祖（1521—1597），字与绳，浙江平湖人。万历二年七月至万历三年三月任太仆寺少卿（《神宗实录》卷二十七、卷三十六）。陆光祖之父陆杲与鼎祚父为同年进士。沈氏，即沈士荣。

冬，邑人吴礼卿刻《吴许公年谱》，代父作序。

《吴许公年谱序（代）》：“《吴许国年谱》二卷，肇厥八世孙临江公子旦氏诠次，业已就梓，藏于家阅六纪，寖成漫漶，今嗣孙、孝廉君立之葺刻以传，谓某里人也，征序焉。”（文集卷二）

按，万历《宁国府志》卷十二录此序，后署“万历甲戌冬月，梅守德纯父撰”。

闰十二月十五日，曹学佺生。

闰十二月，编《宣乘翼》八卷成。

《宣乘翼序》，文集卷一。

父梅守德序：“《宣乘翼》者，翼宣乘者也。翼之者何？郡乘简而邑阙也……叔子鼎祚雅继余志，引诸载籍而渔猎之，上自代史，下暨稗志，次以成编……万历甲戌余月望日。”（万历《宁国府志》卷十二）

闰十二月三十日，除夕，有感怀诗。

《除夕篇》：“饮酒终岁不称情，学书十年才记名。”（诗集卷六）鼎祚自十六岁入学，至今凡十年。

梅鼎祚《除夕荐先太中大夫文》：“追惟甲戌之除矣，孤为诗自嘲，而吾父倚韵示答，孤复有以献焉，欢甚也。”（文集卷二十四）

约本年，观陆治《虎丘图》，有诗。

《陆叔平作〈虎丘图〉，文征仲以豫章法书二诗，诗绝类赵吴兴，余为歌》，诗集卷六。

陆治（1496—1576），字叔平，号包山子，苏州人。按，陆治此图，未见。考陆治有《虎丘塔影图》，款“隆庆辛未春日作于虎丘僧舍，陆治”，《虎丘图》当亦是这一时期作品。陆绍曾辑《古今名扇录》卷十录有《陆治画虎丘图金扇》诗：“金阊环列嶂，抱郭一丘斜。泉落香潭雪，花明绣壁霞。剑光浮宝殿，塔影净金沙。万劫生光怪，盘空拥翠华。”其画面与鼎祚所览之《虎丘图》不类，当为别一图。

万历三年乙亥(1575)　二十七岁

沈懋学新纳一妾，有诗戏之。

《沈君典新纳金陵女，代嘲二首》，诗集卷二十二。

一月底，欧大任北上任国子监助教，自歙县过宣城，与鼎祚父子过从。

欧大任《予宁草序》：“宣城故股肱郡地，饶奇宏丽，有玄晖、太白楼集于此。予登敬亭其上，盖有谢李祠云。”（本集卷首，《欧虞部文集》卷七）

欧大任《宛陵陈太守郡斋夜集》，《北辕集》卷一。

欧大任《梅宪副天逸阁》，《雍馆集》卷三。诗当后应鼎祚请而作，时天逸阁未成。

二月初，侍父与沈懋学、袁鹤声等舟游双溪。

《早春同袁汝鸣、沈君典侍家大夫泛城东》，诗集卷八。按，万历《宁国府志》卷十二《艺文上》题作《侍家大夫春泛双溪，同沈君典、袁汝鸣》。

沈懋学《二月同禹金侍宛翁老伯泛双溪》，《郊居遗稿》卷一。

二月，侍父往游白岳。

《春仲侍家大夫游白岳》，诗集卷二。白岳，即齐云山，在休宁县西四十里，黄山之南。

《道中口占》《题画》，诗集卷二十二，《与玄草》卷八，均当道中作。

梅守德《书儿鼎祚游白岳诗》：“余儿盖经生，顾结发已薄经生，语辄嘐然道古，昔有雄视之心，若罕或一当其指。余谓狂，数诫之；又爱在舐犊，竟弗彼强也。今年春，侍余为白岳游，旬余而返，拊杖兴谣，引绥载咏，感心兰臭，报好琼琚，凡得若干首。年家子沈君典，儿所称昵友，遂缮录而授诸梓人。既卒业，儿自惟稚且菲，则何灾木焉？曰：‘吾将束之高阁耳。’乃君典索予题其端，鼎祚固无善藏短，即木之灾也，可借手于大匠斫矣。万历乙亥夏日。”（《无文漫草》卷十三）

过宁国。

梅守德《宁国蟠龙山行》，《沧洲近稿》卷下。

过宁国石镜山。

《登龙岩看瀑布》，诗集卷二十二。

万历《宁国府志》卷六："石镜山，（宁国）县西百十里，有龙岩瀑布，石镜可照……有崇果寺。"今石镜山归绩溪县。许成器，字道甫，宁国安乐乡人。

过绩溪，与王寅游郭山。

《郭山赠王仲房》："五年之前我遇君，敬亭奇峰生夏云……君年七十如婴儿，余虽少壮不逢时。"（诗集卷六）王寅本年七十。

梅守德《答王仲房见赠》，《沧洲近稿》卷下，当别后作。

过歙县，与歙县儒学训导田艺蘅相见。

田艺蘅《黄白纪游叙》："梅禹金之过新安也，告余为白岳游，乃余先已两入齐云矣，即不得偕往。"（本集卷首）

《别田子艺广文》，诗集卷二十一。

《与田子艺广文》其一："自新都徂黄山……恨不得与子艺并驱尔。"（书牍卷一）当下黄山后所寄。

《与田子艺》："归来山中，烟霞之色尚在眉宇，寤寐子艺，且朝而夕也……子艺渊渟鸿朗，雄视一世，乃亦倾心不佞乎？"（书牍卷二）书当归宣城后作。

《新安道中》，诗集卷二十一，亦此行作。

田艺蘅（1524—?），字子艺，浙江钱塘人。田汝成子。万历岁贡，博学能文，著有《大明同文集》《留青日札》《田子艺集》等。

过歙县万山，游飞雨楼。

《飞雨楼酌吴炼师》，诗集卷二十一。

康熙《徽州府志》卷二："自乌聊山北至于万山，有玄武观。旧有飞雨楼，相传吕纯阳避难于此，谢谏议泌数与周旋。"

过休宁，识休宁知县陈履，同游齐云山。

《落石台，陈休宁德基招集，陈仲鱼以一苇游从》，诗集卷六。

《奉陈德基明府》："城东执别，黯焉内销，几欲沾袂。"（书牍卷二）

陈履《漳河道中怀梅禹金》："当年白岳伴清游，江石台空一苇浮。缥缈临风闻郢曲，殷勤歧路看吴钩。"（《悬榻斋集》卷六）

陈履（1530—1595），本名天泽，字德基，号定庵，广东东莞人。

隆庆五年进士，万历元年至四年任休宁知县。著有《悬榻斋集》。事见袁昌祚《明中宪大夫广西按察使司副使陈定庵老先生行述》（《悬榻斋集》后附），宣统《东莞县志》卷五十八有传。

陈筌，字仲鱼，安徽休宁人。隆庆四年举人。

与休宁县丞刘守复过从。

《落石台刘丞子敦席赋》："相见但尊酒，重来犹布衣。"（诗集卷八）

刘守复，字子敦。道光《休宁县志》卷六："湖广麻城人，监生，万历二年任。升广东保昌令。"

道光《休宁县志》卷一："落石台，在县西南二里，旧名断石山。"

在齐云山，过天门，宿太微院。

《白岳太微院斋夜》，诗集卷八。

《太微楼夜听松风》《白岳简陈明府德基》，诗集卷二十二。

梅守德《齐云岩天门》《宿太微楼》《白岳二首》，《沧洲近稿》卷下。

游岐山石桥岩。

《自白岳趋石桥岩》《登石桥岩寄刘丞子敦》，诗集卷二十二。

弘治《休宁志》卷一："岐山，在县西六十里，高二百仞，周二十三里。又名石桥岩，石壁千尺，古藤络其上，花时如锦屏。"

在休宁，有怀休宁五友诗。

《休宁五怀诗》，诗集卷二十二。

五友者，詹景凤、曹诰、任梦榛、程巢父（名不详）、程涓，均当为乡试同年，参见本谱隆庆元年。

程涓，字巨源，辰州守廷策子。早慧，家有来鹿园。著有《巨源集》。道光《休宁县志》卷十四有传。

得梅守默、梅隆祚、梅国祚等寄讯，有诗寄答。

《时父叔、子綦、景灵兄赋得"还"字，见讯奉答》，诗集卷八。

梅守默，字时甫。梅隆祚，字子綦。梅国祚，字景灵。

过歙县长源，寻访程本中，不遇。

《新安寻程子虚村居》："孤村近寒食，风雨此招寻。"（诗集卷八）

程本中，字子虚，歙县长源（托山）人，程滋次子。汪道昆有《程子虚传》，见《太函集》卷三十五。

过歙县王村，随父访王景象、吴勋。

《王少参筵闻筝》，诗集卷二十二。

梅守德《王、吴二同年别后却寄》，《沧洲近稿》卷下。

王景象，字景明，歙县王村人。王景象与其父梅守德同为嘉靖十六年举人、二十年进士，官至广西参议。参见康熙《徽州府志》卷九。吴勋，字世夫，歙县人。嘉靖十六年举人，曾任严州府推官。

过歙县新城。

《新城月夜忆汪仲嘉、谢少廉》，诗集卷二十二。

歙县新城，可参见金达《新城记》，万历《歙县志》卷二十五《艺文卷四》。

访汪尚宁于歙县竦口。

《春日访汪中丞廷德。中丞初卜居宣城》，诗集卷八。

梅守德《汪中丞宅话旧》，《沧洲近稿》卷下。

康熙《徽州府志》卷十三："汪尚宁，字廷德，歙竦口人。"

过太平县，遇孙某，有赠诗。

《太平酒肆赠孙少府》："山县桃花春欲燃，买醉踏歌来酒肆。羡君二麦已逢秋，问君免官何所求。"（诗集卷六）孙某，当为太平人。时有孙霞，曾任长兴教谕。

在太平逢邑人王檄，有诗。

《太平逢王檄》："日落山城无酒市，逢君空有故园情。"（诗集卷二十二）

取道泾县，过水西寺，谒王守仁祠。

《水西谒王文成公祠，时诏议庙祀未定》，诗集卷八。《泾县水西游望》，诗集卷二十二。

《简张大来》，诗集卷八。当作于此时。

晤泾县王廷干。

《赠王九江维祯先辈》，诗集卷十五。

《泾县幕溪感忆王使君维祯，是使君昔追送处》，诗集卷二十二。

过琴溪，游琴高钓台。

《琴溪登琴高钓台》："马头有酒不须沽，逼人春色浓于醉。"（诗集卷六）

自白岳归后有诗纪感。

《自白岳归》，诗集卷二十一。《春暮还家园即事》，诗集卷二十二。

夏，读梅尧臣《宛陵集》。

《夏日》《书都官公集后》，诗集卷二十二，《与玄草》卷八。

约五月，沈懋学请为校定《游白岳诗》。

《君典索梓余草，辞之》，诗集卷二十一。或此时作。

梅守德《书儿鼎祚游白岳诗》："今年春侍余为白岳游，旬余而返。拊杖兴谣，引绥载咏，感心兰臭，报好琼琚，凡得若干首。年家子沈君典，儿所称昵友，遂缮录而授诸梓人……万历乙亥夏日。"（《无文漫草》卷十三）

沈懋学《游白岳诗引》后署："万历乙亥夏日、友弟沈懋学君典志。"（本集卷首）

王寅《游白岳诗引》："君典爱而命梓之，寄余潭上……重五日泛蒲醉茶亭，出禹金诗示诸人，漫题末简。"（本集卷首）

有书寄休宁知县陈履。

《奉陈德基明府》："放艇回溪，扪参断石，白云行酒，飞瀑溅人，斯其游盖且炯然心目也……俚语五十首，词旨无当，灾及梨枣，尚蕲有以申敕之。"（书牍卷二）"俚语五十首"，当即指《游白岳诗》，书作于《游白岳诗》刊梓后。

五月五日，与沈懋学、许国忠聚于酒家。

《午日集沈二君典、许八彦贞酒家》，诗集卷十六。

约五月，听闻张佳胤就任南鸿胪寺卿，有诗。

《闻故中丞张公起家南大鸿胪》《闻张鸿胪以侍太夫人不就》，诗集卷十六。

按，据《国榷》卷五十四，万历二年四月癸丑，罢巡抚应天右佥都御史张佳胤。三年三月乙卯，起张佳胤为南京鸿胪寺卿。

五月十六日，邑人吴诏相刻其曾祖吴宗周《原泉集》，为作序。

《吴氏〈原泉集〉序》，文集卷二。

按，此序亦载万历《宁国府志》卷十二，后署"万历乙亥仲夏既望"。

父守德归故居，未能侍行。

《大人归赏家园牡丹，余留郡中不得侍，会别有集》，诗集卷二十二。

夏，吴江俞策至宣城，与相识。

《五浮山人歌赠俞策》："去年曾刺蜻蜓舟，访我宣州谢朓楼。一醉夏云堪十日，当垆留却鹔鹴裘。"（诗集卷六）诗作于次年。

《公临别之夜留酒家》，诗集卷二十二。

俞策《病后饮梅禹金天逸阁，同赋“冥”字》，《翏翏集》卷二十九。《客梅禹金馆招何四叔度》，《翏翏集》卷三十七。

俞策（1550—1630?），字公临，号五浮山人，后改名安期，字羡长，苏州吴江人。《四库全书总目提要》卷七十六谓不知俞策其人，盖所见不广也。

又，《吊祢衡》一诗，或当为俞策作。其诗序曰：“客游楚，当道鹦鹉洲，余为长歌而酹之江上。”（诗集卷六）此“客”，当即俞策。

以《游白岳诗》寄陈与郊。

陈与郊《梅禹金》：“得先生二诗并白岳诸作，竹下诵之，铿然与琅玕相戛，又如子晋吹笙，从缑嵩下也。仆窃谓宣城自玄晖、太白后始有先生，其滔滔自运，不露风骨，五言古则独持前茅，以窥汉魏；七言歌行、近体直以偏师驰开元、大历诸子，将兵将将，所向无前。玄晖似逊其全美矣。东海绵力之人，更敢治旗鼓于敬亭之左乎？况仆又素未学诗也。困暑惫甚，闻有便翔，率尔勒报。”（《陈奉常集》蒴川集下卷八）

陈与郊（1544—1611），原姓高，字广野，号禺阳，浙江海宁人。万历二年进士，累官至太常寺少卿，二十四年致仕归。乾隆《海宁县志》卷八有传。二人何时相识，待考。万历十九年，二人再聚于北京。

七月，张克家母杨氏卒，张克家回乡守制。

梅守德《张太安人杨氏墓志铭》，《无文漫草》卷七。

八月十五日，有赏月诗。

《中秋侍家大夫看月》，诗集卷八。

梅守德《中秋用韵答三郎》，《沧洲近稿》卷上。

有疾，沈懋学来诗相问。

沈懋学《寄讯梅禹金病》：“梅生隐吴市，多病类休文。玉貌耽诗瘦，玄情薄世氛。蝉鸣梧叶下，雁去渚烟分。双屐秋风健，应歌叠嶂云。”（《郊居遗稿》卷一）时懋学客歙县。

秋，建天逸阁成。

《天逸阁成奉家大夫起居》四首，诗集卷十五。《登阁》，诗集卷二十二。

梅守德《天逸阁成答鼎儿》二首，《沧洲近稿》卷下。

唐汝迪《次宛溪梅丈天逸阁诗》二首、《次梅婿阁诗》四首，《嘉议集》卷三。《次宛溪丈天逸阁八咏》，《嘉议集》卷五。

嘉庆《宣城县志》卷二十九：“天逸阁，小东门外，贡生梅鼎祚读书处。地俯青郊，颇多名咏。”

天逸阁当就诒谷堂改建而成。梅守德《诒谷堂箴铭》：“余家文脊山之阴，初受一廛城东泰和门外，盖有宋先族尚书公询故地也，从人买得旧堂，命名‘诒谷’。”（《无文漫草》卷十三）

万历五年春，鼎祚赴歙县，当请汪道昆为之命名。汪道昆《与梅太中书》：“新堂成，公子问名，不佞谨以名质可否，异日将为翁铭之。”（《太函集》卷九十九）

天逸阁之室名尚有：

东壁楼。鼎祚抄书纸，蓝格，版心刻“东壁楼”。所抄有《柳屯田乐章》三卷，王之道《相山居士词》一卷，《大明实录》十二卷。鼎祚本年作《天逸阁成奉家大人起居》其四：“月满南楼供理咏，天垂东壁掌图书。”（诗集卷十五），《晋书》卷十一《天文志上》：“东壁二星，主文章，天下图书之秘府也。”名或出此也。

鹿裘石室。鼎祚《与玄草自序》后款“万历戊寅二月既望，汝南梅鼎祚书于鹿裘石室”（《梅禹金诗草》卷首），则此室名不得晚于万历六年也。

秋水斋。万历十年正月，鼎祚作《〈庚辛草〉自序》，款：“岁壬午端月梅鼎祚书于秋水斋中。”

玄白堂。万历二十二年夏，鼎祚曾宴客于此（诗集卷十三《赠孙子真》诗序）。其纂述多以玄白堂名刊刻。朱睦㮮《万卷堂家藏艺文目》著录有《玄白堂书目》，卷数不详。然《万卷堂家藏艺文目》成书于隆庆四年，或与鼎祚无关。（朱睦㮮《聚乐堂艺文目录》亦录，一册）

蕙楼。过庭训《本朝分省人物考》卷三十八《梅鼎祚传》：“晚读书于蕙楼，以一素帷幂之，诵辄达曙，老而愈笃。久之，膏炧薰渍帷上，布皆易而为缁。”此楼鼎祚诗文未见，其他各家著述亦未见记载，不知过氏何所出。

吾与轩。或当为其父书斋名。见唐汝迪《吾与轩和宛溪梅丈四首》，见《嘉议集》卷五、光绪《宣城县志》卷三十二《艺文》。

邻冢轩。鼎祚万历十二年作《昆仑奴》杂剧，卷首有“《昆仑奴》传奇自题”，后款“书于邻冢轩竹下”，此轩当在天逸阁内。

封鹤台。《昆仑奴》杂剧梅鼎祚题后有“江左小谢书于太一生封鹤台”，鼎祚一自号太一生、太乙生，故封鹤台亦为天逸阁内亭阁名。小谢，当为歙县谢陛。

蟫隐居。《才鬼记》万历三十三年刻本，即署蟫隐居刻，并以“蟫隐”自号。参见本谱万历三十三年。

邀海内名家为天逸阁题咏。

梅守德《报许太常石城》：“天逸小阁，不逮鹪鹩、一枝，犬子好事，借以张皇，乃得邀惠名家，宠之珠玉，不觉其增高数仞矣。”（《无文漫草》卷十）

王寅《登宛溪梅参政天逸阁》，《十岳山人诗集》卷四。

汪道昆《寄题梅使君天逸阁二首》，《太函集》卷一一五。

吴国伦《梅给谏隐居宛溪，题其所居楼曰“天逸阁”，赋此寄赠》，《甔甀洞稿》卷二十五。

胡汝嘉《天逸阁诗为梅宛溪大参作次其韵》《又次梅禹金文学韵二首》，《沁南稿》卷下。

屠隆《仙人好楼居为梅禹金》，《栖真馆集》卷三，或当万历十五年作。

曾异撰《又题天逸阁》诗题后小注：“阁有三层。”（《纺授堂集》二集卷二）

九月二十一日，长子士都生。《文峰梅氏宗谱》卷五

梅守德《王仲房见访，有诗贺余添丁兼祝生孙，喜而答之》：“春风杯酒山城别，何处重逢忆故知。”（《沧洲近稿》卷下）诗作于次年春。

又，梅守德《报施虚谷》：“掌上二孩，解嬉笑。”（《无文漫草》卷十）书当次年作。二孩，一为士都，一当为嘉靖四十三年长子元祚过继之女，参见本谱该年。

冬，沈懋学在歙县，有诗来寄。

沈懋学《客新都怀禹金、伯抯、万仲昆玉》：“醉抚浮丘鹤，天都起莫愁。梦回芳草合，溪带碧云流。雪晓惊华发，春寒恋敝裘。梅花堪自折，谁为寄沧洲？”（《郊居遗稿》卷一）

十二月二十七日，“宗伯梅相七十，今日立春唱和，当与焉”。

梅守德《宗兄良辅寿日二首》《和从子国祚立春有作》，《沧洲近稿》卷上。

万历四年丙子(1576)　二十八岁

一月一日，族人团聚，作有元旦诗。

《大人用韵示元旦诗叠献》，诗集卷十五。

梅守德《元旦用鼎儿韵》《叠韵示鼎儿》，《沧洲近稿》卷上。《元日雨雪答隆祚诸子》，《沧洲近稿》卷下。

约年初，与修《宁国府志》。

汪道昆《宁国府志序》：“丙子首事，旬月而告成。”（万历《宁国府志》卷首，《太函集》卷二十二）时参与修志者有梅守德、贡安国、沈懋学、梅鼎祚、张应泰等。

梅守德《与儿鼎祚书》其一：“郡公昨面吾，语汝志文字须明白条畅，令人易晓，不必太事奇古。此语汝所不欲闻，然以见主修者之意耳。其沿革互异，从史为长。天寒善自将息。”（《无文漫草》卷十四）

春，与宁国府推官史元熙及邑友集聚于天逸阁。

《迟沈君典》：“垂柳江边荡午风，花飞无赖雪漫空。”（诗集卷二十二）

《春日刘翁明府、麻得之、吴廷承、沈君典、子登兄载酒登天逸阁，得“泥”字》《君典就天逸阁觞余有赋》，诗集卷十五。

沈懋学《春日同史司理仲弢集梅禹金天逸阁，得“文”字》：“风飘万点春将莫，月射千棂夜欲分。”（《郊居遗稿》卷二）

或此时，作《侠少行二首》，诗集卷二十二。

沈懋学有和诗《次禹金〈侠少行〉》，见《郊居遗稿》卷三。

有诗寄重庆知府朱孟震。

《寄渝州朱使君》：“巴江杨柳几回青……岷峨残雪来春水。”（诗集卷十五）朱孟震万历二年任重庆知府。

按，此诗本集仅一首，然据朱孟震《玉笥诗谈》卷下，尚有第二首：“隔年万里一书还，当代人才岳牧间。矫首青云悬蜀道，销魂夜雨梦巴山。星疏朋旧惊华发，岁暮空山恋苦颜。妒杀渝江江上月，凭君熊轼入燕关。”

有诗寄太平府同知龙宗武，邀其游宣城。

龙宗武《和寄梅禹金》：“闲看绿水泛青蘋，何似浓花向日新。别有倚栏无限意，经旬不见酒中人。陆沉此日向谁怜，结客名场尔少年。闻道敬亭真选地，相期同种远公莲。”（万历《宁国府志》卷十二《艺文上》）鼎祚寄诗，本集未见。

春，曾与梅守箕等回柏枧故居，社集李文仲玉森园。

《还过玉森园似文脊社诸君》：“暂驻篮舆旧草堂，尽拼行乐及春阳。”（诗集卷十五）

梅守箕《玉森园集听李文仲吹箫》《入文脊山》《宿柏枧禅房》，《居诸二集》卷五。

按，据诗集卷十一《送李文仲裒，自宣城归吴兴》，则李文仲当是湖州人，柏枧寺僧。

二月，聚从叔梅守默宅。

《时父叔席上走笔》："乍喧天气试生衣，二月溪南花乱飞。"（诗集卷二十二）

《戏同义父赠徐优，得"陵"字》，诗集卷二十二。当亦此时作。梅守节，字义甫，梅继业次子，嘉靖二十二年生。见《文峰梅氏宗谱》卷四。

歙县汪道会、谢陛、程本中等至宣城，与游。

《过汪仲嘉、谢少廉、程子虚寓》，诗集卷九。《集汪仲嘉、谢少廉文昌台》，诗集卷十五。《别汪仲嘉、谢少廉、程子虚》，诗集卷八。

沈懋学《同汪仲嘉、谢少廉、吴元常、高君翰诸子登敬亭，分得"孤"字》，《郊居遗稿》卷二。汪道会《偕沈君典登敬亭山》，见朱孟震《河上楮谈》卷三。均作于此时。

谢陛（1547—1615），字少廉（一作少连），歙县人。诸生，善史。康熙《徽州府志》卷十五有传。

程本中由宣城游楚，有诗赠行。

《群送程山人游楚中》，诗集卷十五。

春，宁国府通判石玉铭罢官归楚，有诗赠行。

《送石别驾罢官还楚》："楚江春晓下流澌，何处孤帆归去迟。"（诗集卷十五）

梅守德《送石判府还楚》："洞庭春水绿，湘浦鳜鱼肥。"（《沧洲近稿》卷下）

夜游开元寺对亭庵，有诗。

《过对亭庵》："隔竹茶烟起，闭关花雨深。诸天回夕照，孤塔下春阴。"（诗集卷八）

按，此诗万历《宁国府志》卷十二原题作"春夜诸子将酒至对亭庵"，凡二首。一为五律，即上引；一又题作"春夜无寐步过玉上人，会诸子将酒至"，见诗集卷十六。

过从叔梅守贞。

《过鸿胪叔见款》其一："乘兴闲过溪上村，逢君钓罢立柴门。"其

二："曲径春深薜荔侵，席前莺语换芳林。"（诗集卷二十二）

梅守贞，字吉甫，监生，曾任北京鸿胪寺序班，或万历元年致仕归。

梅相、谢文澜、沈懋学等再聚天逸阁。

《同梅九溪、谢文澜诸公集天逸阁》："烟云绕槛浮春色，草树回风起莫声。"（本集卷二）

三月，蹇达、龙宗武、汤显祖先后至宣城，与宁国府推官史元熙、宣城知县姜奇方及沈懋学、梅鼎祚等游。

《五君咏》诗序："是五君者博雅不群，一时快士。岁舍丙丁，先后来郡中，余并得托燕好。"（本集卷三）五君为巴郡蹇达、西昌龙宗武、会稽史元熙、荆州姜奇方、临川汤显祖。

蹇达《敬亭山怀梅叔子禹金》："敬亭高傍郡城边，载酒登临感昔年。清世也堪仍放逐，名山遮莫再流连。练横槛外邀残照，嶂叠杯前破晚烟。我欲汝南招叔子，挥毫同吊李青莲。"（万历《宁国府志》卷十二《艺文上》）

按，蹇达初至，鼎祚当不在城，故蹇氏有是诗。沈懋学《同蹇郡丞汝上、龙郡丞身之、史司理仲弢登敬亭》（《郊居遗稿》卷二），此游无鼎祚，可知。又，沈懋学《次韵怀郡丞蹇汝上，时蹇以部使者委驻桃州》（《郊居遗稿》卷二），可知本年蹇达有事广德州，当数往来于宣城。汤显祖《留别蹇汝上郡丞还皖》（《玉茗堂全集》卷八），当作于稍后。

龙宗武当因张佳胤而知鼎祚。《与龙身之使君》："往由雕虫之伎，受知铜梁张中丞，而明公误自中丞公得不佞。郡檄未下，车骑已俨然临之，敬亭、宛句，一日而醉二参，履舄交错，丝肉叠奏。吐茵不怒，角韵称奇。"（书牍卷一）

《赠沈子懋学》，诗集卷三，同时作。

《临川汤义少以姜明府迎至》《观复楼夜饮同汤义少》《同义少登开元寺塔》《子登席上同汤义少》《龙郡丞身之见枉不值，辄投高咏，次答》《座有歌者，为身之、义少夺去却寄》，诗集卷八。

《和身之登北楼作》，诗集卷十六。

汤显祖《楼夜饮禹金，分得"凄"字》："便欲敬亭去，其如风雨凄。登临徒感槩，逸啸可攀嵇。寂寂高扉晚，茫茫归路迷。独怜樽酒后，摇落看前题。"（万历《宁国府志》卷十二《艺文上》，不见于《玉茗堂全集》）

汤显祖《答费学卿》："弱冠过敬亭，梅禹金见赏，谓文赋可通于时，律多累气，因学为律。"（《玉茗堂全集》卷五）

汤显祖《别沈君典》："去年三月敬亭山，文昌阁下俯松关……想象开元寺中烛。开元之烛向谁秉？君扬龙生姜孟颖。按席催教白纻词，回船斗弄苍龙影。"（《问棘邮草》卷下）诗次年作。

梅守德《与汤孝廉义叔》云："渥洼神骥，绝尘千里。犬子素孟浪，负不下人，于足下意定交焉。辄亦承足下不鄙之。丈夫出世一番，必不肯小处结局，足下其以此提拔竖子同登于岸。不谷朽人，嗟何及矣。"（《无文漫草》卷十）或此年作。

时南陵知县林鸣盛亦至宣城与会。汤显祖《寄林丹山》："不佞昔在孝廉，数受明公度外之知，春谷堂中，宛陵楼上，游宴尽日以忘疲，笑言申旦而不寐。姜公慷慨于燕市，明公卧托乎长安。"（《玉茗堂全集》尺牍卷五）

又，《翠云达上人具酌》："每入东林醉一卮，远公遮莫笑攒眉。层崖云气阴晴变，断壑天风日夜吹。尘世逡巡舒眼界，春容淡荡赴心期。敬亭不尽相怜意，千载惊人谢朓诗。"或亦此时作，不存本集，见万历《宁国府志》卷十二《艺文上》。

与汤显祖、龙宗武、沈懋学等游王氏青楼。

《相逢行同诸子集王氏醉赋》："狂来把手各大叫，醉过王家听凤箫。王家女儿年十四，一日芳声遍莺市。谈笑频能解辨围，盼睐便自成名士。殷勤斗酒寿我前，朗然诵余秋水篇。"（诗集卷六）

借建平潘嘉家蓄伶人至宣城。

《送潘伶还郎川，寄主翁子会》："扁舟三月敬亭间，春花烂漫春云闲。白日征歌夜行酒，云娇不动花无颜。"（诗集卷六）

《送岑生还郎川因讯子会》，诗集卷二十二。当作于演出结束后。岑生，伶人。沈懋学亦有《送岑生归建平兼寄潘子会》，见《郊居遗稿》卷三。

按，时潘嘉或亦至宣。沈懋学《柬潘子会》其一："别后初通籍，归来忆引觞。"（《郊居遗稿》卷一）

潘嘉，字子会，建平人。以国子生任广东布政司理问，旋归。著有《赋闲园集》二卷。康熙《建平县志》卷二十谓"冯梦祯铭其墓"，然不存《快雪堂集》。

五月五日，龙宗武、汤显祖离宣城，与沈懋学等送别至水阳镇。

《送龙郡丞自宣州还于湖》，诗集卷六。

《送龙君扬使君不及，寄之湖上》《早夏送汤义少北上》《龙溪别龙郡丞身之、汤孝廉义少》，诗集卷八。

《五日昭亭同龙使君、汤义少泛舟暮别》，诗集卷二十。

《龙使君暂还姑孰迎监部，以前间者弥月，待余至乃行，率申短述》，诗集卷八。《龙使君还姑孰，待余至乃行》，诗集卷九。均作于此时。

沈懋学《京中访汤义仍就宿》："自尔龙溪别，南州榻已悬。"（《郊居遗稿》卷一）

龙宗武归后当有来诗。梅守德《简龙郡丞答韵》："岂是子真宅，还劳款荜门……不嫌疏野趣，重许奉华轩。"（《沧洲近稿》卷下）

夜饮族伯梅相宅。

《重五夜饮良辅伯家》，诗集卷八。

梅相（1504—1582），字良辅，号九溪。事见颜文选《封君九溪梅翁墓志铭》（《宛陵梅氏宗谱》卷二十）。

六月，蹇达至宣城。

《蹇使君汝上驰迓山中，途次有作》，诗集卷九。

《答蹇汝上使君留别》，诗集卷十五。题后有小注："初以曹郎谪丞皖。"蹇达万历三年任安庆同知。

蹇达《过宣城留别沈君典、梅禹金二才士》："杪夏舟维宛水滨，江南二子遽相亲。尚饶意气倾词客，好谓飘零尽逐臣。歌并阳春传郢里，光同神剑动延津。恰堪樽酒论文夜，行役翻令绊此身。"（万历《宁国府志》卷十二《艺文上》，不存他集）

蹇达尚有咏天逸阁诗，今未见。梅守德《答蹇郡丞贻天逸阁诗》，《沧洲近稿》卷下。

梅守德《答蹇郡丞理庵》："顷犬子以龙使君知介绍门下，疏狂竖子，重辱赏鉴，亦自逾其涯分。犬子素妄，不下人，见公辄倾心，将北面尔承教记，乃不意鄙谬之迹饫公听闻，昭旷者不遗一介若此邪？天逸嘉章，清婉沉郁，众妙兼臻。嘉、隆间盛称作者，其何能右翘？俟东来，援绥有期。"（《无文漫草》卷十）书当作于蹇达至宣城前。

或六月，沈懋学有金陵之行，作诗送之。

《君典别赴金陵，即晚有怀》，诗集卷八。

约六月，有诗怀龙宗武，约相见于当涂。

《夏日怀龙郡丞》其一："记得龙溪君别处。"其二："待君同吊李青莲。"（诗集卷二十二）

《答龙使君》："近两足创甚，躄而见使者。"（书牍卷一）当此时作。

七月，《宁国府志》初成。

《秋夜侍家大人同贡东平、沈君典宴陈使君高斋，时修郡乘卒业》，诗集卷八。

汪道昆《宣城梅使君及其伯子修郡志成，遣使促余序者三至，余以负疾谢不敏，诗报伯子，因呈使君》，《太函集》卷一一五。

秋，赴南京乡试。

梅守德《奉张中丞》："儿鼎祚应试行，竖子狂斐，不以章句自限，往荷知遇，载在此衷。倘辱绳削之，斯大造也。"（《无文漫草》卷十）作于行前，希张佳胤提携。

梅守德《与冯兵宪》："鼎儿辱假仙舟，愧匪济川之材，而当画鹢之宠。僭逾分矣。顷闻前旌江中有风涛之险，颇厪戒心。"（《无文漫草》卷十）作于行后。

过硖石山，有诗感怀。

《次峡山》："十载雄心孤剑在，千峰秋色片帆悬。"（诗集卷十五）

按，鼎祚自隆庆元年首赴南京乡试，至今凡十年。

途经采石，与龙宗武、刘垓等聚会。

《将有南中之役，龙使君约会采石》《夜筵示客》《月夜自采石渡江》，诗集卷八。

《青山寻李白墓》，诗集卷十五。

《夏夜同史、刘二司理集龙郡丞所》："十载青袍已误儒，斯人何意出菰芦。"（诗集卷二十二）按，夏夜，当作"秋夜"。刘指刘垓，字达可，江西安福人。隆庆五年进士，时任太平府推官。

沈懋学《次梅禹金同史、刘二司理集龙郡丞韵》，《郊居遗稿》卷二。

为龙宗武《世征录》作序。文集卷二

有诗悼当涂友人杨崇业。

《姑孰伤杨崇业》，诗集卷二十一，亦见《与玄草》卷七。

有书寄蹇达。

《答蹇使君》："比月下醉龙使君所，酒人狂态，不减什一，但恨座少荆高击筑，变征良亦寡和。"（书牍卷一）书当作于与龙宗武别后。

至南京，拜谒光禄寺卿张佳胤。

《陪都书怀奉酬大光禄铜梁张公》，诗集卷二十。

按，据《神宗实录》卷四十九，本年四月，张佳胤由南京鸿胪寺卿升任南京光禄寺卿。

金陵乡试，仍不售。

《奉安福刘司理先生》："鼎祚……凡四应有司之求，四不见售。"（书牍卷一）书作于次年。

梅守德《答唐吉甫文》："鼎儿自信大僻，所习博士家业，盖或过求之耳。文藻利达，皆天所笃，唯大福人兼得之。其有负文藻而不达，与达而悾悾者则不全均也。造物忌多取，欲以望竖子过矣。"（《无文漫草》卷十）此为其父答其岳丈唐汝迪书，对鼎祚久试不第，欲以宽慰之。书当作于本年乡试后不久。

八月十五日，父有书来寄。

梅守德《与儿鼎祚书》其二："南来者道汝三卷俱称，知汝于进取意颇复澹然，富贵有命，吾亦不汝强，汝毋以老人县眼为念。岷峡公极爱汝，当折节汝，汝须□谨巽，不可失童子之礼。古书籍任汝买，少价寄至。中秋夜午后月色大佳，转令忆汝耳。"（《无文漫草》卷十四）

与姚汝循再聚。

《答姚叙卿使君》："别十九年而晤公于鹫峰。"（书牍卷八）晤于鹫峰在万历二十二年。

再与俞策相遇。

《五浮山人歌赠俞策》："今年逢我长安陌，御沟杨柳粘天碧。"（诗集卷六）参见本谱去年夏。

有诗感怀朱孟震。

《金陵有怀朱比部出守重庆》，诗集卷二十。

按，鼎祚于隆庆四年、万历元年两会朱孟震于金陵，万历二年朱孟震初任重庆知府，至此不再相会。

约秋，与汤显祖互有诗歌寄答。

汤显祖《寄宣城梅禹金》："去夏缅成陈，兹春又徂腊。"（《问棘邮草》卷下）

汤显祖《戏答宣城梅禹金四绝》，《问棘邮草》卷下。

与陈芹、魏学礼游。

《过陈子野明府，逢吴门魏季朗，读〈比玉集〉》，诗集十六。

《陈子野明府邀笛阁逢魏季朗小集（是日子野写竹烹茶，故句及之）》，诗集卷二十。

陈芹（1515—1581），字子野，号横崖，南京羽林卫籍，安南国王后裔。嘉靖二十二年举人，历任崇仁教谕、奉新知县。著有《子野集》《凤泉堂稿》等。乾隆《江宁新志》卷十九有传。

魏学礼，字季朗，南直吴县人（一作长洲人）。万历四年岁贡，历官镇江府学训导、国子学正、广平府同知等。年七十八卒。同治《苏州府志》卷八十有传。《比玉集》为刘凤与魏学礼的唱和集。

邀笛阁，朱孟震《停云小志》："（陈芹）为长沙令九十日，解印归。卜居凤凰泉之左，又构别业新林浦，时垂纶其上。浦有横厓，因自题曰横厓小隐。又即邀笛步为阁其上，曰邀笛阁，而引骚人倡咏为乐。"（《河上楮谈》卷三）

与殷都等集赵燕如妓馆。

《金陵同殷无美诸君集赵四馆，时予将南还》，诗集卷十五。

按，此诗似万历五年补作。《与殷无美》："补得赵馆一诗，用酬无美。"（书牍卷一）

万历《金陵琐事》卷二："旧院妓赵四号燕如……赵氏小妓十四能诗。"

钱谦益《列朝诗集》闰集第四"金陵妓赵燕如"："燕如名丽华，小字宝英……丽华年十三录籍教坊，容色殊丽，应对便捷，能缀小词，即被入弦索中。性豪宕任侠，数致千金，数散之。与名士朱射陂、陈海樵、王仲房金、白屿、沈勾章游。年既长，尽捐粉黛，杜门谢客，而诸君与之游，爱好若兄妹。沈勾章为作传曰：赵不但平康美人，使其具须眉，当不在剧孟朱家下也。"

期沈仕，不遇。

《与沈仕甫》："不佞试事羁白门……韩又语不佞，青门丈秋移棹秦淮间，当望见履舄，不佞日立秦淮上迟前，驱久竟不可得。"（书牍卷一）沈仕时年七十八，次年卒，当以病老不至也。

与华复初相见。

《与华广文明伯》："往从朱比部、任光禄习丈人雄风……徂秋薄游陪都，辱枉轩车，骈锡珍贶，即两左嘉晤，而长者之谊则廑卷周笃矣。"（书牍卷一）书作于次年。

华复初（1511—?），字明伯，南直无锡人。华云子。隆庆二年岁贡，六年任江宁府学训导，构有秉烛轩。与王世贞交笃，卒，王世贞有《祭华明伯广文》，见《弇州山人续稿》卷一五三。其事可参见朱孟震《河上楮谈》卷三《停云小志》。

离南京，有诗寄陈芹、许谷、张佳胤。

《下第南还逢家弟，寄陈子野明府》《奉答太常许公仲贻》，诗集卷八。

《南还有感奉寄张光禄诸公》，诗集卷十五。张光禄，张佳胤。

归宣城，过从叔梅守贞，有赠诗。

《过鸿胪叔》："世人归白眼，仙术驻丹颜。三弄拂衣去，余音杳霭间。"（诗集卷八）

《秋日宿通灵峰》，诗集卷十五。当亦此行作。通灵峰，在柏枧山旁，宁国县北二十五里。

《通灵道中》，诗集卷二十一。

《通灵道中》："天风吹散碧云秋，片片岚光挟雨流。借问仙人双白鹿，与君今夜宿峰头。"不存本集，见民国《宁国县志》卷十二《艺文志下》。

梅守德《与儿鼎祚书》其三："书来，知汝通灵之登甚乐也。是日小雨，得无苦寒不……数诗颇雄畅。"（《无文漫草》卷十四）

欲辑名人文选。

梅守德《与儿鼎祚书》其四："汪伯玉《副墨》寄去，汝欲以李献吉、于鳞、王元美及伯玉文作一帙选，甚佳。奴辈山中多睡，可令亟录，亦是吾父子以事。闻汝与群从辈溺于酒，放饮达旦，手谈竟日，汝尝言此足以耗壮心，汝年未及壮，今奈何即耗之……沈君典入山访汝，因雨暂止，霁便当来矣。"（《无文漫草》卷十四）

秋，欧大任自北京来书，诗以答之。

《湖南得欧桢伯博士书》："落日湖南馆，清秋蓟北书。"（诗集卷八）

按，欧大任《瘫馆集》卷二有《答梅禹金见寄》，似作于本年春。又，《答欧桢伯都下》，次年春作，见诗集卷十五。

秋，邑人崔伯温赴塞上，有诗送行。

《送崔伯温赴大司马方公塞上兼呈司马》，诗集卷二十。又见《与玄草》卷六。

《岁暮怀崔大伯温塞外》，诗集卷八。作于本年末。

按，徐谱系此事于万历三十三年，误。盖方逢时本年正月任大同巡抚，旋晋兵部尚书，二十四年已殁。本年初，父守德作有《寄旧使君方司马公云中二首》，见《沧洲近稿》卷下。

邑人张吉父、左希道、沈有容等来访。

《张吉父将左希道、沈士弘过集》，诗集卷十五。

泾县翟台至宣城，有诗寄问。

《柬翟驾部玄妙观》，诗集卷八。

翟台（1519—1595），字思平，号震川，安徽泾县人。嘉靖三十八年（1559）进士，官至南京兵部车驾司主事。著有《考溪集》《水西答问》诸书。嘉庆《泾县志》卷十八有传。

九月初，邑友万伯武自齐云山归，代为休宁知县陈履致讯。

《九日前万伯武归自白岳，为陈休宁德基致声》，诗集卷十五。

陈履《齐云山中别万伯武》："序入新秋爽气多，檐前佳色来松萝。"（《悬榻斋集》卷四）

九月九日，知府陈俊招游敬亭山，因故未往。

《九日陈郡公招登翠云失赴，寄呈二首》，诗集卷十五。

陈俊《九日同诸君游翠云答梅子禹金》，万历《宁国府志》卷十二《艺文上》。

梅守德《九日陈使君翠云阁宴集，同用杜韵》，《沧洲近稿》卷下。

游保丰台。

《保丰台，同歌者张清》，诗集卷十五。

游城东永庆寺。

《过永庆寺》："寺近秋斋路不迷，晓钟频度石桥西。"（诗集卷十五）

与许国忠等游敬亭山。

《过翠云似同游许八彦贞》《酒间似许八彦贞》，诗集卷十六。

宁国许成芳至宣城，与游。

《斋夜饮许实甫，怀及伯氏道甫》，诗集卷十六。

许成芳，字实甫，宁国人。许汝骥子。万历二十二年岁贡，任辽阳通判。道光《宁国县志》卷八有传。许成器，字道甫，万历元年举人。

邑人袁鹤声病卒，往祭之。

《祭袁汝鸣》，文集卷二十二。此祭文或亦代父作。

有书寄许谷。

《奉答许太常公》："三载来恨，不时时奉长者周还。比以仲秋之役，餐承要眇，盖冷然御风而游焉，体中小苦，马首亟东，即长者招摇，坐相左忤，其疏节已甚矣。”（书牍卷一）鼎祚与许谷元年曾相见于金陵，至此不见者三年。

约冬，读李攀龙集，有感。

《读李于鳞集二首》，诗集卷八。

约冬，泾县王廷干去世，有诗悼亡。

《哭王九江维祯二首，左宜人先公六日》：“春风携酒幕溪濆，一别怀人隔暮曛。”（诗集卷十六）

皇甫汸《九江知府王廷干墓表》：“万历丙子王君卒，孤文炯寓书并状，乞余表其墓。”（不存于《皇甫司勋集》，此据王氏宗谱）

冬，作《五君咏》以怀友人。

《五君咏》诗序：“龙君扬书来，颇示旧游之感，乃循古《五君咏》目而畅厥指义，庶几来历亦有以论世焉尔。”（本集卷三）

五君者，蹇达、龙宗武、史元熙、姜奇方、汤显祖。

有诗寄怀欧大任，并寄以《游白岳诗》。

欧大任《答梅禹金见寄》：“腊月寒澌双鲤迟，江南尺素寄相思。名高嘉祐诸梅后，家擅宣城小谢诗。赋客未能逢狗监，酒人犹自傍鸱夷。鲛珠莫报君应笑，老向风尘两鬓丝。”（《雍馆集》卷三）欧诗答诗作于次年春。

欧大任答《梅禹金书》：“信自宛陵来，春且强半，得尺牍、二诗并《白岳》诸作，竹下诵之，铿然与琅玕相戛，又如子晋吹笙，从缑嵩下也。仆窃谓宣城自玄晖后始有足下，其滔滔自运，不露风骨，五言古则独执前茅，以窥汉魏；七言歌行近体，直以偏师驰开元、大历诸子，将兵将将，所向无前。玄晖似逊其全能矣。粤中绵力之人，更敢治旗鼓于敬亭左乎？困暑惫甚，闻有便羽，率尔勒报，不揣小诗，具在别幅，即未敢当梅先生，敢崛强服岭以南哉？近刻二稿、小记二通并往。则诚所谓方城、汉水，虽众无所用之矣。一笑。”（《欧虞部文集》卷二十二）

致函汤显祖，为《鷇音》求再序。

《与汤义叔》：“义叔才高，努力取一第，一第政何足概……《鷇音》序，义叔当重为之，附君典来。”（书牍卷一）时汤与沈懋学同赴春试，书当作于今冬或明春。

鷇音，见《庄子·齐物论》。成玄英疏云：“鸟子欲出卵中而鸣，谓之鷇音。”似是鼎祚诗之初集名。

鼎祚似亦尝请欧大任为序。《答欧桢伯》：“不佞胜冠有年，崟崎可

笑，祝蜾而不善似，何敢以《鷇音》托之九皋?”（书牍卷一）

十一月二十二日，编选《唐二家诗钞》成。

《唐二家钞序》：“余少修业以资适逢世耳，非其好也，颇时时去而之古，于唐盛际有《李杜二家钞》云。已，胜冠，里中二三子从余而起，请事斯道，因稍为益李什之三、杜什之四以属。余通其故，畅其大指，总十二卷。”（文集卷一）

日本内阁文库藏本序后款“万历岁丙子长至日”，此“长至”当为冬至，今年冬至在十一月二十二日。

按，今山东图书馆及中山大学图书馆藏《唐二家诗钞》十二卷本，卷首有《李杜诗钞总评》，末镌“万历六年戊寅秋直隶宁国府行梓”牌记，卷端署“蕲水李猷、襄阳郑继之、姚江史元熙刻，宣城梅鼎祚选醉”，卷一版心刻“白下陈邦泰写，鹿裘石室”；上海图书馆藏《唐二家诗钞》十二卷本，万历七年鹿裘石室刻，前署“蕲水李猷、襄阳郑继之、姚江史元熙刻，宣城梅鼎祚选醉”，有万历六年蹇达《唐二家诗钞序》（版心注“史仲弢书”）、万历四年梅鼎祚《唐二家诗钞小叙》（版心注“沈君典书”），后有万历七年史元熙《刻二家钞后序》。

其他版本尚有：《唐二家诗钞评林》十二卷本，万历十七年刻，前署“宣城梅鼎祚选醉，四明屠隆集评，姚江史元熙校正”，当为修订本。《李杜约选》八卷，盛宣怀《愚斋藏书目录》著录。《李杜诗钞》十卷，嘉庆《宁国府志》卷二十四著录。

年底，姜奇方入京上计，有诗送行。

《赠姜明府入觐（四首）》其一：“仙令雄才谢朓同，敬亭山色转茏葱。”（诗集卷十五）

《赠姜明府膺荐》，诗集卷十五。作于其后不久。

梅守德《送陈使君入觐》《送姜明府入觐（四首）》，《沧洲近稿》卷下；《赠陈大夫觐序》，《无文漫草》卷三。

冬，侍父归柏枧山故居。

《除夕荐先太中大夫文》：“当昨岁之今夕也，言返故庐，卮酒为寿，爱弟携左，竖儿负右，此岂不融融而泄泄哉！”（文集卷二十四）文作于次年除夕。

《答方山人》：“于鲁过宛上，时不佞值鸰原之急，拮据朝夕……入冬侍家大人还里居，顷者始来城邸，遂不能托鳞羽左右。”（书牍卷二）书作于次年春。

沈懋学《次答禹金》三首，《郊居遗稿》卷三。当是此时二人酬答之作。

万历五年丁丑(1577)　二十九岁

年初，沈懋学赴京春试，有诗送行。

沈懋学《寄兄家报》："新正之三日，发舟龙溪，得继山、元秀兄弟为凑资斧，明日长行。"(《郊居遗稿》卷六)

《赠沈子懋学》："驱车万里途，顿辔在中道。"(诗集卷三)

《送沈君典北上》："十年培健翮，万里奋遥天。"(诗集卷二十)懋学自隆庆元年中举，至本年凡十年。

《即席重别张大来》："敬亭花发忆分群，此日梅开又送君。"(诗集卷二十二)张应泰当与沈懋学同赴京试。

托沈懋学寄书殷都。

《与殷夷陵开美》："往者君典北首，私为置书，不知能无作君家洪乔否?"(书牍卷六)

与父仍在柏枧山故里。

《春日蒲上奉家大夫作》《柏枧对酒忆瞿硎先生被鹿裘隐处》，诗集卷八。

梅守德《岁正六日雪后山行》，《沧洲近稿》卷下。

眺望故山，有诗感怀，并赠从叔梅守箕。

《蒲上望文脊山雪》："昨春之仲忆曾游。"(诗集卷六)去年二月曾与从叔梅守箕等回柏枧故居。

《吾若行与叔箕》，诗集卷六。

游柏枧山山门洞，作有《游山门诸洞》七绝六首。诗集卷二十二

歙县方于鲁过宣城，未见后作书寄之。

《答方山人》："于鲁过宛上，时不佞值鸰原之急，拮据朝夕……入冬侍家大人还里居，顷者始来城邸，遂不能托鳞羽左右。"(书牍卷二)

方于鲁《山居答宛上诸子》，《方建元集》卷六。或作于此行前。

方于鲁（1541—1608），本名大激，字于鲁，以字行，改字建元，歙县人。墨工，亦能诗，与汪道昆、梅守箕等相唱和。著有《方氏墨谱》《方建元集》等。

归过板桥，有诗。

《板桥道中》，诗集卷二十二。题后有小注："谢朓出新林浦向板桥

诗：旅思倦摇摇在金陵。”然此板桥非彼版桥，非金陵行所作。

年初，宁国府推官史元熙入计，为之襄理文案。

《答方山人》：“会郡司理应召，文事倥偬。”（书牍卷二）

族兄梅一科赴京春试，有诗赠行。

《赠伯氏子登北上》，诗集卷二。

《祭奉化兄子登》：“岁围贞若，子及吴子。先后驰驱，于洛之沚。一刺汝阳，一令汜水。”（文集卷二十三）

年初，得朱孟震书，有诗作答。

《早春得朱渝州去秋书，时方上计》《得朱比部书，知在摄中，忆之》，诗集卷十五。参见本谱上年。

朱孟震《停云小志》：“余守渝，禹金独从数千里来讯，其白下寄余诗云：‘雄才元自豫章闻……’”（《河上楮谈》卷三）

一月，蹇达来书。

《早春得蹇使君晋阳书》，诗集卷二十二。时蹇达任山西平阳知府。

一月，或当赴水东扫二兄墓。

《早春过袁汝鸣故居》《风雨经袁汝鸣墓》，诗集卷二十二。袁鹤声为水东中洲人。

从兄梅丰祚卒。

《与龙身之使君》：“入春家变相循，叔兄沦没，故园花鸟并愁具矣。”（书牍卷一）

叔兄，指梅丰祚，本年初以荆州府经历入觐，卒于京师，见《文峰梅氏宗谱》卷四。

邑人王檄入行伍，有诗赠行。

《送王檄入吴从军》，诗集卷二十二。

春，邑人张克家在里，从游。

《春日陪张有光侍御集家兄宅》，诗集卷二十。《张侍御同宿白洋池亭》，诗集卷二十一。

按，张克家万历元年任户部主事，其后当再任御史。

作诗贺丁有周母寿。

《寿武陵丁太宜人》：“有母为星婺，将雏拜地郎。”（诗集卷二十）地郎，地官，即户部。

丁有周，字克宗，湖广武陵人。嘉靖四十三举人，历任华亭教谕、国子助教、同州知州，时任户部员外郎。

二月，贡安国去世，感念作《郡三良诗》。

《郡三良诗》序："少参与家大父同乡荐，太常、东平，同舍生。此予小子所称父执者也……丁丑春，因构东平无禄，追念两公，不胜殄瘁之怀私。"（诗集卷二）按，家大父，有误，当作"家父"，或作"家大人"。

《祭贡玄略先生》，文集卷二十二。

沈懋学《寄梅禹金》："二月受翁师卒。"（《郊居遗稿》卷七）可知贡安国卒于二月初。

二月，往黄山，过宁国，遇佘珊。

《板桥道中》，诗集卷二十二。

《赠畲广文先辈》，诗集卷八。

畲珊，字廷甫（万历《汶上县志》卷五作"珍甫"），宁国人。嘉靖三十七年贡，历任宁陵县训导、汶上县教谕、武定州学正。此时当已致仕归里。

《过崇果寺看石镜呈畲廷佩先辈、许道甫叔侄》，诗集卷二十二。

游黄山。

《黄山登轩辕峰望白龙潭，慨然兴怀黄帝升遐之事》："是时春仲交，谡谡松风鸣。"（诗集卷二）参本谱万历三年。

《黄山眺天都峰》，诗集卷八。《黄山》，诗集卷十五。《自新安徂黄山道中作》，诗集卷二十一。

《朱秉器集》文卷一《梅禹金诗序》似为《黄白纪游》作。叙云："禹金数千里走书渝州而属余序其首……余去金陵，禹金诗道日进。已从黄、白山游，作《黄白游稿》，缄书示余渝州，岁三四至。"据同书卷一《郁木生自序》，秉器于万历二年自南京出任重庆知府。秉器名孟震，作此叙时，已改官河南。

过太平，访周氏。

《下黄山抵太平访周子良》《周太常祠拜顺之先生》，诗集卷十五。周子良，周怡子。周怡卒于隆庆三年。

过绩溪，晤绩溪县主簿郦琥。

《绩溪别郦簿琥》："下马问故人，故人犹在斯。"（诗集卷二）

《阁中集郦簿》："草阁一尊暮，山城细雨迟。"（诗集卷十）

郦琥，字仲玉，号元厓，浙江诸暨人。例贡。著有《和苏集》。乾隆《诸暨县志》卷二十五有传。据嘉庆《绩溪县志》卷八《职官志》，郦琥万历二年任绩溪县主簿。

过休宁海阳，有吊陈筌诗。

《海阳吊陈仲鱼》，诗集卷八。参见本谱万历三年。

游齐云山。

《登白岳》《白岳怀陈宰德基》，诗集卷十五。

过歙县，访兵部左侍郎汪道昆。

《新都谒左司马汪公奉赠四首》："斑衣趋子舍，祖帐满都门。"（诗集卷八）万历三年夏，汪道昆以亲老告归。

《奉少司马汪公》，书牍卷一。此行前作，或与父书同时。

《答欧桢伯》："从汪司马读《轺中集叙》。"（书牍卷一）汪道昆《轺中集序》，见《太函集》卷二十一。

汪道昆《梅禹金》："宛翁遗书再至，谓足下将以献岁俨然过之。"（《太函集》卷九十九）当于此行前收悉。其又一首，当作于鼎祚返宣之后。"宛翁遗书再至"，指梅守德《寄答汪司马伯玉请郡乘序》（《沧洲近稿》卷下）及《奉汪司马伯玉》（《无文漫草》卷十）。

汪道昆《得禹金书且过不佞，因赋五言八韵寄谢》，《太函集》卷一一二。

《奉汪司马》："鼎祚自得通典谒，敢始称人矣……而长者殷殷盼睐，授之餐，义有以重贶，而车骑两临之……临发曷任詹溯。"（书牍卷二）书作于临别后。

梅守德《与汪司马》："顷有请于掌故，辱赐还答……儿子狂斐自好，不知所裁，倾向明公，积有夙愿。借二仲先容修贽门下……惟明公其幸教之。"（《无文漫草》卷十）作于鼎祚归后。

汪道昆《与梅太中书》："翁以达尊而折节不佞，修境外之好，俨然以公子临之……新太史煌煌高名，故瞠乎出公子后，若不佞之卜公子者，直将风九万而下之，非徒褎然当世而已。"（《太函集》卷九十九）书当作于夏。

汪道昆《宣城梅使君及其伯子修郡志成，遣使促余序者三至，余以负疾谢不敏，诗报伯子因呈使君》，《太函集》卷一一五。

回途过泾县，有诗忆王廷干。

《泾县幕溪感忆王使君维祯，是使君昔追送处》，诗集卷二十二。参见本谱万历三年。

泾县知县邵蕡来访。

《春晚邵明府见过》，诗集卷九。《酬泾邑邵明府。泾有琴溪，琴高控鲤之地》，诗集卷十五。邵賁，万历二年至六年在任。

宁国知县李熙来访。

《赠李明府》，诗集卷十五。

按，李熙，府县志《职官表》均缺年，查万历《宁国府志》卷首“修志名氏”已列名李熙，则其万历四年已至宁国任。

建平潘嘉来访。

《饮潘子会》：“古镜吟来十过秋，尔家词客自名流。”（诗集卷十五）

龙宗武邀游芜湖，有书答之。

《与龙身之使君》：“比且驱车赴汪司马新都，踪迹在黄、白间尔。”（书牍卷一）可知作于黄山归后。

约四月初，作诗书贺沈懋学状元及第。

《寄君典太史》，诗集卷八。《与沈君典》，书牍卷一。

沈懋学《答梅禹金》：“及偶博一第，厕词林，则狂奴故态，或又殷足下忧矣……而云翰远颁，我心先得，三复至教，其臭如兰。”（《郊居遗稿》卷六）

作诗慰汤显祖下第。

《赠临川汤义少》：“众构一以集，明堂郁嵯峨。匠石不我顾，委之沉泥沙……愿子葆贞素，终以栋王家。”（诗集卷二）

约四月，邑人吴诏相、梅一科不第自京归，有诗慰之。

《廷丞、子登北还》：“愁经燕地雪，归及敬亭春。讵意当兹日，依然慨不辰。”（诗集卷八）廷丞，当作“廷承”。

四月，有书寄田艺蘅，请其为《黄白纪游》作序。

田艺衡《黄白纪游叙》：“及禹金之返新安也，又告余为黄山游，则余又与轩辕氏订期素秋矣，即又不及偕往。越月，禹金尺牍自敬亭遥来，且曰：‘乙亥之游以侍家大夫亟还，不暇至石桥岩、黄山为阙事，今且偿之矣。’得诗可五十篇，题其端《黄白纪游》云：‘会刘茂才公谟者，深湛好古，欲命是编于锲局，属余序焉’……万历丁丑皋月，钱塘田艺衡子艺具草歙学之见龙精舍。”（本集卷首）

五月十九日，歙县吴守淮至宣城，访于天逸阁，为其《黄白纪游》作序。

吴守淮《〈黄白纪游〉叙》：“顷返棹建业，舣舟敬亭，遄访二君，乃君典竟拾大物，侍从金马矣。因过禹金天逸阁，钩玄索隐，抵掌解颐，谓不佞能私其绪问，出所著《黄白游诗》一编，以示不佞，受而卒业……刘公谟后来之俊，录禹金诗将梓以传，不佞首置寸喙，以归公谟，且与禹金订莫逆之交云尔……万历丁丑仲夏，郭郡布衣吴守淮虎臣撰。”（本集卷首）

按，《与玄草》卷末附此叙，款作“万历丁丑仲夏望后五日，郭郡丰干社布衣友人吴守淮虎臣撰”。

《答吴虎臣》：“足下过宛上时，孤强起而应足下，会足下累中酒，不肯放饮，孤亦竟不能豪饮足下也。”（书牍卷一）

《送吴虎臣自留都还山》，诗集卷十五。

吴守淮（1538？— ），字虎臣，一字原柏，号怀隐，歙县西溪南人。

约夏，汤显祖自京试归过金陵，龙宗武有诗报讯，答之。

《奉和龙使君怀汤义叔，时义叔在南京》，诗集卷十六。

蹇达有书来寄。

《报龙使君》：“平阳公千里寓书，词指温笃，倾心门下，莫肯雁行。”（书牍卷二）平阳公，即蹇达，万历四年任山西平阳知府。

为宁国知府陈俊启作跋。

《陈郡公启跋》：“是启郡大夫颍川公纂也，往偕计北，首次于清源，有同人为关徼所困，诉之部使者，公为发愤削牍，致不平之鸣，使者大惊异，下谢而礼之。”（文集卷十八）陈俊本年初上计。

《咏古三首答陈府君》，诗集卷二，亦当作于此时。

夏，有恙，秋初作书答龙宗武，约访当涂，并序其《吏隐亭草》。

《报龙使君》：“不佞比游黄白……蓐收当令，商飚袭人，当与使君十日豪饮尔……不佞暑病侵寻，乡日酒人都已散尽……《吏隐亭草》，鼎祚请事嘉命，属副墨之子。”（书牍卷二）

《江上病起答龙使君》：“春风花外赋停车，一别经秋迹渐疏……梦中明月空梁满，病后微霜落木初。”（诗集卷十五）

过城西，遇邑人陆应龙，有赠诗。

《西城赠陆化伯》，诗集卷八。

陆应龙，字化伯，宣城西隅人。陆槐子。其生平可参见文集卷二十一《醉吟散人传》。

约本年，为父编一生友人赠言为《赠处集》。

《赠处集引》：“德东西游走，散逸颇多，箧笥所存，仅余若许，儿子鼎祚虑且益散，裒而录之，锓附家乘，余因许可，刻成则系之斯言，其谨藏之，非曰概以示人也。”（《无文漫草》卷十四）按，《文峰梅氏宗谱》中今未见斯集。

七月七日，作《七夕江上》诗，见诗集卷八。

是日，沈懋学亦有诗寄怀。《七夕怀梅禹金》：“万鹊看星驾，双龙郁斗阴。独怜今夕会，谁慰隔年心。素月银河湿，玄蝉玉露深。有文羞乞巧，为尔听秋吟。”（《郊居遗稿》卷一）

沈懋学《朝回得禹金书》《得禹金论文书，时读书中秘》，《郊居遗稿》卷一。均此前后作。

有诗书寄前宣城教谕刘焘。

《寄吉州刘师司理》：“十年一书札，但有长相思。黑发清朝隐，斑衣圣主私。楚云秋色远，江草露华滋。”（诗集卷八）

《奉安福刘司理先生》：“鼎祚自胜冠去先生左右，将十载于兹，而受饩学宫者亦且八载。”（书牍卷一）

刘焘嘉靖末任宣城教谕，隆庆元年中举，二年离任，至今年凡十年。

有书寄李先芳。

《奉李符卿公伯承》，书牍卷一，书中云“里中君典以贵去”，知为本年作。

约七月，宁国府同知李献赴京贺万寿节，有诗赠行。

《送李郡丞入献万寿》：“清秋双阙听云璈。”（诗集卷十五）万历帝生日在九月四日。

邑人徐某赴四川某地任典史，作诗二首以送行。

《送徐少府赴蜀》《重送徐少府》，诗集卷八。

按，据嘉庆府志卷七《科目下》，宣城隆兴四年岁贡有徐爱、徐国相，万历二年有徐国正，不知为谁。待考。

八月，宁国知府陈俊升广西按察司副使，有诗文赠行。

《赠陈使君兵备广西序》：“当五载秋，诏晋陈大夫广西按察使副使，治兵柳州。”（文集卷六）此文当代其父作。

《奉前郡守陈公》：“强围之秋，奉倌人执别江上，其时先大夫已负疾，不可勤于远。”（书牍卷二）

按，据《神宗实录》卷六十四，陈俊之命在七月二十七日，其离任当在八月。

有黄渡之行。

《仲父黄渡别墅》《同允甫叔夜坐》，诗集卷八。仲父，梅守恒。允甫叔，梅守恭。

与新科进士沈九畴相识。

《赠沈比部箕仲》题后小注："时以论囚来南。"（诗集卷四）时沈九畴以新进士观政江南。

汪道昆《明封安人沈母谢氏墓志铭》："箕仲丁丑成进士，既以论囚使江南，毕使将奉封比部。"（《太函集》卷五十七）

有南京之行。

《留都客舍沈太史寄酒钱歌》："腰间有骨不能折，怀中有刺不肯投。双眼茫茫对天白，兴来忽作长安游……故乡故友颇殷勤，寄我杖头钱百文。"（诗集卷六）

《对竹忆子野明府，子野有邀笛阁》："空有王猷兴，行吟到日曛。"（诗集卷八）与上诗"兴来忽作长安游"一脉相承，或作于此时。陈芹，字子野，参见上年。

读欧大任《轺中集》。

《答欧桢伯》："从汪司马读《轺中集叙》并读其集于白下。"（书牍卷一）

《轺中集》一卷，欧大任隆庆二年过金陵时所作，今存于《欧虞部集十五种》中，称"轺中稿"。

有书寄殷都。

《与殷无美》："相君开阁延引，扫门无私，以无美其才，当必日侍承明，赐燕闲之对。"（书牍卷一）殷都，万历元年举人，本年再次下第，故有此慰。

泾县张应泰赴金陵，有诗送之。

《敬亭舟中送张大来再之留都，因怀岭南何玉登》："庾岭梅花思远道，敬亭枫叶下残秋。"（诗集卷十六）何玉登，当相识于欧大任所。

秋，有书寄梅一科、吴诏相。

《简子登、廷承》："秋色凄然，蓬心未谢。"（书牍卷一）当作于本年秋。时梅一科、吴诏相二人春试不第，滞京候选。

又，书中云"比奉《原泉》"，似吴氏托以整理《原泉集》。《原泉集》，邑人吴宗周著。

有书答朱孟震。

《报朱重庆》："三年得两把公札，回环竟日，一字一叹。"（书牍卷一）朱孟震万历二年任重庆知府，至本年凡三年。

有书寄沈懋学。

《答君典太史》："弟自入春，家变相循，叔兄沦没，简质之性不狎俗游，盖足下所习也，近稍浮沉人间，庶几入群不乱，然终不得韦弦，故多高枕之日矣。"（书牍卷四）叔兄，见前。

沈懋学《复梅禹金》："不佞居燕且八越月矣……玉森园久不过沈生，得无抚景增离愁乎……别驾公旋，附报草草。"（《郊居遗稿》卷六）懋学二月至京，书作于九月。

九月，侍父就医芜湖。

《先府君宛溪先生行状》："丁丑夏秋之交，微示脾疾，四明冯公者为兵使，奉府君就医于湖。"（文集卷二十一）

冯叔吉，字汝迪，号修吾，宁波慈溪人。嘉靖三十二年进士，万历二年八月任徽宁池太兵备道（《神宗实录》卷二十八，《池州府志》作万历元年，误）。冯叔吉为其父守德嘉靖三十一年浙江乡试门下士。

《家大人问药于湖，中夜拨闷》，诗集卷八。

芜湖友人鲁崇贤、张增数来相慰。

《芜湖鲁明府崇贤、张茂才增》诗序："丁丑杪秋，侍先大夫就医于湖。药馆之隙，二君数来慰藉也。"（诗集卷五）

《鲁幼齐江楼夜集》，诗集卷十六。

鲁崇贤，字幼齐，号念峰，芜湖人。嘉靖四十三年举人。历开州学正，龙游、上津知县，嘉庆《芜湖县志》卷十二有传。

与龙宗武相晤。

《三醉龙使君帐中歌》："清霜初报湖中客……一旬三醉龙君席。"（诗集卷六）

《龙身之席上观戏龙舟》《秋晚于湖署中酬龙使君》，诗集卷八。

《芜江关别龙氏》其一："北风吹飞藿，倏忽并与离……仰见双秋鸿，西来鸣何悲。"（诗集卷二）

《答龙使君》："当侍先大夫请摄也，则门下所为地主礼备矣。"（书牍卷一）

与芜湖知县李维铉相识。

《芜湖杂感四首》其三："李令闽中返，常怀长者风。"（诗集卷十）

《秋夜同秀水朱明府集李芜湖署阁》，诗集卷十六。

李维铉，福建晋江人，嘉靖四十年举人，本年由钱塘教谕升芜湖知县。秀水朱明府，即朱来远，字文甫，庐江人，本年进士，时往任浙江秀水知县，过芜湖。

游蟂矶。

《登蟂矶》其一“知有龙宫秋不閟”，其二“江寒秋老夕阳开”（诗集卷二十二），知为今秋作。

蟂矶，在芜湖西南七里大江中。参见顾炎武《日知录》卷三十一。

与阮鹤皋游赭山。

《阮鹤皋自广陵归，同登赭山望大江》：“逢君秋色倍堪怜，洒酒平芜眺远天。”（诗集卷十六）

九月九日，魏子仁来慰父，有诗赠谢。

《芜江赠魏将军》，诗集卷十六。

《九日魏将军子仁见过，同诸亲宴坐》：“他乡欣聚首，且共醉高楼。”（《沧洲近稿》卷下）

或于本年，与张文介相识。

《江上别张文介》，诗集卷二十二。

《闻张惟守入楚》，诗集卷十。诗作于万历八年。

张文介，字惟守，浙江龙游人。诸生。著有《醉吟》《孤愤》《湖上》诸集。民国《龙游县志》卷十八本传：“常游益藩，礼为重客，分题授简，拟于邹、枚。”

有组诗寄怀朱孟震。

《寄怀朱比部》，诗集卷二十二。

按，本集存诗三首，然据朱孟震《玉笥诗谈》卷下，当有四首，其第四首为：“梅萼冲寒惭向荣，何郎名震凤凰城。愁边侧望械鸾藻，梦里频疑度雁群。”

得朱睦㮮书，有书答之。

《答灌甫中尉》：“家大人发且种种，太夫人在堂，不欲暂去左右尔。”（书牍卷一）书作于其父守德去世前。参本谱万历二年。

有书寄李先芳。

《奉李符卿公伯承》：“里中君典以贵去，袁汝鸣化为异物，亡论树帜登场，觅一解语人，了不可得尔。”（书牍卷一）

太常少卿严用和来书，答之。

据《神宗实录》卷五十九，本年二月癸未，严用和由刑科都给事中升太常少卿。

约九月底，有诗书寄怀沈懋学。

《答沈君典》："余方藏鼠璞，君自剖骊珠。"（诗集卷八）

《寄沈君典》："江上浮云秋不散……空山岁晏堪龙卧，积雨更深听雁呼。"（诗集卷十五）

《柬沈君典》："请横醉眼看秋色，万里浮云傍暮征。"《寄沈君典》："空山岁晏堪龙卧，积雨更深听雁呼。"（诗集卷十六）当稍后作。

《答君典》："垂指以府君下问，大示倾往，足下益之游扬，令虚为实，欲仆上谒，答其来美……从父病势转笃，须缓数日，乃遂抠衣足下，晤对之次，略为先布。"（书牍卷四）府君，指宁国知府郑继之，懋学在京与之相识。

沈懋学《讯梅禹金、李文仲山中》："吾将同赋隐，丛桂小山秋。"（《郊居遗稿》卷一）

十月，与从叔梅守贞、梅守恭及姐夫麻涵陪父小集赏雪。

《雪中同鸿胪叔、允甫叔、得之姊丈侍大人小集》，诗集卷八。

十月，与何遵集饮。

《饮叔度梅下，因怀丰干诸君》："寄远一枝还隔岁，怀乡十月浪登台。"（诗集卷十六）

何遵，字叔度，歙县人。久寓宣城。集中何四，当亦指何遵。

有书答欧大任。

《答欧桢伯》："长者寓书千里，词指温笃，重之璚章，崇其鷁息，人言倾盖如故，亦谓闻声驰思，此其高雅什伯于怀尔。"（书牍卷一）

陪父往黄渡省叔父梅守恒。

《侍大人宿仲父别墅》，诗集卷八。

有书寄宁国梅行素。

《与行素宗丈》："宁阳抔土，何得生行素足下哉？"（书牍卷一）梅行素，名不详，宁国县人。

有书寄无锡华明伯。

《与华广文明伯》，书牍卷一。

为宣城县儒学训导彭榘文集《无毡堂集》作序。

《无毡堂集序》："南谯彭先生来宣城为博士官，而《无毡堂集》成。鼎祚籍门下受而卒业……而先生子孝廉君，修其世业而益拓之。"（文集卷二）

彭椠万历三年任宣城训导，其子彭梦祖四年中举，八年成进士。故此序作于四至八年间，今权系于本年。

请曹某为父画像。

梅守德《余嘉靖庚戌由户科给事出守绍兴，越今几三十年矣，儿子鼎祚属曹生写金□》，《沧洲近稿》卷下。

十一月初九日，父逝于家，享年六十八。

《先府君宛溪先生行状》，文集卷二十。

《答陈御史》："就医芜阴，归凡阅月而罹大故。"（书牍卷一）

汤显祖《哭宛溪梅太参》，《问棘邮草》卷下。

宣城知县詹事讲来唁。

《与沈君典致詹令公》："先人之丧，两辱玉趾而临之。"（书牍卷四）

龙宗武遣吴守淮来唁。

《答龙使君》："吴虎臣远使垂唁，高义动人……以公江洋雅度，当能用人之瑜而略其瑕也。"（书牍卷一）吴守淮今年或当因鼎祚荐，入宗武幕。

《答龙使君》："而间者亡何，竟丽大故，扳号摧裂，从死末由。"（书牍卷一）

梅国祚等从兄弟来唁。

梅国祚《同诸子天逸阁看雪怀大参伯》，《宛雅二编》卷三。题后有小注："时禹金方读《礼》。"

邑友吴诏相来唁。

《祭吴汝州》："比予失怙，苫块茕然。公行在远，承讳怛焉。曰女父子，夙昔周旋。引绋虽阻，置刍告虔。"（文集卷二十三）

十一月十六日，父丧头七，为文以祭。

《七日奠先太中大夫文》，文集卷二十四。

本年或稍后，邑戚麻氏夫妇合葬，为文以祭之。

《祭麻柏亭翁暨张孺人》："先太中即土未期，卜兆无所。"（文集卷二十二）

有书答赵某。

《报赵宪使》："乃遽有先太中之难，腼颜自废。"（书牍卷一）

编纂父遗稿《沧洲近稿》《无文漫草》。

《除夕荐先太中大夫文》："诗文命梓，辄已就绪。"（文集卷二十四）

唐汝迪《沧洲近稿序》："顷先生厌世羽化矣，禹金敦念手泽，惟散佚是惧，亦亟寿梓，乃贻大梁邸中，请余序……万历戊寅十月朔日。”（《嘉议集》卷六，《沧洲近稿》卷首）书刻成于次年。

十二月三十，除夕，有祭父文。

《除夕荐先太中大夫文》：“吾父何适哉，五旬而余矣。”（文集卷二十四）

万历六年戊寅(1578)　三十岁

一月一日，大雪，有感怀诗。

《元日大雪纪怀》：“五夜积阴迟启曙，千门飞雪乍明春。”（诗集卷十六）

沈懋学有诗来思。

沈懋学《次怀梅禹金》：“听莺金马署，春思逐花飞。”（《郊居遗稿》卷一）金马署，此代翰林院。

二月，《与玄草》编成。

《与玄草自序》：“与玄者，本扬家童乌事。”（文集卷四）以西汉扬雄父子自喻。《梅禹金诗草》卷首此序后款：“万历戊寅二月既望，汝南梅鼎祚书于鹿裘石室。”

梅守箕《校次与玄草题辞》：“禹金盖年三十而三草成。《与玄》其初草也。《与玄草》凡八卷……是草为丁丑而前，皆及其先太中之存，多庭间唱和，而以‘与玄’名草云。”（本集卷首）“余二草”为《予宁草》及《庚辛草》。

《与玄草》目录前刻有“宣州司理闽黄师颜、宣城令豫章詹事讲同刊”。黄师颜八年始任宁国府推官，则《与玄草》刊刻于八年或九年。

作《释闵赋》。

《释闵赋》序：“《释闵赋》者，予宅忧之明年而作是赋也。”（文集卷一）宅忧，指丧父。

二月，梅一科自京归里来唁。

《答子登明府兄》：“嗟乎二兄，不肖弟称孤矣。”（书牍卷一）

《祭奉化兄子登》：“嗟考告殂，越在冬仲。予固魂迁，子亦腹痛。缟衣自南，来归我赗。陈彼素帷，昭此丹悾。”（文集卷二十三）

沈懋学有书仪来唁。

沈懋学《寄梅禹金》：“昨乡人来，闻老伯讣，南向悲号，五内焚烈……弟乃羁此浮踪，弗克向寝门一哭，与足下执手同悲，夙谊谓何，痛心欲死……令兄行使，附此聊布哀衷。”（《郊居遗稿》卷七）令兄，当指梅一科。

沈懋学《闻梅纯父先生讣》，《郊居遗稿》卷二；《寄梅伯挹、万仲二文学》，《郊居遗稿》卷七。

得朱孟震书。

《寄朱使君》：“中春从君典奉使君手书，教以近制，讽之泠泠，已，辄惘惘，盖颇廑今昔之感。”（书牍卷一）

春，寄书徽宁池太兵备道冯叔吉，为其父《沧洲近稿》求序，得序后又有书答谢。

《答冯宪使》其一：“前月下浣始承开府之期，已而冬乘春令，亥逆浃旬。先集副墨，趣得什九，敬驰一力于台端者，逡巡坐此，属不自茹，乞灵雄序，饰华首简。”（书牍卷一）据《神宗实录》卷六十九，去年十一月，冯叔吉已由宁太兵备道改为湖广副使，备兵苏松常镇。

《答冯宪使》其二：“又图不朽于先集，俨然以大序开之……大序庄诵回环，幽深笃至，古色希声。”（书牍卷一）得序或当在本年底。

按，今《沧洲近稿》卷首并无冯序，不知何故。

春，得上虞葛焜书，答之。

《答上虞葛仲韬》：“春中得足下都门书并诗，羊昙致西州之感，宋玉托九辨之悲。”（书牍卷二）葛焜来书诗，当为吊其父丧。

葛焜，字仲韬，号百冈。万历间任岳州通判，十四年改建昌通判，旋升袁州同知。

约春，汤显祖有书来吊父丧。

汤显祖《哭宛溪梅太参》，《问棘邮草》卷下，《问棘堂邮草》卷十。

《答汤义仍》：“属奉家公亡状，不吊于天，而义仍俨然吊之，则归赙襚。”（书牍卷四）

有书致建平潘嘉。

《与潘理官子会》：“农事及矣，惟公多种秫田，醉领春色是愿。”（书牍卷二）

有书答山东朱信夫。

《报朱信夫》，书牍卷一。

朱信夫，生平不详，当是父梅守德门生，闻知凶讯，有书来唁，故鼎祚有此答书。

至府衙，与泾县知县李日文相识。

《酬李水曹》："李君往作泾川侯，片言邂逅即千秋。"（诗集卷七）

李日文，字维实，号穆吾，一作默吾，江西金溪人。万历五年进士，六年至十一年任泾县知县，升工部主事，榷税芜湖。光绪《抚州府志》卷五十一有传。按，李日文为沈懋学同年，且本年有在府治建泾县公馆之举。

在府衙，有怀前宁国知府锺一元诗。

《叠嶂楼有怀锺使君》："叠嶂春风共酒樽……十年不作登楼赋。"（诗集卷二十二）锺一元隆庆二年知宁国府，至本年凡十年。

为宣城知县詹事讲父詹周文集作序。

《詹文林先生集序》："会先生子季公来为余邑令，因得以尚论其世。"（文集卷二）

按，詹事讲万历五年至十一年任宣城知县，此序当作于其履任未久，因权系于本年。

邑友崔伯温在塞上久不归，有诗怀之。参见本谱万历四年

《怀崔伯大》："天涯流落崔亭伯，白发春风梦舞斑。"（诗集卷二十二）

崔亭伯，崔骃，字亭伯，涿郡安平人。曾入窦宪幕为主簿。事见《后汉书》卷五十二《崔骃传》。

约三月，代宁国府知府郑继之作启上申时行。

《上申相公》其二："如某者，画江远守，叩阁仰陈。"（书牍卷十四）

按，申时行今年三月入阁，见《神宗实录》卷七十三。徐谱作七年入阁，误。

三月，沈懋学告病归里，过淮安，有书来寄。

《寄梅禹金》："足下抱感数月矣，宛陵落日，苫块增愁。乃不佞弟无由一唁，足下徒望高山雪涕，托短赋伸悲也，肠日九回，临风气结。今从明主乞青山，许三年高卧矣。归日即当匍匐几筵，长号泄痛，与足下慨往伤离，共纾积郁。顾时方移病，未堪遽至城中，计解缆湖滨，暂于郊园栖息，俟人心稍定，始得潜买小舟，至寝门一恸耳。闻讣及哭伯翁数言，用写哀哀。附征蕴结，稍拼读礼，幸惠手裁……至淮先发，价旋匆匆，倚棹不次。"（《郊居遗稿》卷七）

约本年四月，宣城县学训导彭棨母八十寿，作序以庆。

《彭太孺人八十寿序》："是岁闰余之月，太孺人当称耋云。"（文集

卷十四）

按，彭桀万历三年任宣城训导。闰余之月，即四月。文中言及其孙彭梦祖“间者得与太孺人孙孝廉君游”，彭梦祖，万历四年举人，八年进士，则此序当作于五年至七年间，因权系于本年。

为宣城县学训导彭桀弟彭瓈作墓志。

《南谯彭次公墓志铭》，文集卷二十一。

按，彭瓈卒于万历元年，文中曰：“博士先生……以子孝廉君梦祖状来。”当作于此时。

前宣城知县姜奇方有书来唁。

《与姜户部》：“家大人不作矣，不佞俨然在衰服之中，姓名不祥，不敢辄以尺一通。又有四方之交日进，而先人所称门生故吏及不佞与有倾盖之识者，束帛而临之，门无虚轨，及文字之役者月无虚日，不佞惘然无以应也。”（书牍卷二）姜奇方去年由宣城知县升户部主事。

四月，沈懋学归里，有诗慰之。

《君典太史移疾南还》《庐次书感示君典》，诗集卷十六。

沈懋学答诗《次答禹金》：“已从双阙散鸳班，不必移文自北山。愁里世情空半榻，病来禅思破三关。尽教日月供幽兴，翻笑风尘损旧颜。千古敬亭高气色，□岩丛桂共君攀。”（《郊居遗稿》卷二）与鼎祚《君典太史移疾南还》韵同。

沈懋学《王龙翁老师八十寿序》：“万历戊寅夏五月，沈生某请告归，止翠云兰若。友人查子铎、萧子彦过访。”（《郊居遗稿》卷五）

颍上知县屠隆修河堤成，代沈懋学为作记。

《颍上县东门河堤告成记》，文集卷十六。

据屠隆《东门河堤碑记》，工成于二月二十九日。见同治《颍上县志》卷十一。

为沈懋学作启上张居正。

《上江陵张相公》：“顷因狗马幽忧，恐一旦永填沟壑；以尔龙蛇引分，念初服跧伏林樊。”（书牍卷十四）

为沈懋学作启上张四维。

《上蒲州张相公》：“顷因狗马幽忧，力违视草；鹿麋野性，意在食苹。余息偷生，图结敝庐于山北；落毛遗粒，携归妻子于江南。”（书牍卷十四）张四维万历三年八月入阁。

为沈懋学作启上申时行。

《上申相公》其一，书牍卷十四。

代沈懋学为龙宗武祖父龙敷作墓志。

《处士泰和龙君墓表》："万历戊寅而宗武来姑孰郡丞……由某君交不佞，则尝与不佞述处士状……子史氏，兹所为表其幽者，以辱子。"（文集卷二十一）显系史官口吻。

寄书镇国中尉朱睦㮮。

《答西亭中尉》："先师数千祀笔削之典，六艺身通，如游如夏，当其世辄不能赞一辞，而君侯抽其秘縢，牖其蔀户，揭日月而中天县之国门。"（书牍卷三）

按，时朱睦㮮方精研群经，有《五经稽疑》《授经图》《春秋诸传辨疑》等著作。

秋，休宁邵正魁来访沈懋学，与聚。

《答邵长孺》："别足下五日而公临行，公临行又三日而孤举淡闷偃伏山中，姑孰之役久不省作何状。"（书牍卷二）

沈懋学《次答邵长孺》："坐尔昭亭上，因嗟行路难。径深红雨暗，山迥翠云寒。"（《郊居遗稿》卷一）

邵正魁，字长孺，休宁海阳人。国子生。事见欧大任《海阳邵氏家乘集》（《欧虞部文集》卷七）、朱孟震《停云小志》（《河上楮谈》卷三）。著有《梁园集》《邵长孺集》。康熙《徽州府志》卷十五有传。

秋，吴江俞安期再至宣城，与游，至敬亭山翠云庵看望沈懋学。

《天逸阁酒间答俞山人》《送俞山人公临》《公临别之姑孰，寄于龙使君赋寄》，诗集卷十六。

《公临别之夜留酒家》，诗集卷二十二。

俞安期《游敬亭山，时沈君典避居山中》："秋气萧条悲满目，客心惟有北山薇。"（《翏翏集》卷二十九）《自敬亭投一峰庵作》（《翏翏集》卷二十三）。

沈懋学过开元寺，有感怀诗来寄。

沈懋学《过宛溪先生旧馆柬禹金》四首，其一："竹助秋声乱笛哀。"其三："一夜霜风咽晓嘶……江边秋冷藏书阁。"（《郊居遗稿》卷三）旧馆，当指开元寺内正学书院，梅守德生前讲会于此。

长女生。

《与韩君陈》："弟往有女十四而夭。"（书牍卷八）书作于二十二年冬。

安庆府推官叶遵至宣城，与相识。

《姚江叶给事遵》诗序："子宪为皖郡司理……每临余郡，相过从，谈饮竟夕。"诗云："枞阳指东渡，澉奏经宛陵……引车数相造，言燕如宿亲。"（诗集卷五）

叶遵，字子宪，浙江余姚人。万历二年进士，约三年任安庆府推官。本年徽州丝绢案，叶遵曾参与审理。叶遵与史元熙为同乡、同年，其相识，或因史元熙介也。

有诗呈宁国府推官史元熙。

《陈情答史使君》："十年侧注愧浮名，中夜行吟感慨生。"（诗集卷十六）

侧注：古冠名，《史记·郦生陆贾列传》："使者对曰：'状貌类大儒，衣儒衣，冠侧注。'"裴骃集解："徐广曰：侧注冠，一名高山冠，齐王所服，以赐谒者。"此指成人行冠礼。鼎祚本年三十，故曰"十年侧注"。

八月九日，在蒋村修秋社。

《秋日过蒋村修社》，诗集卷二十三。

按，古以立秋后第五个戊日为秋社日。本年六月二十四日立秋，第五个戊日为八月初九日。

欧大任有诗来慰父丧。

《答欧桢伯博士》："尺素南来慰所期，敢从双鲤问何迟。"（诗集卷十六）

《与欧桢伯》："从陈直指得欧先生尺一书及寄我一章南北三草。"（书牍卷二）此书或作于此时。陈直指，即陈希美，宣城人。

得何遵讯息，有诗抒怀。

《何四游金陵，近有信之扬州》，诗集卷二十三。

秋，歙县程天锡来访。

《程天锡过君典郊居，邀余和赠》："自爱东田秋色好，非关名借沈休文。"（诗集卷二十三）

王寅或同至。《题王仲房小像》，诗集卷二十三。

有书答吴守淮。

《答吴虎臣》："为时几何，则俨然称孤哉……君典前驱将至乡往，足下故不异孤。傥足下倦游金陵，以素车白马过孤之庐，左右櫜鞬，有君典在，此生虽已号贵人，尚是吾党狂简也。"（书牍卷一）书当作于沈懋学归里后。

约本年，有书寄田艺蘅。

《与田子艺广文》："今庙堂见以为乏材，而用则违材，遂使志士拊膺而叹耳。"（书牍卷一）

按，据王祖嫡《田子艺六秩寿序》（《师竹堂集》卷十三），田艺蘅任徽州训导近六年。鼎祚此函当作于其罢官之后，则在本年或次年。

九月八日，游览城东泰和门城楼，有诗寄怀史元熙。

《九月八日城东楼晚眺，寄史使君姑孰》，诗集卷十六。

黎民表、朱孟震有书来寄。

《黎惟敬秘书、朱秉器渝州同日书至》："正值楚天摇落候，登临何处不思君。"（诗集卷十六）

邑友某往河南，有诗赠行。

《阁夜饯客》《于阁宴重送客游梁》，诗集卷十六。《送客》，诗集卷二十一。

按，时邑人吴诏相、梅一科均在河南，此"客"当即吴氏或梅氏族人，故下有寄书朱孟震、吴诏相、梅一科之举。

有诗书寄朱孟震，荐邑人吴诏相、梅一科。

《寄朱秉器按察大梁，因荐吴汝州廷承、汜水令子登》，诗集卷二十三。

《奉朱宪使》："唐大参者是孤外舅，吴汝州诏相是孤友，汜水令一科是孤族兄。"（书牍卷一）

《神宗实录》卷七十四："（六年四月癸巳）升四川重庆府知府朱孟震为河南兵备副使。"

吴诏相，字廷承（一作廷臣），时任河南汝州知州。梅一科，字子登，本年夏任河南汜水知县。沈懋学《赠响山令汜水》："花外莺声晓，棠阴结夏帏。"（《宛陵梅氏宗谱》卷二十二）

有书寄从兄梅一科。

《答子登兄汜水》，书牍卷三。

有书寄吴诏相。

《答吴汝州》："臬中朱宪使是孤金陵社中人，比从汜水兄舍人附一书四诗，并荐廷承……见委寿章，孤所宿讳，不得已为廷承破例，殊不工，然寿章即名家亦不得工，惟廷承财择。"（书牍卷一）此寿章不知为何人所作，集中未见。

秋，有书寄朱孟震。

《寄朱使君》："徐成都迁矣，谓闻问且无从也……不佞近状益落益丑，此道益进益难。属者多病，药饵不皇，木叶欲飞，始领秋色。楮墨如遗，逡巡自废，奈何？"（书牍卷一）

按，据《神宗实录》卷五十九，徐元气五年二月由成都知府升任浙江按察司副使。

约秋，有书寄陈希美，绍介泾县王文燿。

《与陈御史》："读大疏，所为士气之当振也。"（书牍卷二）

按，书中所言"疏"，即《乞及时修举以裨治安疏》，陈希美万历六年二月内上，见《皇明留台奏议》卷九，亦见《南京都察院志》卷二十八。疏凡言五事，其五为"士气之当振也"。

梅台祚有诗来寄，答之。

《答弟台》，诗集卷二十三。

游保丰台，有诗。

《保丰台秋望》，诗集卷二十三。

有诗寄怀管橘。

《感旧寄管孝廉彦怀》："同住城东第一峰……十年往事君休问。"（诗集卷二十三）

管橘，字彦怀，号五陵，南陵人。万历四年举人，二十三年进士，由诗，似管橘隆庆初曾为府学生。

为亡父编《沧洲近稿》。

唐汝迪《沧洲近稿序》末署："万历戊寅十月朔日。"（《沧洲近稿》卷首）

九月二十九日，宗长梅穗去世。

《处士耕隐梅公墓志铭》："先人见背之明年，处士即世……终万历戊寅九月二十九日。"（文集卷二十一）

十月一日，岳父唐汝迪为其父《沧洲近稿》作序。

唐汝迪《沧洲近稿序》："曩岁禹金集先生《沧洲摘稿》，征许奉常氏序刻之……嗣是缘兴操觚，奚囊日贮，禹金复录成帙，时时诵绎。而顷先生厌世羽化矣，禹金敦念手泽，惟惧散佚，亦亟寿梓，乃贻大梁邸中，请余序……万历戊寅十月朔日。"（《沧洲近稿》卷首）《沧洲近稿》当刊刻于本年。

十月，从叔梅守箕常来过从慰藉。

《答从叔箕》诗序："戊寅冬十月，余方居庐，感世人贵生贱死，逝者不作，而存者不能待逝也。叔箕时时来相慰藉。"（诗集卷三）

《季豹过东庄宿，忆弟蕃、台先夜之约》，诗集卷十六。

《与叔箕》："季豹坐不佞故，开隙于所亲，则孤所为过尔。"（书牍卷二）当本年作。

《杂感二十八首》，诗集卷二，《予宁草》卷二。当此前后作。

梅守箕《杂感》题后有小注："戊寅冬作。"见《居诸二集》卷二。

十月，衢州汪某来访，有诗赠行。

《送汪生还姑蔑》："苍苔浊酒破愁颜，十月清霜匹马还。"（诗集卷二十三）姑蔑，春秋时小国，在今浙江衢州。

约十月，朱孟震由河南按察副使升任潼关兵备道，有书来寄。

《答朱宪使潼关》，诗集卷十六。

《神宗实录》卷七十九："（六年九月壬申）调补河南副使朱孟震为陕西副使整饬潼关兵备。"

约十月，泾县知县李日文父归江西，代宣城知县詹事讲作赠序。

《赠李太公迎养还金溪序》："金溪李君为泾令，而侍其太公来，则余不佞繇同年令宣城，太孺人适在邸中……凡六阅月而太公西归矣。"（文集卷六）李日文约本年四月任泾县知县。

本年开始编纂《汉魏诗乘》。

《汉魏诗乘序》："余庐居丰暇，乃稍胪其体，尚论其世，而有所评骘……里之诸俊孳孳古昔，聚族而谋梓，凡此以使人多所见……以窃比于述而已。北海其为功甚伟，其何敢食之？诸俊则刘子、徐子、沈子、麻子。刘伯子，往从余游；二麻，余甥；沈子，故太史君典子，余通家；徐子，与余家同荐者三世，而其尊人方伯公自浙趣徐子董成；余从弟蕃亦与焉。盖余实首事。"（文集卷一）

《汉魏诗乘》收汉、魏诗各十卷，附吴诗一卷，刻于万历十一年。参见该年七月。

十一月九日，父殁一周年，沈懋学及友人来祭。

沈懋学《祭宛溪老伯文》："公没期矣，公不没千载庶几矣。"（《郊居遗稿》卷十）

沈懋学《书院祭宛溪公文》，《郊居遗稿》卷十。

十一月十五日，蹇达为《唐二家诗钞》作序。

蹇达《唐二家诗钞序》，文后款"万历六载戊寅中冬既望"，见《唐二家诗钞》卷首。

约本年，为詹事讲祖母作哀辞。

《詹烈妇潘氏哀辞》序："予从太仆孙宣城令习其事如此。"（诗集卷八）潘氏为詹事讲祖母，故当作于詹事讲任宣城知县后。

十二月三十日，除夕，立春，雪，有诗感怀。

《除夕立春逢雪》，诗集卷九。《予宁草》卷五题后有小注"戊寅"。

万历七年己卯(1579)　三十一岁

年初，黎民表乞休南归，有诗相寄。

《岭南黎秘书民表》诗序："惟敬方南归，自都门贻余诗，顷闻已化。"（诗集卷五）诗作于万历十年。

《答黎瑶石少参》："先生去时，名如税屣，鸿举冥冥……辱征不腆之语，具在薄蹄，惟先生少借齿牙，以不朽于小子。"（书牍卷四）黎民表本年以河南布政司右参议致仕归，鼎祚此书，当请其为《与玄草》作序，似不果。

约年初，寄书朱孟震，请其为《与玄草》作序。

朱孟震《与玄草序》："梅禹金《与玄草》八卷，其前若干卷余见之金陵，其后若干卷，余去金陵领渝州，不及见也。禹金数千里走书渝州而属余序其首……万历己卯夏五月朔，友人、新淦朱孟震撰。"（本集卷首）

春，作诗赠沈懋学。

《讼诗贻沈子》序："己卯春，予与沈子君典感时抚事，有悄悄之忧，因以自讼，而并贻之。"（诗集卷二）

《春雨感事简君典》："寸心堪自折，双眼竟谁亲？近事难深语，薄寒时中人。"（诗集卷九）当同时或稍后作。梅氏之家族矛盾，自本年起。

春，作诗寄陈希美。

《赠陈御史希美》诗序："丁戊之际，太史沈子甫侍中，请急还里，陈子坐台考，解御史为他官，此其故予不敢知。予既为诗赠沈子，于陈子亦有赠焉。"（诗集卷三）时陈希美任从贵州道御史改南京兵部郎中。

春，有诗寄怀王寅。

《雨夜寄忆王仲房》，诗集卷九。

与从弟梅台祚等归柏枧故居。

《春夜蒲上饮弟台》，诗集卷九，《予宁草》卷五。

春，访推官史元熙于宁国府郡斋。

《春日过史二使君郡斋》，诗集卷九。

按，鼎祚访推官史元熙，当亦与上述家难有关。又，《予宁草》卷五题后原有小注：“使君，赵人。”

二月，登保丰台，有怀友诗。

《保丰台忆蹇、龙二使君》：“高台四面接清晖，二月光风上客衣。”（诗集卷十七）

访吴礼卿。

《挐舟就吴氏》《一尊》《田间杂书》《吴立之席上醉别》《郭五自城中至》《入路西湖》，诗集卷二十一，《予宁草》卷七。当均同时作。

欧大任欲辞官归，有书来告，答之。

《欧桢伯书至，将自免归岭南，取道宛上》：“歌倦春残燕谷黍，梦归秋冷未央钟。”（诗集卷十七）

《与欧桢伯水部》：“往见公，每动拂衣之兴。龙蟠虎踞，正何减五羊城？南朝四百八十寺，正何减罗浮四百峰？”（书牍卷四）

闻徐中行去世，作诗以悼。

《哭徐子与方伯（先是，寄诗有梦蝶之语）》，诗集卷十七。

按，据王世贞《中奉大夫江西布政使司左布政使天目徐公墓碑》（《弇州山人四部续稿》卷一三四），徐中行去年十月十三日卒，年六十二。方伯，徐中行官终江西布政使。

四月，与姐夫麻涵同访刘铸。

《首夏同麻得之过刘明府》，诗集卷九。

按，刘明府，当指刘铸，鼎祚亡兄元祚之岳父。

约四月，代沈懋学作书上申时行。

《上申相公》：“茂陵称疾，实同消渴之长卿；禁闼偶违，殊愧忠贞之汲黯。”（书牍卷十四）申时行以礼部尚书兼文渊阁大学士在本年三月。

族兄梅一科任武康知县，有诗赠行。

《赠兄武康》，诗集卷三。观诗意，自是初赴任时作，故系于本年。徐谱系于八年，误。据乾隆《武康县志》卷二，梅一科万历七年至九年任。

四月，曾回柏枧山故居。

《首夏还田间作》：“首夏气清淑，驾言还我庐。”（诗集卷三，《予宁

草》卷三）

与濮阳渐、叶炜、从叔梅守箕等与李文仲集聚。

《西阁同濮子升、叶文光、叔季豹集李山人》《溪上同李山人步月》，诗集卷九。

《夏日元振兄席陪吴兴李山人》，诗集卷十六，《予宁草》卷六。

李山人，当即李文仲，吴兴人，寄居柏枧寺。《予宁草》卷五前诗后原有小注："李自署青藜丈人。"

五月，应宁国府推官史元熙之请，编《谢宣城集》成。

《谢宣城集序》，文集卷一。今国图藏本首为是序，后款："万历己卯皋月。"皋月，即五月。

史元熙《小叙》："《谢宣城集》，守黎君版置郡斋，就武功本也。后四十余年，而余来佐宣城，久漶漫不可读，乃斥奉刻之。里中梅禹金有事校雠于他籍，得宋楼刺史序并佚者数篇，则复首载史乘焉。盖吾诵其诗，是以尚论其世云。役竣，禹金业有序，而余不佞，私念建武时宣城为重镇，赐履颇广，谢公高斋坐啸，庭无诤辞，霞藻风标，照映千古，今郡所属什三耳。不佞一理官，讯谍旁午，日且不给，即间有呻吟，亦第为劳者之歌而已，畴谓古今人不相远哉？然余观郡中故多名山川，大都亦以玄晖、太白显，问其人，又非生于斯者也。而禹金承尊人太中公创起之，二三君子左提右挈，斯文未丧，郁久斯章，不佞往从禹金玄白堂读汪司马先生铭，其曰玄白，兼之矣。万历己卯夏六月书于郡署之吏隐斋。"（万历七年《谢宣城集》刻本卷首，国图藏）

七月初五，立秋，与从叔梅守贞、梅守默集聚于从叔梅守恭宅。

《立秋允甫叔家同吉甫、时甫叔夜坐》，诗集卷九。

《雨中与台坐，台有"诗兴秋偏壮"之句》，诗集卷二十二。

《雨后同吴立之登楼》，诗集卷二十二。当亦作于此时。

七月，有诗寄怀建平潘嘉。

《早秋寄潘理官》，诗集卷九。

秋，有小恙，沈懋学来问。

《城东卧病答君典》："伏枕俄经十日秋，高车无夕不淹留。"（诗集卷十六）

《君典晚过问疾》，诗集卷九。

似有寄杨美诗。

《寄远》："踠地垂杨隐画楼，三年不得醉箜篌。"（诗集卷二十三）

垂杨，似隐喻流波馆杨美。鼎祚何时与杨美相识，不可考，由此诗，则至迟万历四年已识。

约七月底，往南京秋试。

《敬亭舟中别郭五外兄》："三载敬亭路，长游方自今……前川秋色深。高堂劳汝报，敢负倚门心。"（诗集卷九）

《南征》："抱景伤跼蹐，寒暑忽再周。大火谢朱光，驾言远行游……密亲递饮饯，欲发仍夷犹。"（诗集卷三）

《硖石小饮》，诗集卷九。此题万历《宁国府志》卷十二作"南上硖石舟中小饮"，可见亦此行作。

此行从叔梅守箕、从弟梅台祚当与同行，见诗集卷九《龙江关送从弟台南归》《送叔箕还柏枧故林》，诗集卷十《黄池呈季豹》。

《尔曹行贻台辈》："前年献策不见收，今年再作龙门游。"（诗集卷七，《庚辛草》卷一）

沈懋学亦来送行。

沈懋学《送禹金游白门》："吾生苦局促，念尔胜游时。去住青山在，悲欢白发知。月明桃叶渡，秋爽竹枝词。莫作经时别，芙蓉难寄思。"（《郊居遗稿》卷一）

《南游答君典》："南去江枫暮，因之重所思。"（诗集卷九）此诗《予宁草》卷五题作"南游答君典见送"。全集删"见送"二字，遂使诗意不明。

途中曾停留当涂，游大青山、采石矶。

《泊姑孰》《青山宿李白墓下阻水》《采石吊李供奉》，诗集卷九。《泊姑孰》，《予宁草》卷五题作"泊姑孰界"。

《蛾眉亭对月怀李白》《姑孰城下逢家弟之金陵，寄周国雍》，诗集卷十。

《青山寻谢宣城故宅》《姑孰留寄史仲弢司理》，诗集卷十六。

有诗寄太平府同知罗文靖。

《姑孰郭望芜湖寄罗使君》，诗集卷十六。

至南京，游长干寺。

《长干寺访无极禅师，尝开讲宣州》，诗集卷九。《予宁草》卷五题"宣州"后尚有"郡斋"二字。

王寅《寄无极讲师宣城景德寺》，《十岳山人诗集》卷三。

访盛时泰。

《秋夜过盛仲交》，诗集卷九。

冯叔吉赴湖广右布政使任，有诗送行。

《送右辖冯公赴楚八首》诗序："四明冯公，初由臬使者治兵六郡，徙镇三吴，海波不扬，萑符用戢。越岁益迁楚右方伯云。"（诗集卷二十三）

越岁，冯叔吉万历二年任江西副使徽宁道，五年十一月改任湖广副使，备兵苏松常镇（《神宗实录》卷六十九），六年十一月由湖广按察使升湖广右布政使（《神宗实录》卷八十一）。

诗第七首："楚天霜落水微波，飒飒青枫暮雨多。"冯叔吉虽去年十一月已调任，然其赴湖广右布政使任实在今年秋。乾隆《池州府志》卷二十七亦系其离任在七年。

与大理寺评事刘绍恤游。

《玄武湖逢刘大理长钦，留集斋头》，诗集卷十六。

《刘长钦大理席有怀河东蹇使君，兼赠大理，两君同时为郡邑，先并左迁二首》，诗集卷九。

刘绍恤，字长钦，号潇湘，湖广安陆人。隆庆二年进士，时任大理寺评事。著有《潇湘集》。

《与蹇学宪山东》："去秋晤刘长钦陪都，不胜杕杜之好，此君文辞如脱手弹丸，谈霏霏如玉屑蝉连，相与使人忘归。各赋奉怀二章，并奏记室。"（书牍卷四）即指此晤，书次年作。奉怀二章，见上。

与沈应文、顾大典、周光镐、郭子章等游。

《永宁寺同吏部沈征父、顾道行、周国雍、僧广礼雨中集木末亭》，诗集卷二十。

《月夜周国雍吏部席上得"名"字》，诗集卷十七。

《出峡草序》："往余南都从周公游，是时蜀学使郭先生为水部、沈观察征父公同舍，相上下议论。"（文集卷二）

《报周国雍司封》："往顾仆于逆旅，桑阴未移，肝胆尽沥，兰尊继好，胶漆匪坚。"（书牍卷二）书作于次年。

顾大典（1540—1596），字道行，号衡寓，南直吴江人。隆庆二年进士，累官山东按察使副使。著有《清音阁集》。

鼎祚在金陵入白社。周光镐《报顾比部道行》其三："白社诸游，浮云聚散。年来稍通音问者，惟有方子及学使、张伯大侍御、梅禹金孝廉，余则声息不相及。"（《明农山堂汇草》卷二十二）可证。

郭孔建《赠邑侯大来张先生入觐序》："往予为南曹郎，肩禹金、君典游燕矶、牛首之椒，把酒舒啸，辄啧啧大来，恨无从交一臂。"（《垂杨馆集》卷一）此当为郭孔建代其父郭子章作。时郭子章任南京工部虞衡司主事。

八月十三日，夜聚沈应文吏部文选司署。

《十三夜宴沈征甫文选署阁（时令公子在座）》，诗集卷十六。时沈应文任南吏部文选司郎中。

沈应文（1543—1627），字征甫，号雷门，浙江余姚人。隆庆二年进士，累官刑部、吏部尚书。光绪《余姚县志》卷二十三有传。

拜访许谷。

《过太常许公仲贻，感呈一首》，诗集卷十六。

闻董传策死讯，有诗悼之。

《闻少宗伯董公之讣遥挽三首》，诗集卷九。

按，董传策为鼎祚父守德同年，今年五月，被其家仆所害。

与任梦榛、释洪恩等游报恩寺。

《同任山父、恩上人登报恩寺塔》，诗集卷十六。

《长干恩上人房遇任山父别驾自滇使入京，因忆朱宪使秉器、陈永宁思贞、姚嘉定叙卿、张山人维守》，诗集卷十七。

洪恩（1545—1608），字三怀，南京上元人。居南京长干寺，尝说法雪浪山中，因以自号，且以名集。乾隆《江宁新志》卷二十四有传。

游天界寺，有忆僧果斌诗。

《天界寺追忆半峰斌公》："十年违佛日，双树老秋阴。"（诗集卷九）由诗知隆庆四年鼎祚曾游天界寺，时果斌尚未卒。

《天界寺禅堂对月》，诗集卷九。

《金陵雨夜》《都夜闻笛》《晚醉登雨花台》，均此时作，见诗集卷九。

游孝陵，作有《孝陵恭述》诗。诗集卷二十

与邢金吾游。

《邢金吾篇》："忆昔招予长干里，雨花台上秋如水……乃者君年称六十，初筵秩秩宾朋集。"（诗集卷七，《庚辛草》卷一）则前此二人已相交。

与刑部员外郎吴同春有交。

《与吴比部》："己卯之役，临之垩室之中，倾示肺肝。"（书牍卷二）

吴同春，字伯与，号中淮，一号中寰，河南固始人。万历二年进士，三年任广德知州。事见余思明《吴同春传》（顺治《固始县志》卷十）。

从弟梅台祚归宣城，有诗送之。

《龙江关送从弟台南归》：“秋风江上路，送尔独先归。”（诗集卷九）

按，台祚此次金陵之行，或与徐翩有交，鼎祚《为泰符题徐翩翩画枕》（诗集卷二十一），或作于本年。

往访陈芹，不遇。

《京城南寻陈子野明府不值》，诗集卷二十三。

游蒋山灵谷寺，有诗。

《灵谷寺（有长陵御制诗、“第一禅林”金额）》，诗集卷九。

《灵谷寺忆前游》，诗集卷十七。则前此鼎祚已游灵谷寺。

万历《应天府志》卷二十三：灵谷寺，在蒋山东南。旧于独龙阜建道林寺，梁改开善，宋改太平兴国，后改蒋山，国朝洪武初徙山之东偏，改名灵谷。

有悼胡汝嘉诗。

《伤胡懋礼太史》诗序：“太史在梁藩日，致书及三诗，神交于仆，仆未之报也，未几而讣闻。今秋薄游京邑，实太史之乡，盖蠹然伤之焉。”（诗集卷十七）

胡汝嘉（1529—1578），字懋礼，一字沁南，号秋宇，南京上元人。嘉靖三十二年进士，授翰林院编修，仕至浙江金衢道兵备副使。著有《蒨园集》《沁南稿》。道光《上元县志》卷十有传。胡汝嘉有《人日过濮阳访李符卿山庄留饮》（康熙《濮州志》卷五），或当因李先芳而知鼎祚也。“太史在梁藩日”，指万历二年，时胡汝嘉任河南右参议，或因唐汝迪、朱睦㮮而知鼎祚。胡汝嘉去年十一月以金衢道病归，其殁在去年冬，年五十。

张佳胤起为陕西巡抚，有诗寄怀。

《奉怀前中丞铜梁张公，尝入为大光禄，近起家抚关中》，诗集卷十七。

按，据《神宗实录》卷八十八、卷九十，今年六月二十八日张佳胤出抚陕西，八月二日改巡抚宣府。

在南京不遇方沆、方扬二友，有诗怀之。

《子及、思善二方郎先谪出京，余诗怀之》，诗集卷十七。

按，方沆、方扬（字思善），二人均任户部郎中被贬。

游乐游苑。

《乐游苑示主人》："六代帝城秋色里，乐游苑上望钟山。"（诗集卷二十三）

乐游苑，在上元县东北八里覆舟山。万历《应天府志》卷二十一："乐游苑，即晋药园垒处。宋元嘉中以其地为北苑，更造楼观，改曰乐游苑。孝武大明中造正阳林光殿于内，侯景乱焚毁略尽。"

游东麓亭。

《东麓亭醉望谢公墩》："冶城秋色满宫门，东麓亭前醉一尊。"（诗集卷二十三）

道光《上元县志》卷十二："朝天宫，在城西全节坊吴冶城……明洪武十七年重建，赐今额。殿后有万岁亭，凡大朝贺行礼于此，习仪西偏……有西山道院，又有东麓亭……有飞霞阁、景阳阁、飞云阁诸胜。"

游雨花台。

《答刘公恒比部送酒》《雨花台呈刘、陈二大夫》，诗集卷二十三。

刘庭芥（1549—?），字介征，一字公恒，福建漳浦人。万历五年进士，时任刑部主事。

游鹫峰寺。

《鹫峰寺访王上人》，诗集卷二十三。

万历《应天府志》卷二十三："鹫峰寺，在水门南，成化中建。"乾隆《江宁新志》卷十一："陈江总宅，在青溪侧，相传鹫峰寺即其故址。"

闻盛时泰卒，有诗悼之。

《金陵酒肆悼盛仲交》，诗集卷十。盛时泰卒于去年，《焦氏澹园集》卷三十五有《祭盛仲交》。

《答贵阳朱秉器方伯》："每过金陵，缅思畴昔，金山人、许奉常、陈明府并乘云去，盛仲交墓木拱矣，唯一姚嘉州在耳。"（书牍卷五）书作于万历十六年。

约八月底，从叔梅守箕先归宣城，有诗送之。

《送叔箕还柏枧故林》："同来帝城里，何意不同归……秋光淹旅食，节序戒寒衣。"（诗集卷九）

《京邸季豹别，登舟复来》，诗集卷二十一。

与宋旭、陈季迪、张应泰等游莫愁湖。

《秋日同宋初阳山人、陈季迪孝廉、张大来兄弟载酒莫愁湖二首》，诗集卷九。

宋旭，字初阳，浙江崇德（今属浙江桐乡）人，万历初寄寓松江。善画。嘉庆《松江府志》卷六十二有传。光绪《嘉兴府志》卷六十又作石门县人。

张应泰归泾县，有诗送行。

《送张五落第归泾川》："长安客舍送君归，来往栖栖一布衣。"（诗集卷二十三）张应泰万历十年方中举，二十年成进士。

代作《应天武举乡试录序》。文集卷五

将归，与邑人陈希美再访刘绍恤。

《秋夜同陈克嘉廷评再过长钦大理，时余将南还》，诗集卷九。

陈希美，字克嘉，宣城人。时任大理寺评事。

临行，有诗书寄王寅及金陵诸旧友。

《金陵寄王仲房》："宛水一为别，金陵再寄书……客久少知己，吾将归弊庐。"（诗集卷九）

《别主人杨翁》《江外夜泊寄京邑游好》，诗集卷九。

《南归出都亭，留别刘长钦、陈克嘉大理、沈征甫、周国雍文选、顾道行司勋、郭相奎水部、刘公恒刑曹》，诗集卷十七。

将归，友人纷纷祖送。

《南归出都，停留别刘长钦、陈克嘉大理、沈征甫、周国雍文选、顾道行司勋、郭相奎水部、刘公恒刑曹》，诗集卷十七。

《秣陵别吴孝父、陆华甫、俞公临、方于鲁、方元素、谢少廉、汪士能、潘景升》，诗集卷二十一，《予宁草》卷七。

归途，作有《秋夜寓怀二首》《下第归舟感赋》。诗集卷九

《江上怀栖霞寺，余累约长钦大理游，雨阻，家恭人书至，遂渡江》，诗集卷二十一，亦当作于此时。

回途过当涂晤龙宗武。时龙升河南府知府。

《芜湖界寄龙使君》，诗集卷二十三。

《与龙河南》其二："送子何所适，所适河之阳……子当远行游，余当返故乡。"（诗集卷三）

罗大纮《参议龙源龙公墓碑》："己卯冬，上六年计，迁河南守。"（《紫源文集》卷十一）

约九月初归宣城。此行所作诗，九年结为《南游集》刊行。

《南都杂诗四首，己卯仲秋作》《南中览古十二首》《燕子矶观江涛》

《侯家诸园》《金陵出江瞻瞩成咏》，诗集卷三。均此行作。

周光镐《南游集叙》："是帙则为《南游集》。盖南来眺三山，登双阙，顾瞻旧宫，引睇陵寝，探六代遗事于墟落榛莽间，定交诸名人作者，投契彼心，一时都人士翕然倾焉。乃叔子不苟于纳履，非逼且不出，再阅月归，而是稿成矣。"（本集卷首）

九月九日，雨，有诗感怀。

《九日雨》："眼底满城风雨急，依稀今日是重阳。"（诗集卷二十三）

邑人吴诏相欲弃官归，寄书劝之。

《答吴汝州》："获上有道，不必愤而裂冠；居身有则，不必化而绕指。"（书牍卷三）吴诏相万历六年任河南汝州知州，"未秩满称病瘖去"。（《静志居诗话》卷十七）

次年春，吴诏相已弃官归，沈懋学有《吴廷承自汝州告归》，见《郊居遗稿》卷二。

有书寄张克家。

《答仓院张公》："单阏之试，盖明公实督察之……是时，鼎祚奉讳方汗漫长干间，会家有鸰原之急，而马不及介矣……诗成，则明公有监储之命。"（书牍卷四）

单阏，即卯年。张公，当即张克家，其曾任职户部。

九月，歙县闵龄至宣城，与游。

《城东酌酒送闵二还始新》："城东九月霜已飞，谢公楼上送将归。"（诗集卷七）

《送闵山人携家广陵》："桂色高淮甸，潮声壮海门。"（诗集卷九）

《送闵山人游金山》，诗集卷二十三。

闵龄《同李文仲、濮子升集梅禹金天逸阁》："八窗衔列岫，高阁出林间。虹落双梁晚，云栖叠嶂间。青藜分末照，绿蚁驻朱颜。客散西园夜，真从御李还。"（《我寓集》卷五）

沈懋学《闵寿卿江北渡淮，为其兄子华寿赋送》，《郊居遗稿》卷一，亦当同时作。

潘之恒《闵寿卿传》："之宣城，就诸梅结词社。有嫠妇积厚而姿艳，因诸梅愿得赘公。公谢曰：'糟糠人与罹难，吾不忍复有室。况二子能负薪矣，何以室为？'遂飘然为三山游：结庐金山、采真句曲、招隐武夷。"（《我寓集》卷首）

时汪道贯当亦在宣城。

《送汪仲淹兼上长公司马》："三年成再别，对酒更沾缨。"（诗集卷九）"三年成再别"，盖五年鼎祚往歙县，曾与汪道贯相见。

汪道贯（1544—1591），字仲淹，歙县人。汪道昆弟。与从弟道会齐名，时称"二仲"。诸生。著有《小山楼稿》《二仲集》等。事见汪道昆《仲弟仲淹状》，康熙《徽州府志》卷十五有传。

邑人吴山卿赴官廉州，有诗赠行。

《送吴别乘赴合浦》，诗集卷十七。

吴山卿，宣城人。吴大本子。监生，本年任廉州府通判，见乾隆《廉州府志》卷十一。崇祯《廉州府志》卷七作八年，误。别乘，即别驾，指通判。合浦，合浦县，廉州治所。

得李先芳书，有诗答之。

《得李符卿书》，诗集卷十六。

有书寄沈应文。

《与沈吏部》："公等方翔贵其于文学，又天性然，何有待乎？鼎祚顾诸羁旅之中，宠之虚，左之礼，馈贶授餐，有加无已……比者始得奉教左右。"（书牍卷四）作于自金陵归后。

有书寄周光镐。

《与周吏部》："交周公者，所称如饮醇醪也……清署夜酣，化城雨眺，足千古矣。"（书牍卷四）

《答周文选国雍、刘大理长钦》，诗集卷三《庚辛草》卷一，当同时作，时周光镐在文选司主事或员外郎任。

回宣后，当有岁考，得县学第一。

《邑试得第一戏作》，诗集卷九。

约本年，江西日者连生至宣城，与游，赠以序。

《赠日者连生小序》，文集卷十。

应高维岳请，为其父高宗汉作行状。

《迪功郎、桐乡丞东潭高公行状》，文集卷二十。

《乐平丞东潭高公像赞》，文集卷十七。亦当作于此时。题中"丞"字误，据《行状》及康熙《乐平县志》卷五，高宗汉嘉靖四十一年任乐平县主簿。

应宁国府推官史元熙介，为沈应文母吴氏作传。

《沈母吴太宜人传》："余南游，辱交征甫，征甫子为余郡史君司理甥，介于余为传。"（文集卷二十一）

《答沈征甫铨部》："所为母夫人之役业已承命，惟愧不终……于时且夏，风多南，幸两公属耳焉。"（书牍卷二）书作于次年春。

鼎祚与沈应文交游在本年。史元熙万历二年至七年任宁国府推官。

冬，尝归柏枧故里。

《冬日同季豹、泰符柏枧晚步》《宿柏枧寺》《雨后同箕、台寺望》《宿柏枧寺忆旧》《残雪》，诗集卷九。

《出柏枧留示箕、台》，诗集卷二十一。《柏枧山家见茶花》，诗集二十三。

《寒夜忆季豹山中》，诗集卷二十三。当稍后归城后作。

作《庐居写哀》八首。

《庐居写哀》其二："块处严寒夜，庐居积两秋。"（诗集卷九）

约十一月，宁国府推官史元熙入京，送行至采石。

《采石李白楼醉后放歌别史侯仲弢》："今者史侯朝帝京，重携此地送将行。"（诗集卷七）

按，徐谱系此事于四年或七年，考史元熙四年六月往徽州审案，故以系于七年为是。

《太白楼读宗子相诗》《牛渚月夜待史使君，留皖城未至》《采石别朱少府》《为汪巨源题居士贞画》，诗集卷二十一，均此时作。

冬，宁国府知府郑继之赴京入觐，代沈懋学作赠序。

《赠郡太守郑公觐序》："明年春，岁庚辰元会，为万方执玉之期。"（文集卷六）

按，此文亦存沈懋学《郊居遗稿》卷五，题作《赠郡侯鸣岘郑公入觐序》，有异文。

冬，读卢柟《蠛蠓集》，有感怀诗。

《寒夜读卢柟〈蠛蠓集〉》，诗集卷三。卢柟事，可参见《四库全书总目》卷一七二。同卷《闻鬼》，当稍后作。

约本年，南畿巡按御史耿鸣世来吊父丧。

《先府君宛溪先生行状》："御史新城耿公鸣世来南巡，吊府君于家。"（文集卷二十）

《奉酬南京巡按御史齐郡耿公五十句》："微踪劳记忆，先业苦荒凉。毁骨支床久，招魂度些长。抚孤将剖宅，拜母遂升堂。"（诗集卷二十）

除夕，有长诗感怀。

《己卯岁除感述兼贻海内游好七言百句》，诗集卷二十。

约本年，有书寄姜奇方。

《与杭州姜使君》："往有客道高唐，尝以一诗一书起居左右，而其人径北，遂复浮沉。"（书牍卷五）时姜奇方当以户部主事驻山东高唐州。

约本年，鄞县余寅至宣城，与游。

《答余君房太常》："车骑往莅下邑，获以执绥行酒，陶陶永夕。"（书牍卷十一）当在万历十三年前。

余寅（1519—1595），字君房，改字僧杲，号汉城，浙江鄞县人。隆庆元年举人，万历八年进士，累官太常少卿致仕。著有《农丈人诗文集》。康熙《鄞县志》卷十七有传。

万历八年庚辰(1580)　三十二岁

一月七日，与同族集聚于从叔梅守箕家。

《庚辰人日季豹家集诸子》，诗集卷十七。时在柏枧故居。

有诗寄刘铸父子。

《早春蒲上寄刘公谟兼呈明府先辈》，诗集卷十七。

约年初，汤显祖有来书。

《与林元和库部》："比奉汤君义仍信，具承雅指，深相轸存。"（书牍卷四）

年初，岳父唐汝迪尝回里。

《赠郡司理史公应召序》："会有豫章之役，谒县大夫……今年春，召公待次天官，县大夫相与效驾，而属余不佞为之辞，则移书豫章署中。"（文集卷六）此序由鼎祚代作。唐汝迪本年任江西右参政分守湖西。

《赠邑大夫詹公考绩序》："日余繇梁藩徙豫章，顷之入贺，凡两过里门。"（文集卷六）此序由鼎祚代作。

年初，宣城知县詹事讲入觐，作序送之。

《赠邑大夫詹公入觐序》："岁庚辰，郡国当上计。"（文集卷七）

邑人张克家赴广州兵巡佥事任，有诗送行。

《送张侍御赴岭南兵备》，诗集卷十七。

《神宗实录》卷一〇二："（万历八年七月）己丑，命广东南韶兵备佥事沈植照、旧管事广州兵巡佥事张克家回籍听补。初两广督臣议裁革广州兵巡，而改克家于南韶，令沈植回籍别用，科臣秦燿谓，广州裁其官而不裁其人，南韶裁其人而不裁其官，于事理未当，故有是命。”

有忆金陵旧友诗。

《吴门魏季朗、松江莫云卿、新都汪子建、仲淹、仲章、谢少廉、程子虚、吴梦竹，秣陵旧游也，间者阔焉，忆之》，诗集卷十七。

约年初，有书寄吴同春。

《与吴比部》：“公有西署之擢，业属为诗内诸行李，而私念姓名不祥。”（书牍卷二）时服父丧未释服。

李先芳来书。

《李符卿书再至》，诗集卷十七。

泾县张应泰、王美中等来访。

《张大来、王美中兄弟过集》，诗集卷十七。

二月，终丧。

《庚辰二月免服感怀》，诗集卷三。

歙县汪显节来访。

《汪子建山人自吴门过访，予时初免服而汪持服》，诗集卷十七。

汪显节，字子建，号汉阳，歙县人，寓居苏州。汪道昆族叔。曾与歙县丰干社。著有《绘林题识》等。事见朱孟震《河上楮谈》卷三。

应歙县吴某请，为江溹妻杨氏作传。

《江母杨孺人传》，文集卷二十一。杨氏卒于去年。

有书寄南京云南道御史黄应坤。

《与黄侍御》：“今兹之月实始服吉，方敢以贱姓名上通典谒……敝草本不足存，往辱明公被玄黄于沟断，饬芗泽于无盐。”（书牍卷三）敝草，当指《予宁草》。

黄应坤，字惟简，歙县人。隆庆二年进士，历任云南、直隶监察御史，终大理寺丞。道光《歙县志》卷八之二有传。

有寄金陵诸友刘绍恤、沈应文、顾大典、周光镐等诗。

《寄刘长钦大理》《寄沈征父文选》《寄顾道行司勋》《寄周国雍司封》，诗集卷十七。

二月，有书寄南陵知县林鸣盛。

《与林元和库部》：“是月之朔，服从吉矣，乃敢削牍上尘侍书，敝草一部，敬请郢财。”（书牍卷四）

按，库部，属兵部，时林当已有迁兵部主事之讯。敝草，指《予宁草》。

至城南访吴伯敬。

《过吴长舆城南书斋》："竹香来别院，草色接高城。"（诗集卷十）

按，题中"长舆"，《庚辛草》卷二作"无文"，吴伯敬字长舆，一字无文，又字右文。伯敬亦唐汝迪婿，与鼎祚为连襟。

三月一日，增订《予宁草》成。

《予宁草序》："居三载为庚辰春而服禅，因出戊寅以来所论著略次之，名《予宁草》。"（文集卷四）

按，《予宁草》卷首此序后有款："岁庚辰修痫月朔，千秋乡人梅鼎祚书于玄白堂。"修痫月，即三月。又，《予宁草》万历六年已杀青，此又复为增订也。

三月，与何遵同访沈懋学。

《春夜同何叔度过君典》："人世堪长醉，阳春几和歌。"（诗集卷九）《予宁草》卷五"何叔度"后多一"辈"字。

《再入敬亭怀李白》《吹万馆》，诗集卷九。或均此行作。

三月，余寅得中进士。

三月十四日，有诗寄张某。

《寒食对雨答张大员外》，诗集卷九。

约三月，有书寄前宁国知府陈俊。

《奉前郡守陈公》："余息堇延越在草土者三年矣。春中，手明公大计之报，惶惑骇视，气塞发上指，当食而叹，抚床咨咨竟日，弥月不醒于怀。"（书牍卷二）

崇德知县陈履上计归，过漳河，有寄怀诗。

陈履《漳河道中怀梅禹金》，《悬榻斋集》卷六。

三月底，曾回山口。

《雨怀寄蒲上兄弟》《予宁后归蒲上》《入柏枧》《过允甫叔别墅》《怀柏枧》《旧业》，诗集卷九。

《出郭》《暮春同季豹、泰符再宿柏枧》，诗集卷十。

与歙县方建元有诗往来。

《答方于鲁》："暮天霞作绮，春日柳成丝。"（诗集卷九）

四月，桐乡锺继和来游，有诗送别。

《送海丰锺丞》："远游兼薄宦，南浦饯东征。当夏岭云变，中宵海日生。"（诗集卷十）

锺丞，查乾隆《海丰县志》卷五，有锺继和，桐乡人，本年任海丰县丞，当即此人。

四月，宁国通判李韡升广西全州知州，有诗送行。

《送李别驾守全州》，诗集卷十。《庚辛草》卷二、《粤西诗载》卷十二题均作“城东亭送李别驾守全州”。

《赠李别驾守全州序》，文集卷七。观文义，当为代沈懋学作。

按，徐谱据《宁国府志》而以为“守全州或是传闻而后有改动”，不知府志乃有脱漏也。据雍正《广西通志》卷五十四，李韡万历八年任全州知州。

闰四月，龙宗武谪官，有诗寄问。

《闻龙河南左迁楚中别驾》：“似与黄杨同厄闰，转怜芳草独逢春。”（诗集卷十七）题后有小注：“庚辰闰年。”

按，龙宗武去年升河南府知府。汤显祖《前朝列大夫饬兵督学湖广少参兼佥宪澄源龙公墓志铭》：“庚辰正月大计吏，则又夺公守，倅黄。于是公勉一至黄，不能无愤且倨。”（《玉茗堂全集》卷十三）

《牛渚北望寄龙使君听徙燕中》，诗集卷二十三。或作于此时或稍前。

从叔梅守箕游齐云山，有诗送之。

《送叔箕朝白岳，属诏有前星之祷》《雨闷怀季豹示诸兄弟》，诗集卷十七。

宁国府同知李猷解官归里，有诗送行。

《送李郡丞解官还蕲水》，诗集卷十七。

李猷，字仕明，号献斋，湖广蕲水人。万历五至八年任宁国府同知。

宁国府推官史元熙离任赴京，有诗文相送。

《与史职方》：“公行方夏闰耳。”（书牍卷二）

《送史仲弢使君应召北上六首》，诗集卷十七。

《赠史仲弢司理应召序》：“大都终大夫之任，余无敢以私进，而大夫亦无忍以私惠。凡吾两人所为者，将以使上者近贤如不及，下者远贵如不胜，而伤其义不并显于世云。”（文集卷六）

《与史仲弢》：“牛渚一衣带水，令吾两人散为南北天堑。”（书牍卷四）鼎祚当送行至当涂。

代岳父唐汝迪作《赠郡司理史公应召序》：“公为司理，自甲至庚凡七年……今年春，召公待次天官，县大夫相与效驾，而属余不佞为之辞，则移书豫章署中。”（文集卷六）

梅守箕《送史司理仲弢》，《居诸集》庚辛卷二。《送史使君应召北上》，《居诸二集》卷七。

有诗书托史元熙转山东提学蹇达。

《报蹇督学》："是夏也，敬附一札四诗，史使君比过济上，则明公车马在临邛尔，时当溷记室矣。"（书牍卷二）

《寄蹇使君督学山东》，诗集卷十七。

按，据《神宗实录》卷九十六，本年二月，蹇达由山西按察副使改山东提督学政。

《与蹇学宪山东》："仆释服而来，托衷于酒，男女杂坐，簪珥堕遗，颇有味乎淳于先生之言，北乡而思牛山之泣，雍门之弹，又反袂悲矣。"（书牍卷四）亦本年稍后作。

约五月，沈明臣有诗文集相赠。

《君典东归，湖上逢沈嘉则，以近集见寄，遥申赠答》，诗集卷二十。

沈明臣（1518—1596），字嘉则，浙江鄞县人。著有《丰对楼集》。

按，徐谱系此诗于九年，误。沈明臣《万历庚辰又四月四日，宣城沈君典……集屠长卿青浦署中》《青浦署中遥送沈君典还朝三首》，分别见《丰对楼诗选》卷三十三、三十九，可知二沈相会乃八年，非九年也。九年沈懋学再至青浦，未遇沈明臣。

俞安期来书。

《俞公临书来知卜居阳羡，君典相过》："云接仙人洞，春停太史车。"（诗集卷十）

按，沈懋学过俞安期于宜兴，在今年闰四月。俞安期《沈君典太史过访濠上草堂，晚留小集，因讯姑孰事》，见《翏翏集》卷二十三。沈懋学《访俞公临濠上居限韵》，见《郊居遗稿》卷一。

夏，以《予宁草》稿本寄欧大任。大任时为大理寺左评事。

《寄答欧桢伯大理》："天迟高掌露，春老上林枝。"（诗集卷九）

欧大任《答梅禹全江上之约并以〈予宁集〉见寄》，《欧虞部集·西署集》卷六。

歙县汪显节过宣城往建平，有诗寄潘嘉。

《送汪山人之郎川寄潘子会》《送沈君典赴子建约如潘园》，诗集卷九。

《子建止子会赋闲园，走诗相迓，余以病不得赴，寄报四诗，期过敬亭》，诗集卷二十二。

《秋日沈君典二三兄弟月夕兴怀，云遥寄况，盖有味哉昔人之言“遥知兄弟登高处，遍插茱萸少一人”，各占近体，驰音空谷。余抚然其命，援笔次焉》，诗集卷二十三。

《潘理官赋闲园杂咏》，诗集卷二十一。或作于此时，为其园图作题跋。

与邑人麻溶、刘震仲相聚。

《饮麻明之》《草诗后刘震仲限“鹅”字》，诗集卷九。

《寻故广教寺》，诗集卷十。

夏，大水，有《望水》诗。诗集卷十

《寄叶子宪召拜给事中，时东南诸郡大水》：“灾眚频关虑，东南近荐荒。水维真自缓，天漏竟难防。秋渚哀鸿失，春林语燕翔。”（诗集卷二十）

《奉左方伯冯公》：“今岁自四月至五月，河伯不仁，屏夷为祟，鱼泳于室，燕巢于林，即鼎祚中人之产，尽属污邪，业已皇皇，若不保夕，其他茕独无告，怨咨愈兴，流离争敚，势当必有。”（书牍卷四）

《皇明五朝纪要》卷八：“秋七月，三吴大水，湖广、浙江皆水。”

代母治家务。

《与史职方》：“公行方夏闰耳……太夫人倦勤，遂以家督见命。薄田半入，聊足众口。生愚不能致泉刀，又不能作守虏。取酒征歌，旦夕有费。”（书牍卷二）史职方，即兵部职方司主事史元熙，原任本郡推官，至是迁去。

丧一女。

《报周国雍司封》：“比来太夫人时时医手，妻孥递病，生一女，不数朝而天夺之，岁姜告侵，见无半菽，黑貂久秃，青蚨寡恩，枯桑号风，雨雪涂户，仆出则较数米盐，入则部署汤药，中外合攻，俯仰被累，神精越次，郁悒谁语。”（书牍卷二）

六月十六，立秋，游宛在亭。

《宛在亭坐月闻笛，是日立秋》，诗集卷十。

秋，与岳父唐汝迪、沈懋学、吴伯与集聚，且与唐、沈两家联姻。

《祭外舅唐嘉议公》：“昨岁之秋，联姻沈生，而以鼎祚居其间，置酒高会，鼎祚及吴生挟清倡，酣达旦。公中自逸去，而潜自壁间窥两生。且时时趣竖子行酒。”（文集卷二十二）

七月，有诗寄怀朱孟震。

《寄大梁朱秉器观察兼问西亭王孙》，诗集卷九。时朱孟震已为潼关兵备副使，鼎祚不知也。

按，由诗题，此诗当应有两首，一寄朱孟震，一寄朱睦㮮。今集中存一首，当为朱睦㮮而作。据朱孟震《玉笥诗谈》卷下，“故人五马在，远道一鸿稀。巫峡秋偏壮，蛾眉月自辉。丘中纵偃蹇，鞲上忆翻飞。不敢操流水，知音有是非。”此诗当亦在此诗题下。

秋，南陵知县林鸣盛升兵部职方司主事，有诗赠行。

《赠林元和以阳谷令迁职方》：“凛秋革炎节，瑟瑟金风舒。”（诗集卷三）阳谷，南陵县旧称。

秋，有书寄叶遵，贺其升任给事中。

《寄叶子宪召拜给事中，时东南诸郡大水》，诗集卷二十。今年六月，叶遵考选为工科给事中，见《神宗实录》卷一〇一。

《与叶司谏》：“门下公忠剀亮，当二五利见之期，补过拾遗……往者拜手敕之辱，俯挹威严，叙致款笃……鼎祚不似，跧伏年所，祸难般流……敝草近覆灾木，附内主记。”（书牍卷四）敝草，当指《予宁草》。书稍后作。

秋，有怀同宗兄弟诗。

《口号寄山中诸子》，诗集卷二十三。诗凡四首，分寄从叔梅守箕，从兄弟梅蕃斯、梅隆祚、梅台祚。

秋，县学当有岁试。

《寄王仲房》诗序：“仲房诗两责予不一通讯，此自予病废不足怪……今秋就试有司……黄口与伍，中愦愦口吃不能语。”（诗集卷十）

《试后下家渡送叔箕还山》，诗集卷十。

八月十五日，得史元熙两书，答之。

《与史职方》：“公行方夏闰耳，八月望矣，始得奉两书左右……仆太夫人倦勤，遂以家督见命……今秋园菊不甚着花，即诗不数首，复不工。饮三五觥辄至醉，其迈往不羁之气，较公在郡时颇索莫矣。”（书牍卷二）

《与史仲弢》：“得足下广陵书、彭城一书。”（书牍卷四）

八月，得山东提学副使蹇达来书。

《报蹇督学》：“中秋之月，良书下颁，若从云坠。”（书牍卷二）

《得蹇督学山东书》：“秋满开缄处，遥携岳色来。”（诗集卷十）

池州知府郭四维邀游九华，不果往。

《与郭池州》："图牒所称九华、齐山颇多幽异，往以冯使君请为地主，负彼成言……经夏以来，家大人时在医手，妻孥递病，岁告凶事，谋生无良，内外坐困，因循抵今。"（书牍卷三）

《九华山歌答郭池州汝张》："郭侯剖竹临秋浦，九华灵区君地主……传书约我登九华，开缄口吻生烟霞。"（诗集卷七）

郭四维（1533—?），字汝张，号北野，山东夏津人。隆庆二年进士，万历七年知池州府。乾隆《夏津县志》卷八有传。

八月，与王寅、沈懋学尝斋宿开元寺。

《仲秋同王仲房、沈君典宿对亭庵示玉公》，诗集卷九。《秋早过玉上人》，诗集卷二十三。

《对亭庵览王仲房为余题壁》："题诗秋寺里，秋雨长青苔。"（诗集卷二十一，《庚辛草》卷四）

《秋夜宿贡大城南》《城东同郭五兄晚归》，诗集卷九。稍后作。

有书寄汪道贯。

《答汪仲淹》："仆今年体中多恶，家夫人复在医手。薄田大半已供河伯，食客如云，岁入不继……《秋怀》八首，奉二仲一评之。"（书牍卷四）《秋怀》八首，今集中未见。

病中读《离骚》，有感而作《感骚》八首。诗集卷十

秋，黄师颜任宁国府推官，始交。

《览黄使君登九华诗奉赠》，诗集卷二十三。

黄师颜（1543—?），字有发，号复斋，福建南安人。万历二年进士，曾任云南监察御史，官至顺庆知府。民国《南安县志》卷二十六有传。

约秋，有书寄湖广右布政使冯叔吉。

《奉左方伯冯公》："鼎祚二月初旬奄及免服……执别以来，寤言翦绂之指，委心顾复之恩。"（书牍卷四）

按，据《神宗实录》卷八十一，冯叔吉万历六年十一月由湖广按察使升右布政使，鼎祚书题曰"左方伯"，或当为误记。

九月九日，与吴伯敬等游敬亭山。

《九日同吴无文登敬亭，望刘明府别业有怀》，诗集卷二十三。

吴无文，吴伯敬。刘明府，刘铸。

约本年，邑人贡某葬，往祭之。

《祭贡处士公》："公之卒也，居无何，先太中亦遂不起。"（文集卷二十二）贡某卒于万历五年，以三年葬计系年。

丹徒邬佐卿至宣城来访。

《邬汝翼自京口见访，予病郊外，怅焉答此》，诗集卷十。

邬佐卿，字汝翼，号丹徒布衣，丹徒人。诸生，工诗。光绪《丹徒县志》卷三十三有传。

沈懋学《次答邬汝翼访余村庄之作》《次答邬汝翼言别》，《郊居遗稿》卷一。同时作。

九月，有诗怀友人吴守淮、俞安期。

《寒夕怀吴虎臣、俞公临》："霜华严夜色，风叶领秋声。"（诗集卷九）

邑人万之翼赴南安府同知任，有诗赠行。

《送万明府赴南安郡丞》："津亭暮柳临风袅，庾岭寒梅带雪光。"（诗集卷十七）

岳父唐汝迪赴京，有诗赠行。

《送外舅唐公由江藩入贺。初为吏部郎，其参知大梁亦有是役》，诗集卷十七。

唐汝迪《奉孙抚台请蠲赈书》："兹祗役赍捧，便过里中。"（光绪《宣城县志》卷三十一）书作于九年。

有书寄同宗兄弟子侄，劝节饮。

《贻吾宗诸子》："比者诸君酒德甚盛，动且达旦……吾辈先世故农家，未闻酒德，先太中而前未言文章。"（书牍卷四）

秋末，冯梦祯至宣城访沈懋学，与游。

《冯开之太史过宣城访予天逸阁》，诗集卷十七。

《送冯开之自宣城还西湖别业》，诗集卷二十三。

冯梦祯《刻明甫侍御遗集序》："庚辰秋杪，余鱼服访君典，因得晤明甫，相见欢甚，即恭敬非谬而余愧重客已。"（《詹养贞先生文集》卷首）

冯梦祯，字开之，号具区，浙江秀水（今嘉兴）人。万历五年进士，授编修，因张居正夺情案被免。乾隆《杭州府志》卷一〇五有传。

《柏山寺读景梅亭碑》，诗集卷十。当亦是与冯氏同游时作。

与梅守箕、梅台祚等泛舟宛溪。

《秋夜同惠甫、季豹、泰符、仲宣泛城东，分得"眉"字》，诗集卷十。惠甫，唐汝迪弟。仲宣，梅氏族人。

有小恙，曾回柏枧故居。

《秋夜寄叔箕》《夜坐》，诗集卷九。

《秋日卧病山中示季豹诸子》，诗集卷十七。

《答弟台秋夜卧病同宿之作》《游山门阻雨》《雨罢》《秋风》《秋暮由通灵峰入柏枧》《同弟台、外兄汝坚宿洪村》《汪村示台、汝坚》，诗集卷十。

《柏枧寺访佛肩上人不遇》，诗集卷二十三。佛肩，生平不详，沈懋学亦有《送僧佛肩游白岳》，见《郊居遗稿》卷三。

十月，有诗寄张凤翼、张献翼兄弟。

《寄张伯起》："十月梅花寄远人。"（诗集卷十七）

《答张幼于》，诗集卷十七。

张凤翼《寄答梅禹金》："弱冠声华起敬亭，岂惟吴市有梅生。驰神此日鱼双往，落凫何年鸟一鸣。海内文章应屈指，天涯兄弟各含情。知君六翮搏风健，莫学江东老步兵。"（《处实堂集》卷三）

张凤翼（1527—1613），字伯起，号灵虚，南直长洲人。与弟献翼、燕翼齐名，并称"三张"。嘉靖四十三年举人。著有《处实堂集》，并戏曲多种。

张献翼（1534—1604），字幼于，南直长洲人。国子监生。著有《文起堂集》《纨绮集》等。

约十月，得周光镐来书，答之。

《报周国雍司封》："奉八月初五日书，始知左右尝荐仆于学使者，事虽不行，意独良至……数逾三献……枯骨何灵？"（书牍卷二）可知作于其父丧三年后，即本年。周光镐时任南京吏部司封郎中，次年七月任四川顺庆知府。

十一月九日，父丧三周年，作有《忌日哀述》。诗集卷九

有书寄王畿。

《答王汝中先生》："奉讳载期，壮心都尽。"（书牍卷三）

有书寄池州知府郭四维。

《答池州郭使君》："徂冬略布下款于台端，伏承环答感戢弥深。"（书牍卷四）此书作于次年。

冬，泾县知县李日文赴京上计，代沈懋学作赠序。

《赠泾令李公考绩序》："泾令君为邑之三载……泾令君者，金溪李

君，余同籍起家。”（文集卷六）

万历九年辛巳(1581)　三十三岁

二月，游府衙，登叠嶂楼。

《春登叠嶂楼简黄使君》：“二月流澌春澮澮，千家芳草晓菲菲。”（诗集卷十七）黄使君，指黄师颜，万历八年至十一年任宁国府推官。

二月，歙县汪显节客建平，有来诗，答之。

《答汪子建郎川》其一：“二月春风陌上时，送君攀柳柳成丝。”（诗集卷二十三）参见本谱上年。

春，江西谢廷谅将游宣城，有诗来寄。

《谢友可游九华，至龙井见寄，将东访敬亭》，诗集卷二十三。

《与汤义仍》：“往谢友可与仆书，谓仆之志不称其才。”（书牍卷二）书作于十一年。谢廷谅之书，或即此作。

谢廷谅，字友可，江西金溪人。万历十年举人，二十三年进士。康熙《金溪县志》卷七有传。鼎祚或与之初识于万历七年金陵乡试时。

按，谢廷谅或未至宣城，秋与沈懋学相遇于苏州。沈懋学《别谢友可》（《郊居遗稿》卷一）作于本年九月。

张凤翼托人以《文选纂注》求售，作书婉答之。

《答张伯起》：“《文选纂注》删繁会简，提要钩玄，兼以剞劂都工，豕鱼悉正……敝邑椎鲁之乡，莫可为役，荒玉丰谷，竟非虚语……古研见辱，什袭知宝。”（书牍卷四）《文选纂注》有张凤翼八年秋序。

约二月底，宣城知县詹事讲赴京上计，代岳父唐汝迪作赠序。

《赠邑大夫詹公入觐序》：“詹公为余邑三年……公甫上计，而余适有粤西之调，旌德卢君者以三令君之命来属文于余。”（文集卷六）

按，据《神宗实录》卷一〇九，唐汝迪九年二月八日由江西右参政升广西按察使。徐谱系此序于七年，误。

春，歙县程本中自苏州来书。

《春日得程子虚吴门书》，诗集卷二十三。

春，梅守箕有诗来寄。

梅守箕《苦雨答禹金》《赠禹金侄》，《居诸集》庚辛卷二。

《寄山中兄弟》，诗集卷十七。

有诗寄镇江府同知张廷榜。

《寄张郡丞京口》，诗集卷十七。

张廷榜，字登材，福建龙溪人。万历二年进士，初仕本府太平县知县，八年至九年任镇江府同知。乾隆《龙溪县志》卷十六有传。

有诗寄扬州府同知丘如嵩。

《题海防丘郡丞真州楼》，诗集卷十七。

丘如嵩，字中山，直隶清河（今属河北）人。举人，万历六年到八年任扬州府同知（万历《扬州府志》卷八）。则其本年已离任，鼎祚不知也。

姜奇方被谪山东高唐州，有诗寄慰。

《寄姜户曹谪高唐州》："十年才领度支章，又遣东齐作逐乡。"（诗集卷二十三）。

按，姜奇方自隆庆五年至万历五年任宣城知县，入为户部主事，凡七年，诗言"十年"，或举其成数也。又，《高唐州志》未载其人，或其未到任。

刘庭芥听勘，有诗寄慰。

《寄刘公恒比部。时听徙还青州，其先在南都，尝以酒助予游》："十年不调何迟暮，千里传书又隔秋。"（诗集卷十七）以酒助游，万历七年事。

孙继皋《辩疏》："刘庭芥三年四荐而推南部，以疏谪官。"（《宗伯集》卷二）

沈懋学妾病，有诗戏慰之。

《君典吴姬病，戏问之》，诗集卷二十三。

刘垓由刑部主事谪六安州同知，有诗慰之。

《寄刘达可比部谪六安》，诗集卷二十三。

刘垓，字达可，号肖华，湖广潜江（今属湖北）人。隆庆四年举人，五年进士。康熙《潜江县志》卷十五有传。

春，陈芹病逝，有诗悼之。

《哭陈子野明府》，诗集卷二十三。

遇家难。

《与沈君典致詹令公》："往者先人遗骨，欲上五代之丘陇而不可得，昨秋仆有出里之举，而龋龁之不休……是役也，仆初不与其事，七月中两造于公庭，群詈于宾馆者，仆未尝在也……今春再举，而仆又力争，自请入求于令公……今之谗仆者，以仆有旌德之行耳。旌德之行，非仆本怀。其出吊宁国而不待足下者，非择宁国，实避旌德也。族人索仆于门中，而胁仆于境上，马不及旋，星言夙驾。是时豚犬有寒疾，仆酷爱其子，每以腹为席，以口为盂，足下稔知之。乃释而远去，鸟道蛇行，崎岖万状，皆非人情。既至，而族人之在旌德者众矣，旅进旅退，势所不免……族人尚以仆未殚智竭力，退有后言……族人设意，以近则关门户之盛衰，远则系子孙之利害。仪秦之辩，无所复施。凡仆囚服稽首，踸道周，足下见尝有此否？凡思以厌众心，出万不得已之计也。”（书牍卷四）书作于次年。

《杂怀六首》诗序：“时在庚辛，梅子有忧幽之疾，不能显白，隐约成文。”（诗集卷三）《南首感怀》：“乡曲名何用，门庭寇已成。”（诗集卷九）均指此事。

前宁国知府王嘉宾去年四月去世，今年消息传至宣城，知县詹事讲遂在惠济桥旁建祠，陪詹事讲往祭。

《东溪陪詹尹祀王府君祠》，诗集卷三；《宪副东郡王公嘉宾》，诗集卷五；《王府君诔》《告东溪王公祠》，文集卷二十二。同时作。

约四月，岳父唐汝迪赴广西按察使任，送行至芜湖。

《秋日得唐外舅西粤书，因感芜江之别》，诗集卷十七。

《祭外舅唐嘉议公》：“鼎祚闻公之迁粤也，尝寓书于公：‘人言之，仕宦不止车生耳。’盖意不欲公西也。书未至而公西矣。”（文集卷二十二）

《赭山即席答于湖子弟》《月夜江上为于湖子弟送顾八还金陵教坊》，诗集卷十七。《芜江杂咏》，诗集卷二十一。均此行作。

按，据唐汝迪本年作《奉孙抚台请蠲赈书》：“讵意四五月间，大雨弥旬。”（光绪《宣城县志》卷三十一）此次唐汝迪归里，似逗留至四五月份。

五月五日，作《五日独酌》诗。诗集卷十四，《庚辛草》卷二

夏，大水，有诗寄府官，希望他们了解民间疾苦。

《夏大水简郡中》，诗集卷十七。

六月，姊夫麻涵卒。

《庚辛草自序》：“六月，姊夫鸿胪以艾终。”（文集卷四）

《哭麻鸿胪》，诗集卷四。

七月，周光镐有诗来寄，答之。

《周国雍出守宕渠，七夕经采石太白楼，读余诗，题书见示。广安有故宣令姜君，台闻已先化，寄国雍兼问之》，诗集卷七。宕渠，古郡

名，治所在今四川渠县东北。周光镐本年以南吏部验封司郎中升四川顺庆知府。姜君，姜台。

《与周顺庆》："奉公道中书，知以天孙之夕过牛渚，读鼎祚壁间诗，呼酒长歌，大江东注，盈盈有怀。"（书牍卷四）

周光镐为刻其《南游集》。

周光镐《南游集叙》："是集刻于重光大荒落之岁，来游则前夫其二载云。司封氏岭南周光镐识之而授以梓。"（本集卷首）重光大荒落，即辛巳。

七月，外兄某病卒。

《与周顺庆》："奉公道中书，知以天孙之夕过牛渚……乃其时鼎祚有外兄之丧，劼劻甫毕，而先恭人业已在摄。"（书牍卷四）

得郭子章授潮州知府讯，有诗寄之。

《寄郭相奎潮州》："分符今壮使君游……楼阁晴生蜃气秋。"（诗集卷十七）

按，据顺治《潮州府志》卷四，郭子章十年到潮州知府任。然其初授当在本年秋。郭子章《芜湖王氏族谱序》："今年冬，予出守潮阳，道芜会。"（《蠙衣生粤草》卷一）可证。

秋，得岳父唐汝迪书。

《秋日得唐外舅西粤书，因感芜江之别》，诗集卷十七。

陈履升任苏州海防同知，有诗寄之。

《寄陈德基吴郡海防》："十年宦辙总穷途，也见腰章佩大夫。"（诗集卷十七）陈履隆庆五年进士，六年初仕蒲圻知县，至今年恰满十年。

陈履《和答梅禹金》："石湖烟树但无恙，拟扫松阴待小车。"（《悬榻斋集》卷六）

八月，以母病，力辞副贡。

《庚辛草自序》："是岁月在酉，先恭人食味中肺，乘秋而病兴，会有司方行里选，余当副，陈情乃已。凡操药以从者三阅月。"（文集卷四）

沈懋学《庚辛草序》："是秋，禹金当副贡，学使者颇有意举之。会其太夫人病，为诗力辞去，获如所请。"（本集卷首）

《母病辞赴里选，陈情所司》，诗集卷十。

《与史仲弢》："学使者俨然辱在敝邑……乃今年近立境，须发渐长，欲与儿子辈数墨寻行，较量甲乙乎？"（书牍卷四）

《与周顺庆》："是秋，鼎祚例以副贡行，在事者颇有意收之。吾亲之谓何，又因以为利？陈情中止。"（书牍卷四）

过庭训《本朝分省人物考》卷三十八《梅鼎祚传》："万历癸未，已当岁序，有司促装赴选，母恭人偶抱疾未瘳，终不忍舍而去，陈情于督学，升其次者。后以内艰妨两选，岁乙巳始以序贡。然年甫及艾耳，或劝之仕，不就。太仓相欲以孔目荐之，谢不赴。"此传时间多有舛误。癸未，当作"辛巳"。乙巳，当作"庚寅"。

得史元熙京师书，有书、镜答之。

《与史仲弢》："得足下广陵书、彭城一书，最末得都下一书……近市汉镜一面……敬遣奉足下。"（书牍卷四）

八月，《庚辛草》初编成。

《〈庚辛草〉自序》："而余所籍诗亦以酉月竣。"（本集卷首）酉月，即八月。

《君典索梓余草，辞之》，诗集卷二十一，《庚辛草》卷四。

沈懋学《庚辛草序》："其诗，三十以前为三草，前二草属季豹校次，而是所为《庚辛草》者，予窃效役焉……万历辛巳腊月望日，友弟沈懋学君典撰。"（本集卷首）

约秋，南京江西道御史张一鲲至宣城，始与相识。

《古诗六首酬蜀郡张伯大御史》序："鼎祚一介之士也，辱在侍御张君之部下，张君尝行部敝邑，鼎祚在诸生中，即望见君颜色，然未敢以身荐君，而君采其虚声，谓鼎祚略知古文字，不竞趋，俨然以手敕开之，宠借训厉，辞致温笃，若已奉剑履之欢，参肺附之戚，而鼎祚实无此于君也。"（诗集卷三）诗作于次年。

张一鲲（1523—1611），字伯大，一字鹏化，号翼海，四川定远人。隆庆五年进士。据《神宗实录》卷六十四，万历五年七月，张一鲲以中书舍人考选南京江西道御史。

《寄张侍御》："帝里初劳典谒通，西台列柏正秋风。"（诗集卷十六）此帝里，或即指宣城也。

得冯叔吉来书。

《与冯方伯》："越昔辛巳一奉台祉，凡三改历矣。"（书牍卷二）书作于万历十二年。

得沈九畴来书。

《与沈箕仲法曹》："辛巳之秋，奉尺一南也。"（书牍卷三）

沈九畴，字箕仲，浙江鄞县人。万历五年进士，时任刑部主事。

得周光镐来书，答之。

《与周顺庆》："公守天官曹数年，一麾远郡。"（书牍卷四）

池州知府郭四维询问母病情，有书答谢。

《答池州郭使君》："鼎祚春来多狗马病，入秋良已，而奉家恭人无状，伏枕逾时，则里选之檄下矣。家恭人春秋六十有八……祷于群望，辅以名医，展转迄今，未有起色……丰仪纪使，越国惠存，药物饔飧，并有夙具。"（书牍卷四）作于母去世前。

九月上旬，作书吊汪道昆丧父。

《奉左司马汪公》："九月上旬，遥承太公奄弃宾客……鼎祚奉家恭人亡状，伏枕数旬，辗转医手，未能即策素车，一抚灵几，薄有生刍之荐，告成礼而已。"（书牍卷四）据汪道昆《先府君状》（《太函集》卷四十四），其父汪良彬今年八月九日去世。

九月，因沈懋学妾吴氏东归，寄书沈懋学。

《问君典东归三首。其东尝访王元美廷尉，因过屠明府长卿青浦。以吴姬还也，诗并及之》，诗集卷十。

按，徐谱原系于七月，然据王世贞《祭沈修撰君典文》："万历之辛巳七月，故翰林国史修撰沈先生君典俨然而来玄都谒群真。"（《弇州山人续稿》卷一五三）其七月方离宣，鼎祚之问当在九月。

或本年秋，有旌德之行。

《旌川访周侍御话旧》，诗集卷十七。周侍御，周希旦，时当任浙江道御史。

《与沈君典致詹令公》："今之诡仆者，以仆有旌德之行耳。旌德之行，非仆本怀。其出吊宁国，而不待足下者，非择宁国，实避旌德也。"（书牍卷四）

史元熙运饷大同，有诗寄怀。

《史职方仲弢犒师云中》："临关霜色飞狐满，按部秋声战马雄。"（诗集卷十七）时史元熙任兵部职方司主事。

周光镐由吏部验封司郎中升任四川顺庆知府，有诗寄贺。

《寄周顺庆国雍》，诗集卷十七。

有书寄龙宗武。

《与龙使君》："蹶公而丞姑孰矣，乃复有别驾之蹶……阅岁不得公消息，敝郡朱倅者固黄人，仆尚不知其人细大肥瘠……陈尉子归，附承

动定。”（书牍卷四）

龙宗武去年谪黄州通判。朱倅，指宁国府通判朱继孔。

九月，岳父唐汝迪去世，为文以祭之。

《〈庚辛草〉自序》：“九月，外舅观察粤西以讣至。”（本集卷首）

《祭外舅唐嘉议公》，文集卷二十二。

姻亲万良金病卒。

《答蹇督学》：“先是而外舅唐观察遽作客鬼，姻氏万澄江化为异物。”（书牍卷四）万良金，字伯秉，嘉靖二十八年举人，仕至澂江知府。

十月，有女早夭，挈潘氏往芜湖就医。

梅守箕《校次庚辛草题辞》：“已而有不成殇之女，其内人有所患苦，则与俱越国就医，是以有芜阴诗。”女乃潘氏出。

《庚辛草自序》：“先是岁有无服之殇，实维十月。”（本集卷首）

过水阳，有吊友诗。

《吊袁育民少学》，诗集卷十。袁育民，不详，当为水阳人，鼎祚庠友。

就医芜湖。

《抵芜湖郭》：“十月我来游。”（诗集卷十）

《芜湖杂感四首》《湖上雪示内》《雪夜再示内》《梦日亭感古》《舟中忆季豹诸子》，诗集卷十。均此行作。

雪夜再示内，《庚辛草》卷二题作“雪夜再示内，时以问蔡至”。

十月底，自芜湖归。

《仲冬予携妻子自于湖归宛上，阻冻江外》《和子马寄禹金兄携内江上》《龙溪舟中大风雨》，诗集卷十。

按，此言“仲冬”，当因记忆差池。子马，《庚辛草》卷二作“茂卿”。则梅蕃祚曾字茂卿。

十一月一日，母郭氏去世。

《先母郭太君行状》：“辛巳秋，母恭人食味中肺而病兴，迁延至十一月初一日辰时顿不起。距生正德甲戌五月二十二日午时，年六十有八。”（文集卷二十）

宣城知县詹事讲来唁。

《与沈君典致詹令公》：“先人之丧，两辱玉趾而临之。”（书牍卷四）

梅守箕子殇，有诗吊慰。

《唁季豹哭子》，诗集卷十。

梅守箕《伤夏儿赋》（辛巳）：“十月而生，十月而亡。”（《居诸集》庚辛卷一）

闻前宁国知府陈俊被屈罢官归，有诗赠之。

《赠陈使君归南海四首》诗序：“陈公……业已擢宪外台，提兵西粤，而去郡未几，乃即销骨于积毁，成虎于三言……事竣，公方以角巾归私第。”（诗集卷十）角巾，指归隐。

得张凤翼书。

张凤翼《与梅禹金书》：“下走闻梅君于词林间久矣，一旦得瑶华之赠，惊喜不自持，思欲与梅君一执手，若渴思饮。竟不可得，然阙焉久不报，亦以梅君意气必不我谴也。顷者，郡大夫陈德基自言与梅君有白岳之晤，且示以怀梅君诗。下走侈以所赠，相与称赏移时，期共为缄寄。而公理适以绘事来游敬亭，走候侍者，属下走为先容。因成一律，冀完宿逋，登之素扇，与神俱往，倘有可为公理借声，勿靳一顾。”（《处实堂集》卷五）

姚公理至宣城来访。

《答张伯起》：“姚公理，开美士也，适鼎祚为里役所苦，家复持斋，周旋殊阙。”（书牍卷四）

姚公理，生平不详。张凤翼有《寿姚公理，时客江都》诗，见《处实堂后集》卷一。顾起元亦有《姚公理八十五、沈不疑八十四，同集快雪堂》诗，见《雪堂随笔》卷三。

年底或次年初，作诗寄贺龙宗武五开之捷。

《龙君扬佥宪以五开之捷进秩二首》，诗集卷十七。本年龙宗武已升湖广按察司副使、沅州兵备道。

据汤显祖《前朝列大夫饬兵督学湖广少参兼佥宪澄源龙公墓志铭》（《玉茗堂全集》卷十三），进兵五开卫在去年十一月。

除夕，作有《岁除二首》。诗集卷四

万历十年壬午（1582）　三十四岁

一月七日，吴同春有书来寄，有诗书答之。

《承吴比部伯与人日书，将使入关》《寄送吴员外恤刑秦中暂觐汝上，兼问潼关朱使君》，诗集卷十七。

《与吴比部》：“比承奉命虑囚关中、渭北、洮东。”（书牍卷四）据

《神宗实录》卷一一八，吴同春恤刑陕西之命在去年十一月，今年初方成行。

有诗寄怀史元熙。

《早春寄史郎阙下》，诗集卷十七。

为粮长。

《答仓院张公》其二："鼎祚今年为赋长，邑政清平，善裁阔狭。"(书牍卷四)

《与史仲弢》其二："郡役还。"（书牍卷四）即指为粮长事。

《与沈君典致詹令公》："奉手教，知有以寒族里甲之役，首过于仆，谗仆于令公者。"（书牍卷四）事亦当以粮长起。

约春，作《后写哀六首》怀其母。

《后写哀六首》诗序："后写哀者，岁在丁丑，无禄先公即世，有《写哀》诗。五年为辛巳冬仲，而遘母恭人之丧，越岁壬午有《写哀》诗，故后言之云。"(诗集卷十)

为《庚辛草》作序。

《〈庚辛草〉自序》，本集卷首未款日月，《梅禹金诗草》本《庚辛草》卷首存此序，款："岁壬午端月梅鼎祚书于秋水斋中。"端月，即正月，则知此序作于本年初也。

春，歙县闵龄过宣城往江西，有诗赠行。

《送闵山人游豫章》，诗集卷十。

歙县王寅有书劝诫，答之。

《答王仲房》："辱谕孤勿于座中肆谑，君典足下爱孤，乃令孤闻此言。"（书牍卷一）

春，曾过麻氏园看望其姐。

《过麻甥园居感忆鸿胪姊丈》其二："苑柳萦春思，江花恼夕曛。"(诗集卷十)

有书寄张克家。

《答仓院张公》："夏秋之交，鼎祚当以孝廉船从公青溪之上也。"(书牍卷四)

按，本年金陵之行，后未果。张克家本年任分巡关西道，与"仓院"之职不合。

春，有书寄沈懋学，欲其于宣城知县詹事讲处分说家难。

《与沈君典致詹令公》，书牍卷四。

约三月，移居敬亭山。

《移家刘子肖先生敬亭庄》，诗集卷十。

有书寄龙宗武。

《答龙使君》："台使者入宛，遂从诸贵人游，然非其好也……辱为役两尊人者，于心终不忘，少需图报。"（书牍卷一）书作于父母双亡后。

四月，得苏州同知陈履来书。

《与陈定庵》："夏首敬披手敕，兼拜诸篇，翏翏乎，泠泠乎，若闻天籁而听广乐也。"（书牍卷二）

四月二十八日，有书寄沈懋学。

《合宗祭沈君典太史》："死之前一日，鼎祚以书抵，余家诸少趣之来诀君，诸少年投箸而起，马不及旋，而竟不获与君诀。呜呼伤哉！"（文集卷二十二）

四月二十九日，沈懋学卒，为诗文以哭之。

《哭沈君典》五首，诗集卷十。

《王仲房以送君典北上过宛陵，会其死，哭之去》，诗集卷十。

《合宗祭沈君典太史》，文集卷二十二。同卷另有两首《祭沈君典太史》，一代知县詹事讲，一当代宣城县僚属，均此时作。

约五月，有书寄沈应文。

《答沈征甫吏部》："奉手书，知公入夏移疾……敝郡使君瓜期将及……而宣城为甘棠之寓，或不厌薄也。"（书牍卷四）今年宁国知府郑继之两任考满。若作十一年，则其后王之士、李国观，均非正常替代。

约五月，宁国府知府郑继之升任四川按察使副使，有诗赠行。

《赠郡太守襄阳郑公上蜀宪十首》诗序："襄阳郑公之为郡五载也……今年夏，天子采部使者荐言，擢公按察司副使，备兵川中……届行，郡搢绅大夫、三老百姓图请留不获，遂相与扶掖提携，馈浆卧辙，至踵属于郊关。郑公尝以诗起家，于是博士弟子鼎祚祖以诗。"（诗集卷四）据《神宗实录》卷一二三，郑继之之命在四月十七日，其离宣或在五月。

应天巡抚孙光祐调任四川巡抚，代监察御史蔡梦说作赠序。

《赠大中丞孙公进副都御史巡抚四川序》："今晋阳孙公以御史中丞来抚吴，绩用告成，诏进公副都御史，移节蜀中。某不佞以直指有事江南。"（文集卷六）

按，此时“直指”为蔡梦说。据《神宗实录》卷一二六，孙光祐调任在本年七月癸酉。

约七月，有书寄龙宗武。

《与龙使君》：“明公沅中之役，一日示师，终朝饮至，亲执桴鼓，临城搦战，群校毕登，渠魁授首……君典一疾奄忽不起……俞公临尚留幕府否？”（书牍卷四）沅中之役，参见本谱去年底。

七月，王之士由户部员外郎擢任宁国府知府，与相交。

《答蹇督学》：“王使君来称明公所为训东人士甚备……好奇士而推择鼎祚于使君，下车三月，每属意焉，故不独以先大夫一日长也，而鼎祚益用自远，盖私以不陵不援，各执其分，庶无伤左右之明而已。”（书牍卷四）书约作于十月。

秋，作书答南京工部虞衡清吏司郎中欧大任，并绍介从叔梅守箕。

《答欧桢柏》：“尺书束帛，俨然下临……而乃以亡母得徼宠灵，为德甚盛……叔氏箕，则今来南游者。虽少，颇瞻博。赋笔不凡，五言古亦似铮铮。”（书牍卷一）

按，去年约四月，欧大任以大理寺左评事转南京工部屯田司主事。

有书寄池州知府郭四维。

《答池州郭使君》：“明公赐履圻南，近在宇下，河润千里，每切瞻言，惟是凶人姓名，不敢辄仰通长者，坐自逡巡，要非直引嫌而归洁也。”（书牍卷一）

八月，病疽。

《与张侍御》：“壬午秋，鼎祚方倚庐，而明公有闱中之役。是时鼎祚又且病疽也。”（书牍卷三）

《秋日病卧，得季豹金陵书〈方困游〉二首》，诗集卷十。按，《方困游》二首，今不存《居诸集》。

《与冯方伯》：“其时鼎祚方持先恭人之丧，疽发于背，展转数旬，遂不及从公子游。”（书牍卷二）本年，冯叔吉子冯若吕考取举人，鼎祚因病不能至金陵，故有是言。

约九月，作诗书寄张一鲲。

《古诗六首酬蜀郡张伯大御史》：“绳墨出工倕，安能同弃掷。明堂郁云兴，邓林无遗植。”（诗集卷三）参见上年。

《与张侍御》：“已而燎原之火，玉石俱焚，三面之罗，凤麟莫揜。”（书牍卷三）

按，鼎祚此诗书之作，因张一鲲科场案发也。万历《金陵琐事》卷四："万历十年壬午，主试沈公鲤、沈公懋孝……御史张一鲲考满北上，面受权臣王篆之托，遂与篆子之鼎同舟而南。之鼎号房中皆是《礼记》名士，三场惟束手高坐，他人代笔，饭食床褥无异私家，且卷子比合场人独高二分，易于寻识。一鲲又择善书者另誊三卷，悉加圈点，置之袖中，恐内帘万一不中，便出其卷，好举荐也。及揭晓，之鼎怪其名仅在十五，愤愤不悦，不领公据，遂游滁州琅琊山去。"案发，张一鲲被削职为民。

九月，弟耆祚九岁殇。

《壬午秋哭弟耆祚》："哭母未经祥，残秋苦弟亡。"（诗集卷十）

《先府君宛溪先生行状》："耆祚，府君六十五而生，后公五年殇，阮氏出。"（文集卷二十）

《与冯方伯》："母氏捐养在辛之冬，明年冬而失一女，又明年秋而爱弟竟殇。"（书牍卷二）

按，鼎祚弟耆祚今年丧，书言"又明年"，当为笔误，或当作"又其年"。

得史元熙书，答之。

《与史仲弢》其二："得足下手书，其时仆方有殇弟之变……足下所任纂修，当是兵志……仆前窃有献于足下。"（书牍卷四）

约十月，约陈履往会汪道昆、王世贞。

《与陈定庵》："新都谢少廉东迈，寄迹宣城，会不佞有弟之丧……汪司马期王长公于黄白之间……所恨不获侍公执牛耳，尸鸡坛，良阙事耳。"（书牍卷二）

冬，殇一女。

《与冯方伯》："母氏捐养在辛之冬，明年冬而失一女。"（书牍卷二）

李先芳来书并有祭其父诔，作书答之。

《报李符卿伯承》："从赵舍中人奉尺书、束帛并以嘉诔，辄读辄泪迸下沾襟矣……而孤异姓兄又亡如君典，贵贱死生，遽尔乖隔。"（书牍卷四）书作于沈懋学亡后。

黎民表卒，有诗吊之。

《岭南黎秘书民表》诗序："数月前神游罗浮，见道人笠而杖者，问之曰姓沈，问为谁，曰宣城故太史也，则予邑君典云。"（诗集卷五）

按，黎民表卒年，多作九年，似应以十年为妥。欧大任《黎惟敬两诗卷跋》："己卯岁，惟敬乞归，出次许氏园……别三载，惟敬修文去矣。"（《欧虞部文集》卷十九）其《哭黎惟敬二首》（《秣陵集》卷六），亦在癸未前一年。胡应麟《哭黎惟敬秘书四首》（《少室山房集》三十二），亦在壬午秋后。且依鼎祚诗序言，其梦见沈懋学，当在君典卒后，若九年，君典未死也。

约十月，代作《应天武举乡试录序》。

《应天武举乡试录序》："上十年壬午……冬十月，天下例当武举士……维日癸巳，进诸士于郊而射以骑……录之日丙申，布吉于郊。"（文集卷五）徐谱误置于九月。

俞安期有诗寄问。

俞安期《寄梅禹金，时方法曹将过禹金，托问沈太史遗书》，《翏翏集》卷三十。诗中有小注："时禹金有丧弟之戚。"方法曹，不详。

约十月，为邑人刘伯兴妻杭氏作行状。

《刘母杭孺人行状》，文集卷二十。

应宣城知县詹事讲请，为选辑曾丰《缘督集》。

《选刻〈缘督集〉引》："余曾氏婿，兹来为宣城也，属万君伯武、梅君某某暨余侄世辑略为选，而斥奉刻之。"（文集卷十八）此引代詹事讲作。

《撙节先生缘督集》十二卷，今存，不见鼎祚此引。书后有邑人万锜后跋，署"皇明万历癸未四月既望，宣城后学万锜顿首撰"，知此书刻成于万历十一年也。

有书寄山东提学蹇达。

《答蹇督学》："去冬有母恭人之难，先是而外舅唐观察遽作客鬼，姻氏万澄江化为异物。至今年夏而君典竟奄忽矣……比复割我稚弟，殇及于秋，周星之内，蓼莪既废，鹡鸰载悲，邻笛凄然，酒垆邈矣。"（书牍卷四）

约本年，给事中叶遵病卒，有吊诗。

《姚江叶给事遵》，诗集卷五。

按，叶遵卒年不详，考叶遵万历八年升给事中，其卒时鼎祚仍称其为"给事"，当离万历八年不远，因约系于本年。

年底，知府王之士入京上计，代徐元太为作赠序。

《赠王使君觐序》："余初守天官郎……公至自秋七月……明年癸未春，属上当受计，公先期乘传以往，郡中缙绅先生相与祖公郊关之外，

士待诏公车者获与计偕。”（文集卷七）

按，王之士时署宁国知府。府志以为明年始任，误。

除夕，作《除夕庐居》。诗集卷十

万历十一年癸未(1583)　三十五岁

春，赵用贤复故官，有诗寄感。

《寄赵汝师太史召还，有沈君典之感》，诗集卷十。

赵用贤（1535—1596），字汝师，号定宇，南直常熟人。隆庆五年进士，万历初官检讨，终吏部侍郎。卒谥文毅。《明史》卷二二九有传。

按，赵用贤万历五年以谏张居正夺情，被杖免官。据《神宗实录》卷一三二，今年正月五日己未，诏录用建言谪戍为民诸臣简讨赵用贤给事中。

春，与从弟梅蕃祚等泛舟东溪。

《城东同子马辈再泛，得“雷”字》，诗集卷十。

春，长子士都就学。

《与麻十洲》：“竖子已就外傅，稍能强记，颇有舐犊之爱，亦不见督也。”（书牍卷四）士都今年九岁。

约三月，有书答邑人施克平。

《答施克平》：“君典年家子，隶门下，又孤所昵友，亦几何时……今且次先大夫矣……岁律倏周，仪音渐遂。”（书牍卷一）

有书寄张克家。

《答张佥宪》，书牍卷三。据《神宗实录》卷一二八，去年九月张克家任山东佥事。

《答张宪使》，书牍卷六，亦本年作。

四月，王世贞作《四十咏》，鼎祚与焉。

《梅秀才鼎祚》：“梅生抱超识，雅复与才会。上下千载间，有造无不诣。袅娜出余态，泓渟饶深致。三十而逢掖，同学多已贵。长卿宁当过，过乃扬得意。”（《弇州山人四部稿》续稿卷三）

《四十咏》诗序：“诸贤操觚而与余交，远者垂三纪，迩者将十年，不必一一同调，而臭味则略等矣。”不知鼎祚与王氏交往始于何时。

约四月，宣城知县詹事讲离任，有诗赠别。

《赠詹令君应召》，诗集卷四。

有书寄从弟梅鹍祚。

《与仲举弟》其一："若傥能登在木天……其次为郡理，或令一邑……尊公殊以足下文弱，似欲足下从博士起……前辈名臣，多由发轫。"（书牍卷三）本年梅鹍祚新考取进士，鼎祚为其前途考量。

按，其第二书或亦作于本年。时梅守箕耽一姬（参见书牍卷四《与史仲弢》书），故有"吾家季豹实负奇而坎坷不遇，其近迹孟浪，政以有托而逃"之语。

有书寄兵部主事史元熙。

《与史仲弢》："仆自遘去秋之难，兴寄都绝……仆亦买数椽城内，置二侍，日有饮醇酒，弄妇人而已。"（书牍卷四）去秋之难，指其弟耆祚殇，见本谱上年。

有书寄朱孟震。

《与朱方伯》："自明公之繇西而晋，又西而蜀也，五年于兹矣。"（书牍卷三）

按，万历六年四月朱孟震由重庆知府为河南兵备副使（《神宗实录》卷七十四），九月转陕西副使整饬潼关兵备（《神宗实录》卷七十九），九年一月为山西左参政（《神宗实录》卷一〇八），至本年三月由山西左参政升四川按察使（《神宗实录》卷一三五），十二年十月升四川右布政使（《神宗实录》卷一五四），至此凡五年。

书中言"敝草率成辛壬之际，仰借鸿名，庶称骥附"，似《庚辛草》后鼎祚别有一诗集，或即《梅禹金诗草》，朱孟震为之作序，今序未见。

约四月，代作启寿申时行。

《寿申相公》："适逢虎拜之辰，庆千秋而怀金镜；偶会龙头之选，先一日而献霞觞……昔尘琐闼，曾窃依衮绣之光；今忝藩屏，愧谬膺兵甲之寄。"（书牍卷十四）申时行今年四十九岁，四月任内阁首辅。

麻溶考取进士，有书寄之。

《与麻十洲》："吴郡殷无美、临川汤义少，其人并学古材高，可为攻玉，幸足下时相周还。"（书牍卷四）本年麻溶与殷都、汤显祖同年进士。

麻溶，字如水，号十洲。鼎祚姐夫麻涵之兄。徐谱以为鼎祚之亲翁，误。

代麻溶作启贺许国入阁。

《上许相公》："试采菲封，遂并忘乎下体；必恭桑梓，分效役于前修。偶奉诏而出疆，引淮流其若带。缪分司于积贮，指储粟以如山。"

（书牍卷十四）许国入阁在今年四月，见《神宗实录》卷一三六。

汤显祖考取进士，有书致之。

《与汤义仍》："足下侍中则备顾问，劳外则寄牧养。"（书牍卷二）今年汤氏中进士，观政礼部，未正式授官。

四月，妾潘氏卒。参见本谱万历二十三年

《悼亡，为副室潘氏也》，诗集卷十。

《与冯方伯》："今夏复亡一姬，儿女俱稚，绕膝而啼。"（书牍卷二）

《与詹侍御》："鼎祚自执别以来，席瘥息耗，复遘悼亡，奔命弗给，折躬为劳。"（书牍卷四）

《答姚武冈师》："去夏又亡一姬。"（书牍卷四）书作于十二年。

《与史司马》："仆悼亡三阅月而南。"（书牍卷六）鼎祚七月往金陵，则潘氏之卒当在四月夏初。

吕胤昌以本年进士任宁国府推官。

《答吕玉绳》："公濯濯如春杨柳，能令人亲，亦如醇酒，能使人远。属者一夕为欢，便成十日，片言见赏，故足千秋，乃知入林把臂，代不乏人耳。"（书牍卷五）书当作于本年二人初相识时。

《与史司马》："吕使君玉树亭亭，标映百尺，亦复周洽旁典，精饬吏治。其于足下，萧规曹随，后先相望，征宝东南，何必簜筱。仆与具主宾之礼，齐昆弟之契，如足下在郡时，正以狂斐成其旷节耳。"（书牍卷六）

汤显祖《朝天宫夜别吕玉绳司法宁国》："偶从公子折芳馨，千里风期在敬亭。拂署晓云花淡淡，卷帘秋水月泠泠。"（《玉茗堂全集》卷十）

吕胤昌（1560—?），字玉绳，号安山，一号麟趾，浙江余姚人。累官河南参议。

有书寄慰周弘禴。

《与周元孚户曹》："公犹捧庐江檄邪？以公鸿敞阔达，必不作迁客态也。仆自江干归阅月而悼亡。"（书牍卷六）

周弘禴，字元孚，湖广麻城人。万历二年进士，累官尚宝司丞。《明史》卷二三四有传。时周弘禴以户部主事谪任无为州同知。"仆自江干归"，或本年春鼎祚有芜湖之行耶？

约夏，旌德知县岳元声因事过郡，匆归，有书寄之。

《与岳旌德希伯》其一："郡事既，能移车过我乎？"其二："郡事辰后可竣，何得与火龙争驰邪？……足下那不留亭午？"（书牍卷六）

约六月，致书友人，为自己和龙宗武辩解。

《与友人》："君扬业罢官，乃复有用旧事迹之者……其意以救君典，而不能并全吴生……然因以龁仆，谓仆以义故党君扬。若仆中固欲为君扬解分，亦为君典地下代报耳。口语籍籍，可畏奈何。"（书牍卷二）

按，此"友人"，或即汤显祖。此"用旧事迹之者"，指南京湖广道御史孙维城。据《神宗实录》卷一三六，其于本年四月上《邪臣献媚戕杀无辜乞雪冤愤疏》（见《万历疏钞》卷十九），为吴仕期鸣冤，龙宗武被下法司听勘。

有书寄金坛邓伯恙。

《答邓孺孝》："往敝郡吕法曹过京口，将附数行典记，而彼其时有校文之役，但以孺孝名达之而已。"（书牍卷五）

邓伯恙，字孺孝，南直金坛人。诸生，以博洽闻。著有《天荒馆诗草》《卧游集》等。民国《金坛县志》卷九之四有传。

七月十五日，《汉魏诗乘》二十一卷刊刻，作序。

《汉魏诗乘》序后款："万历癸未七月既望书于玄白堂。"国图、北大图书馆有藏。台北图书馆亦有藏，其序后款："万历癸未七月既望，千秋乡人梅鼎祚书于玄白堂。"当别是一本。书凡汉、魏诗各十卷，吴诗附录一卷。

《四库全书总目提要》卷一九三：《汉魏诗乘》二十卷，明梅鼎祚编……其所辑汉魏六朝之诗，名《八代诗乘》，六朝诗多所删削，而汉魏诗则全载。又其书先出，故刊本或亦别行。孙皓、韦昭诸作，别题曰吴诗，亦以时代类附焉。此书作于冯惟讷《诗纪》之后，颇欲补其轶阙，然真伪杂糅，不能考正，如苏武妻诗之类，至今为艺林口实也。

同梅蕃祚、梅台祚回蒲干故居。

《蒲干同子马、泰符》，诗集卷十。

《雨中与台坐，台有"诗兴秋偏壮"之句》，诗集卷二十二。

《别弟台》："别蒲上两月，但思弟不置尔。"（书牍卷四）当于冬初作。

秋，宁国府推官黄师颜升云南道御史，有诗赠行。

《司理黄公有发应召北上》："日者理予郡，星纪三忽周。"（诗集卷四）

按，黄师颜来任在八年，本年任满。徐谱作十年，误。

约七月下旬，赴南京。过城北塞口山，遇巨风。

《与詹侍御》："秋冬之交，流滞秦淮凡三阅月。"（书牍卷四）按，鼎祚《与史司马》："仆悼亡三阅月而南，南两月而反。"（书牍卷六）此又言在金陵凡两月，盖举成数而言，不可拘泥也。

《阻风宿塞口山》，诗集卷十。

途经当涂，会安庆府推官王梦旸。

《上饶王司理梦旸》诗序："王君梦旸，癸未之秋别予姑孰，饮达旦。"（诗集卷五）

《姑孰逢皖郡王旭东司理，余从陆之金陵》，诗集卷十七。

王梦旸，字旭东，号鳌矶，江西上饶人，万历八年进士，初任安庆府推官。早卒。同治《广信府志》卷九之二有传。

晤太平知府林一材、南畿监察御史张治具、南畿提学御史房寰，为林翻刻《家礼易简编》代张治具作序。

《〈家礼易简编〉序》："房公令临漳，后十年而有是命，行县于吴。余出按姑孰，则守林君方梓是书也，盖行与事会云。"（文集卷一）

按，林一材万历九年至十三年任太平知府，张治具万历十一年任南畿监察御史。

《与林宪使》："岁往水德，适以南辕，投明公之幕下，明公拭袂而起，策及国门，饫以霏谈，飧以饎湜。"（书牍卷三）书作于十三年，即指此事。

房公，房寰，字中伯，浙江德清人。万历元年至五年任福建漳浦知县，十一年任南畿提学御史。

《家礼易简编》，朱天球撰，一卷。今存有万历二十一年刻本。

代南畿提学御史房寰作《家礼仪节》序。

《家礼仪节序》："顷缪奉玺书，董学南畿……会晋陵钱司理任剞劂之役，概于余衷，因为弁其端。"（文集卷一）

按，此序未详作年，当与《〈家礼易简编〉序》同时作，因系于本年。推官钱某，《太平府志》失载。

代作启上吏部尚书杨巍。

《上山东杨冢宰》："偶学卧龙于陇上，任卷舒之无心；终起司马于洛中，合华夷而动色。"（书牍卷十四）

杨巍，山东无棣人。杨巍万历三年二月以吏部左侍郎致仕终养（《神宗实录》卷三十五），十年五月起复（《实录》卷一二四），本年七月升吏部尚书（《实录》卷一三九）。此启或代房寰作。

过采石，访友人朱某。

《采石过朱慰二，子尉时在官》，诗集卷十。

至慈湖，有诗答谢当涂知县周旲。二人初相识于当涂。

《慈湖寄答周当涂》："顾曲君能事，初逢借赏音。"（诗集卷十）

慈湖，在当涂县北四十五里，与江宁县交界。《慈湖道上》，诗集卷十，亦此时作。

周旲，字曰明，浙江兰溪人。万历十一年进士，初授当涂县，历浮梁知县。

至江宁宝光寺访陆弼（陆君弼），不遇。

《宝光寺访陆无从，先归广陵》，诗集卷十。

宝光寺，在江宁县南梅冈东。

七月底，访欧大任于青溪，请其为《予宁草》作序。

欧大任《梅禹金见访青溪》，《秣陵集》卷三。青溪在南京。欧大任时任南京工部虞衡司郎中。

欧大任《予宁草序》末署："万历癸未秋八月朔，友人、岭南欧大任撰。"（本集卷首，《欧虞部文集》卷七）

与孝丰吴翁升相识。参见本谱万历二十三年。

有书寄麻溶，绍介户部尚书王遴。

《答麻十洲户曹》其一："兄乃郎司农邪？……王大司徒往理绍兴……比南司马，尝属仆来谒，而仆方俨然衰服，未能即诣，今遽北矣。"（书牍卷六）

司农，即户部。麻溶以本年进士授户部山东清吏司主事。王大司徒，指王遴。据《神宗实录》卷一三〇、卷一三二、卷一三九，王遴万历十年十一月以兵部左侍郎为南京工部尚书，十一年正月改南京兵部尚书，十一年七月调北京户部尚书。王遴寄书当在本年二三月间。

《答麻十洲户曹》其二："人南者传足下方名高而劳苦……弟比来遭直……日淫于酒或间从胡姬游，不且杜门高枕矣。"（书牍卷六）当本年底或次年初作。

八月三日，梅守箕为《庚辛草》作序。

梅守箕《庚辛草序》："盖禹金先是二草（指《与玄草》与《予宁草》），皆予手为定之。辛壬而后，予适有所辟，遂成心疢，及其剞劂既就，乃始能卒业，而予又为南游。禹金即寓书南中，乞诸言者，予遂亦为之题其端……万历癸未中秋月哉生明。"（《居诸二集》卷十）

按，哉生明，即三日。《庚辛草》目录卷端署"侍御史西蜀张一鲲雕行”（见《梅禹金诗草》本），若刻于本年，则张一鲲已被削职为民，不当署“侍御史”。或《庚辛草》刻于去年初，守箕之序专为《梅禹金诗草》而作也。

与李言恭、宋世恩、臧懋循等游。

《答李临淮》："乃者君侯之车骑俨然临之……而仆两扫门于君侯，驾未及效也。其最后遣君侯之小队于清淮，相尾而来，及造门，马鸣萧萧，衮衣犹在望也，典谒已逐客矣。漫灭之刺，竟无所投。因持意气而过西宁，剧饮臧晋叔斋中，步而归，挟其所绝幸者，西宁无难色也。”（书牍卷三）

《与李临淮惟寅》："仆乃开过于典谒，然君侯之盛节益章。此夷门引车于信陵，王生结袜以廷尉，古人正欲为知己市义耳。仆之归也，实有家政，非故高鶱远举，使君侯无所勤其施，且当弭戢秦淮之上矣。”（书牍卷六）书十六年作，记本年事。

《与史司马》："南中若欧桢伯沉思淹识、方子及豪俊自憙，顾道行、臧晋叔风流酝藉，临淮、西宁尚不作五侯眼孔向人，二三女郎可称校书，复是良友。昔人宁从建业死，真名言也。”（书牍卷六）

宋世恩（1564—?），字忠甫，西宁侯宋晟后，宋公度子，嘉靖四十五年闰十月袭封西宁侯。

游牛首山。

《上牛首宿登公房，余十年再宿此》，诗集卷十。

八月十日，汤显祖到任南京太常寺博士。

《答汤义仍》："闻在南雍，为司成诸公所倾服……承良书，知已次湖上，盈盈一水间，脉脉不得语……秋风憭栗，宛如羁旅。”（书牍卷四）鼎祚此书，当作于九月。时二人同在金陵，何以不相见，不得知也。

过访从叔梅守恭。

《过司城允甫叔官舍》，诗集卷十。

本年三月，梅守恭任南京东城兵马指挥司指挥，见《文峰梅氏宗谱》卷首《敕命》。

游清凉山。

《步城曲上清凉山一眺》，诗集卷十。

有诗寄张一鲲。

《赋得丰城剑寄侍御张公》："离合原关数，飞沉岂异心。”（诗集卷十）

按，据《神宗实录》卷一四六，张一鲲被褫职为民在十二年二月。则此时或当系于狱。

刘怡献回湖北，有诗送行。

《送刘二怡献还楚》，诗集卷十。

按，李言恭有《送刘怡献还楚》（《青莲阁集》卷七），与此韵同，当同时作。梅守箕亦有《送刘二怡献》，七律，见《居诸二集》卷七。

闵龄往淮南，有诗送行。

《闵寿卿别之淮南》，诗集卷十。

有书寄歙县王相如。

《与王长卿》："仆尝两帆于湖，而皆以问药至，不暘也，遂未能晤足下……三序，仆所自引过者也，并《汉魏诗序》一首，往足下仿摸率更，殊称冢嫡。"（书牍卷三）

王相如当寓居芜湖。本年《汉魏诗乘》刊行，见前。

有书寄冯叔吉。

《与冯方伯》："越昔辛巳一奉台祉，凡三改历矣……乃违材于众口，弃功于一晁，非草莽之臣所敢与论，然天以代报于公子矣。"（书牍卷二）

按，本年一月，冯叔吉以湖广右布政使年老被黜，故鼎祚有是言。参见《神宗实录》卷一三二。其子冯若吕去年得中举人。

方承芴回闽省亲，有诗送行。

《送方伯书省觐归闽》，诗集卷十。

按，梅守箕亦有《送方伯书归闵海》，见《居诸二集》卷七。

冶游流波馆。

《杨姬馆逢卓懋德北上》，诗集卷十。

梅守箕亦有《赋得"华馆寄流波"赠杨丽人》，见《居诸集》壬癸卷二。

潘之恒《与杨超：评剧五则》，流波君杨美，善讴，才慧致三者兼具而未尽其度。（《鸾啸小品》卷二）

《赠杨三桂林十首》《过杨姬长卿斋中》《杨三折梅见寄》《杨三馆逢杨一璆姬》《逢杨一谈旧事》，诗集卷二十三。均当此时作。

十月，诗集《梅禹金诗草》编定，刘绍恤为之序。

刘绍恤《梅禹金诗草序》后款："万历岁癸未冬十月朔日，安陆友人刘绍恤撰。"（《梅禹金诗草》卷首）

按，《鹿裘石室集》卷首录此序作“与玄草序”，盖由鼎祚子士都等编定，不确。其序含“与玄”“予宁”“庚辛”三草，非仅为“与玄”而发也。

鼎祚前致汤显祖书曰：今所就者诗赋凡二十卷，文数卷未就。(《与汤义仍》，书牍卷二）即指《梅禹金诗草》，或当以此书寄显祖。

《答仓院张公》：“簿算之暇，删定敝草，列卷二十。”（书牍卷四）“敝草”指《梅禹金诗草》，次年刊行。徐谱以为《庚辛草》，误。

《与刘长钦大理》：“小草本不足存私，惟骈拇枝指，啮之痛钧，不忍尽斥。比者诸君强以菑木，益觉增縏。”（书牍卷三）则前此请之序也。

《梅禹金诗草》，今有万历十一年鹿裘石室刊本，日本内阁文库藏。

刘绍恤赴任云南按察使司佥事，有诗赠行。

《送刘长钦佥宪兵备滇南》，诗集卷十七。据《神宗实录》卷一四一，刘绍恤由大理寺右寺正升云南佥事，在本年九月。

十月，与友人集刑部郎中方沆衙署。

《方子及比部署，同周文美、汪仲嘉、谢少廉、程子虚、何公露、季豹、泰符夜集感旧》：“残雪千门照夜迟。”(诗集卷十七)

《胥江逢永嘉周文美》：“帝城雪后怅离群，各道南归卧白云。”（诗集卷二十四）诗作于十三年。

十月，梅守箕自扬州归，舟过芜湖，有诗相怀。

《寄禹金芜湖》：怀人十月暮，隔水片帆阴。（《居诸二集》卷五）《宛雅二编》卷一题作“寄禹金湖阴”。

江都陆弼来书，答之。

《答陆无从》：“家叔季豹颇多白眼，礼法所雠，足下方之步兵，乃其伦矣。”(书牍卷三）陆弼书，当由梅守箕带归。

冬，宁国府知府王之士以外艰归，有诗唁行。

《送王府君奉讳还济南》：“悲风起江介，飞雪出郊关。”(诗集卷十)

《寄河间王使君》：“忆昔攀留郭外船，敬亭残雪映江天。”（诗集卷十八）

按，徐谱作秋，当误。

又，《寄答蹇督学二首》(诗集卷十)，或当由王之士回济南顺带。

寄《梅禹金诗草》与杭州府通判姜奇方。

《与杭州姜使君》：“鼎祚家难相仍，为游汗漫……诸君缪以不斐之辞，加灾于木，敬奉一部，用请涂点。”（书牍卷五）姜奇方去年任杭州通判。

寄《梅禹金诗草》等与詹事讲。

《与詹侍御》：“鼎祚自执别以来……秋冬之交，流滞秦淮凡三阅月……敝草俯冠鸿名，冀言蝇附，以益显遗簪之义，庶可掩灾木之讥，敬奏主记。”（书牍卷四）书作于自南京归后。

敝草，徐谱以为《与玄草》，当误。盖《与玄草》之刻，詹事讲时在宣城，“俯冠鸿名”即指《与玄草》目录前刻有“宣城令豫章詹事讲同刊”，必已赠，不必多此一举也。

十一月中旬，曾访欧大任，欲归。

《至后过欧桢伯水部，乞归不允》，诗集卷十七。按，今年十一月初九冬至。

过访张延庭。

《张中郎署集。先大夫督学门士，时上计便过滨州》，诗集卷十七。

按，张延庭，字左海，山东滨州人。嘉靖三十四年举人，是年梅守德正任山东督学副使。本年张延庭当任南京某部郎官。参见咸丰《滨州志》卷十本传。

归嫁侄女。

《答李临淮》：“惟是亡兄有女，仆以千金装遣之，雨雪兼程，始能及事，遂负雅怀。虽有唇舌，不能飧五侯之鲭，仆不及君卿明甚。业与诸君约度除于此，必不敢以典谒之故，终自远于君侯。昔人言之，大将军有揖客，顾不重邪?”（书牍卷三）

按，徐谱以书中“业与诸君约，度除于此”一语，系此书于万历十九年底，误。据《祭侄女》，此侄女出嫁，当在本年。鼎祚与友人约在金陵度岁，然因侄女事，不得不归宣城，故有“遂负雅怀”之歉，非如十九年实在金陵度岁也。

《祭侄女》：“盖伯兄短折而未有息，嫂刘即矢志无二，以其弟之女为女，则汝也，是时余年甫十六。又二十余年而始以第二子嗣伯兄，汝出字吴者方三载。”（文集卷二十五）

有书寄史元熙。

《与史司马》：“仆悼亡三阅月而南，南两月而返。”（书牍卷六）书作于金陵归后。

本年，王畿卒，有缅怀诗。

《驾部郎山阴王公畿》诗序："尝属予赠之以长歌，竟负良约。"诗云："奄忽顿殊路，宿负何由追。"（诗集卷五）

本年，宗人梅一科卒，往祭之。

《祭奉化兄子登》，文集卷二十三。

麻溶《明文林郎响山梅公墓志铭》，《宛陵梅氏宗谱》卷二十。

万历十二年甲申(1584)　三十六岁

一月七日，与宁国府推官吕胤昌互有诗寄问。

《人日答吕玉绳使君》："云霄仙籍初登吏，风日王正喜趁人。"（诗集卷十七）按，吕胤昌去年进士，初任宁国府推官，故言。

春，有小疾。然仍不时与谢陛、李柷、梅守箕等集聚于敬亭山。

梅守箕《敬亭别序》："新都谢少廉以癸未冬至，真州李季宣以甲申春至，乃二人犹得相及于敬亭之上也……禹金以疾杜门，然犹不废往来。"（《居诸二集》卷十一）

李柷，字季宣，南直仪征人。隆庆六年举人，万历二十九年任山东济阳知县，旋归。著有《青莲馆》《摄山草》等集。道光《仪征县志》卷三十六有传。

为南陵知县沈尧中《半闲亭稿》作序。

《半闲亭稿序》："就李沈公为南陵，当趋府则必造余，抵掌而谈六合之外，九垓之间，靡弗及也，顾谈不及诗。居久之，沈公政既通，而邑博士吴先生序次公诗为《半闲亭稿》……凡令五年于斯矣。"（文集卷三）沈尧中万历八年任南陵知县，至今年凡五年。

按，管橘今年当亦至府，参见徐元太《新建龙会桥记》，嘉庆《南陵县志》卷十三。

约春，有书致沈九畴。

《与沈箕仲法曹》："君典奄忽，令人腐心，骨且未寒，索逋踵至……敝草具奏一部，往所欲献，胪列于篇。"（书牍卷三）敝草，当指去年底刊行之《梅禹金诗草》。

约本年，有书寄铜陵畲晓、畲翘兄弟。

《答桐陵畲初伯、聿云》："太夫人阴教备修，煌煌再命，彤管之役，岂乏其人，而顾征及葑菲之词，缪为菖歜之好……所为足下属荼蹄具载，用塞成言，幸无奏之垄上，青松瑟瑟，白杨萧萧。"（书牍卷三）观此书，似为其母作墓志，今未见。

三月六日，作《昆仑奴》杂剧成。

《〈昆仑奴〉传奇引》："惟时上巳修禊于宛，酒间戏衍其传为乐府，以佐觞政。"（文集卷十八）杂剧卷首录此文题曰"《昆仑奴》传奇自题"，后款"万历甲辰三月六日，书于邻冢轩竹下"，可知《昆仑奴》作于本年春。

按，《昆仑奴》杂剧全称《昆仑奴剑侠成仙》，今国图存万历四十三年王骥德、徐渭校订，山阴刘云龙刻本。后有鼎祚"题后"，款"江左小谢书于太一生封鹤台"。小谢，当为歙县谢陛。又一后跋，已残，不知撰人。

梅守箕《玉合记序》："至金元之际，三叹而有余音，遂为《昆仑奴》杂剧与是役也。"（《居诸二集》卷十）序作于十四年。

三月，宁国府知府李国观修府学成，代作碑记。

《宁国府重修儒学记》："乃以癸未八月鸠工于学，阅明年甲申三月而工竣。"（文集卷十六）

按，文中有"某郡人，又尝先李公为魏令，属某记之"，可知为代邑人徐元太作。

约本年，友人吴守淮卒，有诗缅怀。

《歙吴山人守淮》："虎臣痛饮多酒，过来访予辄自温克，使人欲倾家酿也，然竟以醉死。"（诗集卷五）

《徐家盈盈楼送方嗣宗归陈州别业》："丰干之社六七子，汪程多病吴郎死。"（诗集卷七）诗作于万历十三年。吴郎，或即指吴守淮，则其当卒于万历十三年前。

有书寄麻溶。

《答麻十洲户曹》："足下使于淮阴。"（书牍卷三）时麻溶以户部山东清吏司主事榷督储江淮，见吴肃公《太仆寺卿十洲麻公传》，《街南续集》卷五。

《与麻户曹》，书牍卷三。作于其后不久。

有书寄邑人俞祖善。

《答俞分水》："行且破拘挛之恒格，登俊异于中台。"（书牍卷三）俞祖善，字希元，宣城人。隆庆三年岁贡，本年任浙江分水知县。

有书答宁国府知府廖恒吉。

《答廖太公》："属者股肱予郡，宠出虎符。"（书牍卷三）廖恒吉本年新任宁国府知府，书作于其履任不久。

有书答寄姚嘉谷。

《答姚武冈师》："鼎祚不吊于天，奉讳未周，宠弟继割，去夏又亡一姬，儿女俱稚，顾复无所，数年之中七犇不给，积愆获报，愧恨何言。"（书牍卷四）

本年，姚嘉谷之兄姚嘉藻新丧，故书中有"次公辄遘凶闵"之语，参见汤宾尹《姚先生传》，《睡庵稿》文集卷二十一。

《存杏辞为姚武冈师作》，诗集二十一。或当亦于此时作。姚嘉谷于十二年至十六年任武冈知州。

姚嘉谷为姚汝弼子。光绪《宣城县志》卷十六：姚汝弼，郡诸生……母汤氏以节旌，庭有杏，汤所手植，汝弼伏腊攀号，颜其堂曰"存杏"。

秋，见潘氏遗扇，有怀。

《亡姬遗箧见团扇》："一持团扇泣，秋霜况复更。"（诗集卷十一）

秋，欧大任致仕归里，年六十九。

十月，往太仓访蹇达。

《赠蹇观察汝循八首》序："今拜观察使，治兵于吴云。"（诗集卷二）

《敬亭舟中别诸子》其一《高孝征》："十月寒江欲暮时，劳君攀柳柳无枝。"（诗集卷二十三）

《与蹇理庵观察》："属天子东顾而在吴，乃明公吴也……敢告谒者，以几两屐使济胜有具，置十斛酒得拍浮其中，寒山一片石，太湖三万顷，毕吾事矣。"（书牍卷六）书行前作。

《奉汪司马》："鼎祚自有母之丧，弟、妾继殁，泪眼未燥，射影荐兴，寇在门庭，祸在心腹，以故甲乙之际，勾吴之逃，被发文身，歙箫行乞，颇为近之。"（书牍卷七）书作于万历十九年。

按，时蹇达任苏松兵备道驻太仓。参见李维桢《太子太保兵部尚书蹇公行状》（《大泌山房集》卷一一三）。

表兄郭汝坚与同行。

《吴中同郭外兄守岁》，诗集卷十一。

道广德、溧阳。

《由桐汭趋溧阳入舟却寄季豹》，诗集卷十一。

殷都任夷陵知州，有书寄之。

《与殷夷陵开美》："敝草自匿，不固竟为木菑，不斑白而语道，失

误可知，今奏记室，亦不足涂点也。”（书牍卷六）

按，殷都去年中进士，年六十矣。敝草，当指去年刊行之《梅禹金诗草》。

过太湖，有覆舟之厄，与宜兴老叟王玉相识。

《义兴王叟玉》诗序：“叟，河桥贩履人也。甲申十月，予适吴，覆舟前渚。叟具宾礼，留信宿。”诗曰：“东行径义兴，太湖萦枉浦。”（诗集卷五）

《与史司马（元熙）》云：“仆悼亡三阅月而南，南两月而返。南中若欧桢伯沉思淹识，方子及豪俊自熹，顾道行、臧晋叔风流酝藉，临淮、西宁尚不作五侯眼孔向人，二三女郎可称校书，复是良友。昔人‘宁从建业死’，真名言也。仆不乐与乡里游，此足下所习。今将卜一室钟山大江间。虽巢由之隐，不必买山；剡中之资，故实乏绝。且彼逝者犹在浅土，不知所怀得即竟否？”（尺牍卷六）

至苏州，有诗寄蹇达。

《入吴寄蹇观察，先是义兴有阳侯之厄》：“香粳正熟鲈登市，风味江南十月初。”（诗集卷十七）

在苏州，晤吴县知县傅光宅。

《游虎丘》《虎丘同傅明府伯俊憩素师经堂》，诗集卷十一。

《答傅吴县伯俊》，诗集卷十七。

《答仲举弟》：“台中傅湄老为吴时，以肺腑亲仆，风流文藻，故不止临邛令，仆甚感之。”（书牍卷五）傅光宅次年七月改河南道御史，书作于次年底。

傅光宅（1544—1601），字伯俊，号金沙（鼎祚称其为“湄老”，不详），山东聊城人。万历五年进士，累官四川按察副使、提督学政。著有《傅伯俊诗草》等。嘉庆《东昌府志》卷二十八有传。

十一月十九日，同韩诗、钱府等集聚于张献翼宅。

《至前夜同韩承志刺史、阮时济卫尉、钱隐君功甫诸君集张幼于宅》，诗集卷十一。

《与张幼于》：“往仆之榻未报弭，而足下已策及国门。加膝非难，触目知宝。而或割一味之甘，或申薄蹄之密。品皆旨口，语必吐心，当自江海称王，故仆得游足下腹中耳。”（书牍卷五）

韩诗，字承志，长洲人。嘉靖二十二年举人，历官永丰知县、雷州府同知。著有《勖斋诗集》。

钱府（1541—1624），字允治，一字功甫，吴县人。著有《少室先生集》。民国《吴县志》卷六十六有传。

《张幼于座右铭跋》《张幼于铭箴跋》《张幼于身体十箴跋》《张幼渔惠山泉赞跋》，见文集卷十八，均当作于此时。

应沈伯宏邀游石湖。

《与沈伯宏》："伯宏要仆石湖也，子建方龋齿，豹孙盘薄解衣，王姬歌袅袅直上，顾生倚舷而和之，德操持斋间参澹语，而伯宏强酒醉，眼花善笑，几如士龙之堕水，不昨日事哉？"（书牍卷五）

沈伯宏，名不详，吴县人，住阊门外杨安浜。万历三十八年四月卒，见李日华《味水轩日记》卷二。

《汪子建、毛豹孙、沈伯宏、王德操同泛石湖》，诗集卷十一。

《与汪子建》："弟来吴，所与游则足下，故十年交矣。"（书牍卷五）则与汪显节万历三年已论交，参见诗集卷十七。

毛文蔚，字豹孙，一字仲章，吴县人。著有《真逸集》。事见王世贞《真逸集序》，《弇州山人续稿》卷四十二。

游上方山治平寺、楞伽寺。

《治平寺寻王履吉读书处》《自治平过楞伽寺》，诗集卷十一。

遇周文美。

《胥江逢永嘉周文美》："帝城雪后怅离群，各道南归卧白云。又是吴门俱作客，一江残雪正逢君。"（诗集卷二十四）鼎祚与之相会于万历十一年，参见本谱该年。

与王叔承、曹子念、毛文蔚等集聚于吴江。

《泊吴江，邀王承甫、曹子念、汪子建、毛豹孙过集》，诗集卷十一。

王叔承《松陵驿前遇宣城梅禹金即事》，《后吴越游》卷九。

《江南通志》卷三十一："松江亭，在吴江县东门外……松江亭即古松陵驿。古时亭即驿，后人则别置一亭于江上，为游观之所。"

王世懋赴福建提学副使任，于松陵舟中宴别。

《送王敬美督学闽中》四首，诗集卷十七。

《王敬美松陵舟中，同周公瑕、王承父、毛豹孙、汪子建、曹子念、武君扬言别》，诗集卷十一。

周天球，字公瑕，武起鸣，字君扬，均太仓人。

与王人鉴游。

《雨过王德操持斋》，诗集卷十一。

王人鉴（？—1640），字德操，苏州人。事见钱谦益《王德操墓志铭》（《牧斋有学集》卷三十一）、《王氏世德赞》（《牧斋初学集》卷八十二）。王人鉴居苏州彩云桥。

至太仓访王世贞，欲为其父守德乞文。

见复旦版《王世贞年谱》。

《答王长公元美》："鼎祚宜以身事先生之日久矣，今日而始修谒先生……今由娄上且去矣，倘不获先生片言载之与俱，近何以重一介行李，远何以垂示来叶？……惟左右者哀其志，有所以命之，先人与其骨朽矣。"（书牍卷三）徐谱系于七年秋，误。

《娄上访王长公留宿靖中三首》《冬日弇园》，诗集卷十一。

《太仓王太公诔》，文集卷二十二。为王世贞父王忬作，时王忬屈死二十四周年。

与赵用贤相识于此时。

《赵汝师洗马过王长公再同宿》，诗集卷十一。

纳妾王氏。

鼎祚十七年作《己丑岁除示内》，其一曰："卿家泽国我山城，千里丝萝缔旧盟。转眼五番除夕过，敬亭明日又春生。"逆推之，可知为本年底。徐谱作"娶于十二年南京之行"，误。

《与张幼于》："吴妇梦兰尚杳，仰勤垂问，益征爱我。"（书牍卷五）

徐桂《为梅禹金文学赠姬人》《代禹金姬人答》《上巳后五日，从张幼于僦居曲水园，迟梅禹金不至，得"吴"字。时禹金新纳吴姬，病不果来》，《徐茂吴诗集》卷十。均作于今年底次年初。

屠隆《赋得五湖一舸为梅禹金娶吴姬》六首，《栖真馆集》卷九。

十二月十五日，访蹇达于苏松兵备道署。

《腊月望夜，蹇汝上宪使台集二首》，诗集卷十一。

除夕，周天球携酒集聚。

《除夕周公瑕移具，时闻后庭已有吉征》《甲申除夕寓吴遣怀》《吴中同郭外兄守岁》，诗集卷十一。

《与周公瑕》："仆之入吴也，辱二三君子不鄙而争客之。丈人犹独肺腑我，剑负童子，而顾我于逆旅，继于舟，要于邸第，于郊居。岁之除矣，及观灯之夕，洊有以沃其羁怀，而浇其垒块，使游子憺忘归者，不独山水娱人矣。"（书牍卷五）时周天球七十四岁。书作于十四年。

本年，叔父梅守恒卒。

梅守恒，字一甫，即蕃祚父。见《文峰梅氏宗谱》卷四。

万历十三年乙酉(1585)　三十七岁

年初，仍至苏州，游花山（华山）。

《新年戏泛》《天池宿炼魔道场赠自然法主》，诗集卷十一。

代作启贺王家屏入阁。

《上山西王相公》：“某不佞，阻江分服……维时阳长，依六管以上春。”（书牍卷十四）

按，此似代蹇达作。王家屏入阁在去年十二月，见《神宗实录》卷一五六。

代作启贺王锡爵入阁。

《上太仓王相公》，书牍卷十四。启凡二首，不详代何人作。

代作启上吏部尚书沈鲤。

《上沈大宗伯》，书牍卷十四。沈鲤去年十月升礼部尚书，见《神宗实录》卷一五四。

正月，与史元熙、莫廷韩会于苏州，盘桓四昼夜。

《开州守越史君元熙》诗序：“乙酉之春，遇吴中别去。”（诗集卷五）

《华亭莫文学云卿》诗序：“乙酉灯后，西度吴江，经阊门，留余舟中四昼夜。酣呼谑浪，毕伎尽欢。”（诗集卷五）

《与史仲弢》：“吴门词组亦足陶陶，今炯然心目也。”（书牍卷五）

顾明卿赴任广州提举，有诗送之。

《吴门送顾明卿之广州提举》：“送客吴阊春色早，濠南新柳拂官亭。”（诗集卷十七）

按，顾明卿，一作常熟人，其人不详。或即是顾起淹，字师范，吴县人。万历二年进士，曾历官广东副使。

会见冯时可，获赠《西征集》。

《冯元成学宪示〈西征集〉》，诗集卷十七。

《与冯元敏学宪》：“忆遘公王次公舟中，冲明载襟，神情自远，而鼎祚蒙陋，公且已目属之……奉公《西征集》，孚理殊胜，声采合符，指必匠心，法多轨喆……其时春夏之交，一别如雨。”（书牍卷五）王次公，王世懋。

冯时可《酌禹金舟次》，《冯元成选集》卷十。

冯时可《与梅禹金》："足下三月寓此，载酒雄饮，尽领春风，又拥吴娃而西，诸峰秀色，参差随之，洵有情也。"（《冯元成集》卷三十八）

冯时可，字元成，一字元敏，号文所，华亭人。隆庆五年进士，万历九年任贵州提学副使。万历十二年归里闲居。《西征集》为其在贵州闻见录，今有万历间冯曾可刊本。

二月，会梁辰鱼于虎丘。

《饮虎丘，梁伯龙携吹管唐叟见就》："春半换衣难。"（诗集卷十一）时梁氏六十七岁。

《长命缕记序》："曩游吴，自度曲而工审音，深为伯龙、伯起所慨伏。道人（鼎祚自称）亦谓梁之鸿鬯，屈于用长；张之精省，巧于用短。然终推重此两人也。"（文集卷四）序作于六十余。

梁辰鱼（1521？—1594），字伯龙，号少白，南直昆山人。国子生，善曲律。同治《苏州府志》卷九十三、卷一四七有传。

龙宗武因吴仕期案被逮，往慰之。

《龙君扬以宣城事听勘至吴，携酒出慰》，诗集卷十一。

晤王稚登。

《与王百谷》："往过足下半偈斋，辄倾米汁，佐以玄言，标异拔新，神情开涤，虽依鹤市，不减人鸟宫中矣。"（书牍卷五）

王稚登《邀梅禹金》："以儿子故，日见嬲于客，局促如辕驹，不得自便。意足下政谒沧海君，乃不谓羁旅于此，损惠佳集。又益以筐篚，且然拜命，未有报也。雨寒无赖，请得以杯羹脱粟享从者。把酒问青天，有足下惊人诗在，谢宣城竖子耳，不烦携来。"（《谋野集》卷四）

王稚登《为梅禹金赋艳情诗》："不倚黄金能买笑，自缘红粉独怜才。敬亭云接吴门雨，尽道胥台是楚台。"（《南有堂诗》卷六）

王稚登（1535—1612），字百谷、伯谷，号半偈长者、广长庵主等，先世江阴人，移居苏州。以布衣能诗鸣世。著有《王百谷集》《晋陵集》《金阊集》《燕市集》等多种。《明史》卷二八八有传。

与汪原启相会于苏州。

《与汪原启》："仆尝从李符卿而知清源之上有我江左豪侠之士原启足下也。已，来吴，足下客吴矣，掀髯把手，段馆授餐，急则我周，行则我旅，即内妇之役，膏沐必具，翟茀不遗，而嫂夫人之爱我妇也，若加诸膝，若置在怀，此与以骨肉何异焉？"（书牍卷五）

与刘凤、余寅等游。

《雨后同刘端公、子威泛虎丘，饯余君房膳部》《虎丘送君房膳部，先以工曹出使迁》，诗集卷十一。

《答余君房太常》："复遘刘侍御虎丘舟中，犹忆其时冻雨微霁，茗香山翠，盘礴竟日，更适也。"（书牍卷十一）

刘凤《重集陈园移禹金》《与禹金纵谈歌》，《刘子威禅悦小草》诗类卷一。

与苏州郭符卿游。

《符卿郭公招过归源庄旧为归源庵》其一："招隐吴门市，怀仙郭璞诗。"（诗集卷十一）

无锡顾治寄书来问。

《答顾世叔寄讯吴中》，诗集卷十一。

与张元凯游。

《张左虞都尉酒间出〈伐檀集〉》，诗集卷十一。

《与张左虞将军》："《伐檀》一集，与玉韬金匮俪出相宣，质有其文武矣。虎子凤毛，近在庭内，亦复斌斌。鼎祚一介，获捧简珠，因参芳佩，愉快可知。"（书牍卷五）

张元凯，字左虞，以世弁管苏州卫事。著有《伐檀集》十二卷。同治《苏州府志》卷八十有传。

得詹事讲书。

《与詹侍御》其二："明公之建节而东也，尝于吴门一奉手敕。"（书牍卷三）时詹事讲任浙江巡盐御史，见康熙《杭州府志》卷十八。

四月，归宣城。

《与张幼于》："清和之月，踉跄西去。"（书牍卷五）清和之月，即四月。徐谱误作二月。

《东归留别蹇开府》其四："归已迟春雁。"（诗集卷十一）

徽州府推官龙膺生子，为其《百男图》题辞。

《百男图题辞》："今大夫龙公司理新都，凡五年而政平刑措……乙酉春，而公子生……东海徐生为其邻郡绘《百男图》以进。"（文集卷十八）

按，龙公，指龙膺，字君御，湖广武陵人，万历八年进士，初授徽州府推官，至今五年。嘉庆《常德府志》卷三十八有传。徐谱以为龙宗武，且系本文于十二年，皆误。

过建平访夏云父。

《答夏云父》："忆与足下初把手，城头细柳共床头新醪争绿也。今且其时，而飞缄适至，然柳凡五易条矣。”（书牍卷七）书作于万历十八年。

邑人濮阳渐任歙县训导，有诗赠行。

《送濮子升司训新都，因呈汪司马二仲》，诗集卷十一。

按，据汪道昆《徽州府儒学重修先师庙碑记》（《歙县金石志》卷六），已列濮阳渐（濮渐）名，碑立于万历十三年冬十月。

《答新安高使君》：“濮广文先生行迫报命，遂稽兹敬，颛力附将，不腆上尘。”（书牍卷三）同时作，为濮阳渐之介也。高使君，高时，山东济阳人，万历九年至十四年任徽州知府。

约本年夏，族人梅元振游苏州，有诗赠行。

《送元振游姑胥，因有所寄》其一：“金阊三月旧经过。”其二：“帆前峰色夏云多。”（诗集卷二十四）

六月，太平府知府林一材升浙江按察使副使，书以贺之。

《与林宪使》：“今且复南矣，惟起居是劳，不敢抠衣，敬遣苍头，薄申丹疑。”（书牍卷三）参见《神宗实录》卷一六二。

得史元熙书。

《与史仲弢》：“吴门词组亦足陶陶……是后得足下豫章一书。”（书牍卷五）史元熙十二年十月由兵部郎中升江西佥事，见《神宗实录》卷一五四。时当其到任不久。

六月，赴南京与乡试。

《与王百谷》：“鼎祚归，及夏杪而役于南。”（书牍卷五）

《与史仲弢》：“秋中之役，自匿不深，复行干世，踉跄都市，望钟山白云，正恐猿悲鹤怨，稚圭之遗文且不我屑矣。”（书牍卷五）

汤显祖《吹笙歌送梅禹金》：“新林小妇寄书来，一种风流许君据。”（《玉茗堂全集》诗集卷四》）鼎祚此次赴南都，当携新娶王氏同行，寓于新林浦。

作书寄松江府推官徐民式。

《与松江徐司理》，书牍卷三。

按，徐民式今年春以试事莅宣城，湖广按察使蹇达为介。鼎祚惧以请托为嫌，作此以明心迹。尺牍云，时已“四对于京兆”。据《松江府志》卷三十六，徐民式万历九至十四年在任。又据《神宗实录》卷一四八、卷一六六，蹇达十二年四月至十三年闰九月任湖广按察使。

八月，访汤显祖于南京。

《句容还都过汤义仍奉常》："酎酒秋先熟，絺衣暑尚蒸。"（诗集卷十一）鼎祚何以道句容往金陵，待考。徐谱以为或十四年作，当误。

汤显祖《吹笙歌送梅禹金》："从官迫郁有三年……津途变化才十年。"（《玉茗堂全集》诗集卷四）汤显祖万历十一年中进士观政礼部，至此首尾三年；万历四年至宣城，至此亦首尾十年。

汤显祖为《玉合记》作序。归后改定，冬月竣刻。

《玉合记题词》："八月，太常斋出，宛然梅生造焉……因出其所为《章台柳记》若干章示余。曰：人生若朝暮，聚散兴悲，常杂其半。奈何忘鼓缶之欢，阙遇旬之宴乎？予观其词，视予所为《霍小玉传》（指《紫箫记》），并其沉丽之思，减其秾长之累。且予曲中乃有讥托，为部长吏抑止不行。多半韩蕲王传中矣。梅生传事而止，足传于时。"（《汤显祖诗文集》卷三十三）时未成，吴中之行，且游且续。详见本谱万历十八年致吕胤昌书。

按，徐谱系鼎祚十四年访汤显祖于南京，并为《玉合记》请序，当误。十四年鼎祚未至南京。

《与汤义仍太常》："归而杜门，一再寻旧史，略加丹墨……《玉合》刻竣，乃费我姬人金步摇耳。吴越之间，盛行乐部，正缘大序关之以卖珠饰椟也。"（书牍卷五）姬人，当指王氏。

《与史仲弢》："《章台》传奇，实以寄其无聊，强面作笑，而使君绝倒，怂恿之。顾曲辨挝，殆为近是。"（书牍卷五）使君指吕胤昌，万历十一至十六年任宁国府推官。徐谱以为书十六年作，误。

《与建昌周兵使》："向谈传奇，具驰展笑，或可代军中斗鸡之戏，帐前朱鹭之歌乎？"（书牍卷五）

《与汪子建》："《玉合》传奇颇行乐部，闻南中亦有谱者，春中从足下轰饮一试也。"（书牍卷五）

《与姜使君》："偶作传奇一种，汤义仍为之序，而好事者遂以副墨。丈夫意气，但复如此。殆与饮醇酒，弄妇人何异。"（书牍卷六）

《与吕玉绳文选》："仆往传《玉合》时，有吕公霏屑之谈足以润耳，如渑之酒可以浇胸。"（书牍卷六）

《奉汪司马》："《章台》传记傺无聊，偶游戏于肉谱，詄宕于俳优，开罪大雅，不摈斥幸厚矣。闻明公亦复击节三叹，昌歜屈芰，宁足偏嗜，或有厌大君子之腹耳。"（书牍卷七）书作于十九年。

梅守箕《玉合记序》："至金元之际，三叹而有余音，遂为《昆仑

奴》杂剧与是役也。”(《居诸二集》卷十)

汤显祖劝其移家金陵。

《与汤义仍太常》:“南来僦一屋依足下,晨研夕煅,必有可观。顾家益食贫,出苦资用,足下宜方减产,不足以荫我。仆生平不能从人求买山钱,又无好事者营剡中之宅。来春足下定去为近侍也,乘云行泥,动阻万里,恐令此意竟成虚谈。”(书牍卷五)

《与史司马》:“仆不乐与乡里游,此足下所习,今将卜一室钟山、大江间,虽巢由之隐不必买山,剡中之赀故实乏绝,且彼逝者犹在浅土,不知所怀得即竟否?”(书牍卷六)书作于十一年,则鼎祚之欲移家,不自今年始也。

《与吕玉绳》:“鼎祚卜居秦淮,其计已决,而资斧阙如,邅回歧路,杜门郁郁。”(书牍卷十)书作于二十八年。

《答汤义仍》:“久欲卜居南中,每苦无赀,郁郁居此,实非我志。”(书牍卷十一)书作于三十年。

请汤显祖为前宣城知县姜奇方作去思碑记。

《与汤义仍太常》:“姜令君辞邑十年而犹有后思,诸父老以七尺之石将谋之仆,仆谓于今中郎宜莫如足下,且故习令君,敬遣待命,在足下追修前好而已。今所借手,无异斗酒豚蹄,当致淳于绝缨而笑。”(书牍卷五)

汤显祖《宣城令姜公去思记》,见《玉茗堂全集》文集卷七。

临别,汤显祖有诗相送。

汤显祖《吹笙歌送梅禹金》:“秋水微波木末亭,秋花半菊吴陵署。从官迫郁有三年,似汝骄奢留几处……新林小妇寄书来,一种风流许君据。朝落铅华妾自知,夜拂兰帱君不御。梅生开书欲长跪,托道留连在山水……天涯此日龙使君,世上何人沈太史。已觉丛残姜令非,空惊绰约梅生是。津途变化裁十年,光响消浮只千里。”(《玉茗堂全集》诗集卷四)

汤显祖万历四年至宣城,今已满十年。诗题后原有小注:“感叹龙君扬郡丞、沈君典太史、姜孟颖明府。”龙宗武今年戍边,沈懋学十年已物故,姜奇方久沉下僚,故汤氏有此感叹。

八月,兵部郎中吴仕铨召集,有诗。

《秋夜同季豹叔过吴公择驾部》,诗集卷七。

梅守箕《吴公择署中》《吴驾部公择招集治城》:“八月天气凉,从

君远行游。”(《居诸集》甲乙卷二)

吴仕铨，字公择，浙江归安人。万历二年进士，累官南兵部郎中。年七十卒。

与吴稼竳相识。

吴稼竳《贻梅禹金》,《玄盖副草》卷三。

与友人聚于雨花台。

《金陵秋日同王仲房、郭次甫、莫公远、孙齐之、邬汝翼、吴允兆、姚伯道、姚叔度、余食其、王元方、马从甫、谢少廉、谢少白、方嗣宗、潘景升、刘侠君、项仲连、陆纂辅、俞公临、吴翁晋、张去华、赵幼安、孙子乔、许太初、叔季豹集雨花台，分得“寒”字》，诗集卷十一。

《答姚叔度》:“雨花台集在乙酉。”(书牍卷十)

孙七政《邂逅吴允兆、梅子禹金、二姚君伯道、叔度，喜甚，遂命酌松下，抚琴〈列子〉〈御风〉诸操，因风得松下琴以赠之，同与则莫君公远、郭君次甫、吴君翁晋、梅君季豹、陆君纂甫、赵、张二君幼安、去华》,《孙齐之先生松韵堂集》卷七。

孙七政《与诸彦集雨花台得“十三元”》:“附诸彦姓字：新安王十岳，焦山郭次甫，京口邬汝翼，闽中马从甫，宣城梅季豹、禹金，吴兴吴允兆、姚伯道、叔度，吴兴吴翁晋，新安谢少廉、少白，新安方嗣宗、刘继泉、项九川，新安潘景升，义兴俞公临，宁国许心阳，梁溪王元芳，洞庭陆纂甫，云间张去华，吾家父子，逸客许琴师、何雪渔，美人杨六姬、徐翩翩。”(《松韵堂集》卷七)

孙七政《梅禹金得十三寒三首》,《松韵堂集》卷七。

潘之恒《初艳》:“余结冬于秦淮者三度，其在乙酉、丙戌，留连光景，所际最盛。”(《亘史》杂篇卷四，《鸾啸小品》卷二)

《答汪仲嘉》:“景升尝半面南都，故是后来一俊，令诸君为金城汤池，必无可攻之执。”(书牍卷三)本年当是鼎祚与潘之恒初识。

再遇王穉登。

《与王百谷》:“晤恩上人，知入都之日，方足下把松枝麈尾登雨花台也，而于车辙马蹄之中，指其人疑为鼎祚者，问实鼎祚也。已，随迹足下，则青雀凌风矣。”(书牍卷五)

晤前泾县知县李日文。

《与李默吾水部》:“明公之旧为泾也，河润所及，鼎祚幸获接杯酒，

缪然诺，其为役之日浅也。乙酉于南，辱明公顾诸逆旅之中，申以清言之晤。”（书牍卷六）

王寅往庐江，与其别于南京。

《歙王山人寅》诗序：“乙酉秋，雨花台为别，春秋八十高矣。”（诗集卷五）

梅守箕《送王仲房》诗序：“山人生于庐江，然而东西南北之人也。今年七十有九，而曰：‘吾日索矣，而不能忘吾庐江，且吾知能数至乎？吾将渡江访童子时嬉游处，召故时父老与饮酒，问土风所更变，而遂东焉，吾行。子为诗赠我。’”（《居诸集》甲乙卷二）

九月九日，与吴稼竳、梅守箕等集聚于流波馆。

梅守箕《九月九日流波馆集诗》，《居诸集》甲乙卷二。

吴稼竳《秦淮歌寄梅禹金》：“秦淮八月秋水满，与君驻马流波馆。”（《玄盖副草》卷三）别后作。

吴稼竳归孝丰，有诗赠行。

《流波馆送吴翁晋还吴兴》：“解后长安八月秋，与君上策斥不收。”（诗集卷七）徐谱系于万历十九年冬，误。

吴稼竳《得梅季豹、禹金书却寄一首》：“稽生交绝卧林中，忽漫传书二阮同。远岫寒烟迷楚橘，空江秋色冷吴枫。小姑几听青溪曲，征士元无白社风。为报五弦挥已断，惟余双目送归鸿。”（《玄盖副草》卷十四）当别后作。

歙县方士枝往河南宛丘，有诗送之。

《徐家盈盈楼送方嗣宗归陈州别业》，诗集卷七。

方士枝，字嗣宗，歙县岩镇人。方大治（字在宥）第三子。

梅守箕《送方嗣宗适陈》，《居诸集》甲乙卷二。同时作。

九月，作《金陵客怀八首》。

《明诗综》卷六十二选第二首，题下有小注：“乙酉暮秋作。”当有所本。

与梅守箕、潘之恒等游祖堂山。

《献花岩宿小星槎》《祖堂读郧子何侍郎诗》，诗集二十一。

梅守箕《幽栖寺》《从祖堂山路过献花岩，同景升诸君》《献花岩晚坐》，《居诸二集》卷五。

道光《上江两县志》卷三：“祖堂山……宋大明三年于山南建幽栖寺，因名幽栖山……南有石窟若堂宇。《寰宇记》：‘法融禅师入定于此，有百鸟献花之异，故名献花岩’……明成化闲始建寺曰花岩寺，寺中岩洞楼阁甚盛，芙蓉阁、小星槎、归云亭、翠微房、澄江台、大观堂、滴翠轩，其最著也。”

约九月底，归宣城。

《与毛豹孙》：“仆于南四阅月归。”（书牍卷五）鼎祚六月至金陵，至今归凡四月。

《与汪子建》：“别后阅月而南，黜不见收，四阅月而南归。”（书牍卷五）

《与沈伯宏》：“南中狼狈，归已望春。”（书牍卷五）

梅守箕《送禹金》：“负担累日中，盛冬曳凉衣。”（《居诸集》甲乙卷二）

闰九月，蹇达由湖广按察使升顺天巡抚，寄书贺之。

《奉蹇大中丞》：“大中丞之诏且下矣。三辅神皋，九边重镇。南国襟喉之寄，北门锁钥之司……行当徙王庭于漠外，系虏颈于阙前。”（书牍卷三）

按，据《明督抚年表》《神宗实录》卷一六六，今年闰九月戊午，蹇达升顺天巡抚，官名全衔为：右佥都御史整饬蓟州等处兵备兼巡抚顺天等府地方。

有书寄汪显节，不达。

《与汪子建》：“比尝遣送蹇使君，率附数行，而其时北渡京口，竟尔浮沉。”（书牍卷五）

为《南陵县志》作“陵阳十景”诗。

《陵阳十景为南陵沈令公赋》，诗集卷二十四。

按，沈令公，指沈尧中，万历八年至十五年任南陵知县，十三年主修《南陵县志》，鼎祚此组诗，当为《南陵县志》县境图而作。今万历《南陵县志》未见，不得其详。

十月，代作《应天武举乡试录序》

《应天武举乡试录序》：“上御历之十三年，是为乙酉……冬十月，西郡当武举士上司马。”（文集卷五）

十月，宁国知府廖恒吉、宣城知县陈公相、泾县知县张尧文、旌德知县岳元声同赴京入觐，有诗文相送。

《送泾川张明府应朝》：“梅花十月动江城，花里题诗送客行。”（诗集卷十八）

《赠廖府君入觐》《赠陈令君》《赠岳令希伯》，均见诗集卷十八。

《赠廖使君觐序》："明年元会，为上御历之十三年，当天下复上计，宁国守臣蠲吉治行。盖不佞某，司郡法。"（文集卷七）按，此文实代宁国府推官吕胤昌作。十三年，或当十四年之误刻。

《赠陈令君觐序》："余与今邑大夫陈公同起家……余缪入馆，择令而陈公以令余邑行，余祖于郊。"（文集卷七）此文实代梅鹍祚作。

《送泾令张公奏计诗序》《旌川岳令上计诗序》，文集卷十。

邑人陆应龙卒，为作传。

《醉吟散人传》，文集卷二十一。参见本谱万历五年。

从弟梅鹍祚由翰林院庶吉士改御史，有书来寄。

《答仲举弟》："仲举去秘馆为台中，仆为足下鼓掌而欢也。"（书牍卷五）据《神宗实录》卷一六六，梅鹍祚授官山东道御史，在本年闰九月戊午。

十二月七日，吴诏相卒，往悼之。

《祭吴汝州》："贲此新阡，封若夏屋。"（文集卷二十三）

按，据《宣城吴府族谱》卷九，吴诏相卒于十二月初七日。

为父母营墓葬。

《与汪子建》："凡今一岁中，所为二先人卜宅，朝夕劼励，其他则笔札三之，庆吊两之耳。"（书牍卷五）书作于次年。

万历十四年丙戌(1586)　三十八岁

一月，过宁国府衙访吕胤昌。

《早春再过吕玉绳司理衙斋，兼期见过》，诗集卷十一。

为铜陵畬翘《幼服集》作序。

《幼服集序》："仲子既冠，集其前所为诗若赋，名之曰《拊缶》……余私迹仲子不类，是为庚名曰《幼服》……余先人及仲子尊大夫先后得事肃皇帝，仲子及余生燕中。"（文集卷三）畬翘本年二十。

《翠微集序》："畬仲子聿云初称诗，有《幼服集》。是时聿云甫冠，才甚华，志甚锐，思有所发舒。一再不售，辄气息咈咈，悲歌慨慷，以为世弃我。余序其集……然未识聿云也。"（文集卷三）

又，《畬母柯夫人哀诗》当亦作于此时，见诗集卷四。

《答畬聿云》："足下虽弱龄乎，而布衣之荐尚迟……仆于足下十年以长也。"（书牍卷五）书作于本年稍后。

龙宗武谪戍边卫。

《与张幼于》："龙少参献岁已戍行，从豫章寄一书。"（书牍卷五）龙宗武戍边之议在去年六月，见《神宗实录》卷一六二。

有书寄周天球。

《与周公瑕》："归凡再期，而神飞梦驰。"（书牍卷五）参见本谱万历十二年。

有书寄王稚登。

《与王百谷》，书牍卷五。

或本年，刘凤有诗来寄。

刘凤《寄禹金》："翩翩雅负盛才矜，盟主词坛谁擅今。远绍往贤家世永，宠灵遗逸绪言深。楚骚汉赋非常调，流水高山稀世音。知尔姓名悬日月，岂难旁烛及幽沉。"（《刘子威杂稿》卷四）

春，得周光镐书，有诗书及《予宁草》答之。

《春日得周国雍去秋宕渠书，兼前上计所寄诗，且颁月俸，书中问我东游事，并答四诗》，诗集卷十一。

《答周使君国雍》："万里一书，三时甫达，顾瞻靡及，言笑宛如，殆有喜剧而悲、临风泫然者矣。至读都门寄篇，情见乎词，声叶于律……月俸厚敛，即付酒家一醉。"（书牍卷三）即指此事。

周光镐《报梅禹金孝廉》："不腆治所去陈拾遗读书台百里许耳，不佞盖三登之，每诵《感遇》诗，则悲惋激烈，思无乎其为后者。忽辱《予宁稿》，至披玩《杂感》诸篇，则深叹麟台垂拱之世，难乎其为前矣，不佞益心羡之。前后辱怀、答诸篇，每一握读，感激高谊。至虑不佞久宦减产，则不觉失笑，不佞抑亦庶几无负知己者。五载荒郡，两度入计，乃以大木之役，前薪尚积，室家东归，慨屋婚嫁，卜居无阳羡之直，附郭少洛阳之腴，即裴始安罢郡，归便无宅，我亦何必有家哉？嗟嗟！禹金志在宇宙，业在名山，且名香赋中人，当是德曜，可共隐矣，故知于世事无足为繇系也。不佞旦暮归矣，他日愿以瓢笠为黄山、白岳之游，以访我故人，语出处大致，庶知两不相负也。汤从事人便，再此陈候。"（《明农山堂汇草》文集卷二十二）

按，周光镐万历九年任四川顺庆知府，至本年凡五年。

春，赴黄渡访梅蕃祚。

《月夜过黄渡赴子马》："春烟临路发，乘月泛潺湲。"（诗集卷十一）

约本年，宣城县学教谕陈光祖升任南京国子监助教，代邑人麻溶作赠序。

《赠陈博士先生北上便归吴门为寿序》，文集卷十一。

按，陈光祖，南直长洲人。万历元年举人，十七年任河间府同知。其离宣城，当在本年前后。

约三月，宁国府同知尹廷俊父七十寿，代邑人某作寿序。

《寿尹封翁序》："郡丞公……以直左，今量移宛陵……盖今岁五月之十八日，翁进而七十……翁冢孙孝廉君方游南雍，因省郡丞公于宛上，而归为翁寿也。"（文集卷十一）

按，尹廷俊十四年至十七年任宁国府同知。其子尹绍皋万历十年举人，其至宣城，当以春试归也。

有书寄龙膺。

《与龙司理》："敬问君善足下作迁客矣，闻第以调笑贵人，又尝不一见直指使开过耳……武陵桃花烂漫矣，足下且暂归为寻秦人避秦处。"（书牍卷五）龙膺本年由徽州府推官谪温州府教授。

四月八日，上虞黄之璧至宣城，倚鼎祚年余。

《四月八日，黄白仲自北至》，诗集卷十一。

《四明王编修萱》："黄白仲与屠长卿之构谗也，太史在馆。白仲既脱狱，犹依栖辇下。太史以书劝令归，且令过宛上，以书通予。"（诗集卷五）

光绪《宣城县志》卷二十六："黄之璧，与屠隆构谗辇下，黄编修萁（当作'王编修萱'）劝令避地宣城，且以书介梅鼎祚具宾主礼，经年乃去。"

按，徐朔方《屠隆年谱》谓此案与俞显卿构陷案乃是别一案，恐有误。

约四月，休宁知县丁应泰、婺源知县万国钦自京觐还过宣城，不及遇。

《丁休宁元甫偕万婺源和父夜过，并觐还经敝郡》：春与啼莺去，宵传结驷来。（诗集卷十一）

《答丁休宁元甫》："比将以不腆敬亭，少延清瞩，问之则祝辕西矣……顾天方近暑，鄙性畏热，……倘得借岩石绝深处可小结夏，恐即有天书召海阳令不暇耳……丁南羽往许寄一帧大士，久未至，幸公相促。"（书牍卷六）丁南羽，即丁云鹏，不知鼎祚何时与其相交。

有书寄汪道贯。

《答汪仲淹》："《章台》业付锲人，方十许折，先寄左右，其次致曲司马公，固是雅谑，将请少评之，未敢也。”（书牍卷三）《玉合记》今年竣刻，故书当作于今年初。

五月，从弟梅蕃祚送杨舜华归金陵，有诗赠行。

《南风篇赠子马送杨舜华归秦淮》：“南风五月吹禾黍，翩然结伴将归去。”（诗集卷七）

与从叔梅守和送徐飞卿、杨美归金陵，至焦村湖。

《焦村湖舟中放歌，同季方叔送徐飞卿归金陵》：“去年上书予不收，桂残枫老白门秋。”（诗集卷七）

按，《游女行。陆少府席送楚姬吕五还于湖，兼答青山社王仲修诸子》：“阿翩阿美昔曾游，选日邀欢花近楼。”（诗集卷七）杨美当亦至宣城，故鼎祚送之归。

徐翩，字飞卿，号慧月，一号惊鸿。潘之恒有《徐翩传》，见《亘史》外纪卷十九。

约五月，代作启以寿大学士许国。

《寿许相公》，书牍卷十四。

按，许国本年六十，生日在六月六日。此寿启有三，其一曰“每转千艘于外府，利耻析毫……窃念义切枌榆，缪称邻社；自分材非桃李，幸出公门”，当代麻溶作；麻溶为万历十一年进士，时许国任会试副主考。其一曰“某尘职仙乡”，似代宁国府知府廖恒吉作。其三不详。

夏，宁国府通判徐希明升湖广蕲州知州去，有诗赠行。

《送徐别驾迁守蕲州，初令攸县》，诗集卷十一。

梅守箕《赠徐别驾迁蕲州守》：“夏云生越海，芳露溥江烟。”（《居诸集》丙丁卷二）

六月十三日，表舅刘铸病逝，往祭之。

《祭刘漳平公》：“万历丙戌夏六月十有三日，故漳平令刘公以大耋终。”（文集卷二十二）

六月，史元熙由江西按察司佥事被贬谪，有诗慰之。

《寄史仲弢佥事》其一：“每怪除书晚，翻令谪籍新……六月飞从息，千秋气不申。”其二：“怀璧君何罪，偿金世可调。所怜犹未释，放逐在清朝。”（诗集卷十一）

按，据咸丰《大名府志》卷十一，史元熙十七年由佥事谪开州知州。光绪《余姚县志》卷一有史元熙十五年作《重修战场桥记》。可知史被贬后当曾闲住数年。《与史仲弢》：“足下雅材，既令常调，乃犹作迁客邪？闻足下里居，文史跌宕，琴酒逍遥，必如此乃成仲弢耳。足下少年仕宦又得美名，鬼神所妒，固应有此，以开后福。”（书牍卷五）可证。

约六月或稍后，应张一鲲请，为作《纪张氏诗》。

《纪张氏诗》小引：“定远张贞妇殁于嘉陵，凡九阅月而为丙戌，午日浮出江上。”（诗集卷十八）按，徐谱系于五月，有误。张贞妇死事由张一鲲传至鼎祚，不得早于六月。

《寄怀张伯大侍御》，诗集卷十八。同时作。

六月，有诗书寄周光镐。

周光镐《梅禹金自宛陵寄书，刻以七夕至，赋酬》，《明农山堂汇草》诗集卷四。

七月十四日，次子士好生。《文峰梅氏宗谱》卷五

士好，王氏出。出继长兄元祚。《祭侄女》：“又二十余年而始以第二子嗣伯兄。”（文集卷二十五）当在本年。徐谱以为十六年，误。

八月，有诗寄吴稼竳。

《田居寄吴翁晋》：“绿笋千林天目雨，丹枫八月敬亭秋。”（诗集卷十八）

有书寄詹事讲，欲会其于南京。

《与詹侍御》其一：“明公方按两浙，鼎祚适客吴中……东归居顷，趋役于南，将拟一叩绛驺龙子之国，而明公巡行未竟，远自引嫌，闻且报命有期矣，不识交戟之内，容狂生长揖否耳？”（书牍卷三）

《与詹侍御》其二，书牍卷三，当作于自南京归后。

《与詹侍御》其三：“伏闻台从，振旆还朝。望绣斧之在迩，俨惠文其若对。”（书牍卷三）当作于本年詹事讲即将由浙江巡盐御史改南直提学御史时，参见《神宗实录》卷一九三。

有书寄史元熙。

《与史司马》：“春中附一书郡役，乃至今淹未发也……吕使君真快士，近按旁邑，少在郡……新词一种，用资抵掌，虽游戏三昧乎，正自壮心，不堪牢落耳。”（书牍卷六）

吕胤昌今年秋署南陵知县，见梅鼎祚代吕胤昌作《明南陵令槜李沈君碑》，文集卷十六。新词，指《玉合记》。

有书寄张凤翼，约往苏州访之。

《答张伯起》：“足下最后出《祝发记》……仆近传《章台》，尚不及

请耳……秋中仆自金陵来诣伯起……请以此约。”（书牍卷六）

《祝发记》，今年张凤翼为其母八十大寿而作，见《野获编》卷二十五“词曲”。

秋，再有太仓之行。

《答蹇开府》：“鼎祚自娄东执别，业历三稔。”书作于万历十八年。

《与吕玉绳文选》：“仆往传《玉合》时……复东而游吴，吴人善度曲倚声，朝出我手而暮传国口，桃花渌水之间，晓风残月之外，洋洋乎不自觉笔之罢也。”（书牍卷六）

按，鼎祚此次太仓之行，少见诗文记载，不知何故。

再晤梁辰鱼于苏州。

《与梁伯龙》：“《鹿城》佳草当已悬之国门，传诸同好。《章台》故事颇行乐部，闻吴中曾有谱者，倘不得伯龙一顾，误可知矣……秋中过虎丘、石湖之间，寻九尺须眉苍者，把手一笑也。”（书牍卷五）书作于此前。

吕天成《曲品》：“伯龙极赏之（指《玉合记》），恨不守音韵耳。”

约九月，周光镐领军四川，有诗来寄。

《赠周国雍督兵越嶲》，诗集卷十八。

《与建昌周兵使》：“闻今督府有事渡泸，将左右是倚……秋中鼎祚再举一子，玩弄掌上，聊用为娱。”（书牍卷五）督府，指四川巡抚徐元太。时周光镐任四川按察使副使、备兵建昌道。徐谱以为十六年作，误。

周光镐《秋日渡泸水寄梅禹金》，《明农山堂集》诗卷五。

按，徐谱以此书十六年作，误。盖书中言“秋中再举一子”，指次子士好也。见前。又，本年五月四川建昌越嶲诸酋叛，四川巡抚徐元太荐其为平乱军监军，晋按察使，实授建昌行都司兵备道。参见《明史》卷二十《神宗本纪》。

有书寄顺庆知府黄师颜。

《与黄使君》：“今以宕渠重郡，苴蜀遐方，遂借德星，用濡甘雨。”（书牍卷四）时周光镐领军越嶲，以黄师颜补顺庆知府。

有书答湖广按察使王基。

《答王对沧按察》：“属天子垂左顾于东南，借重臣以屏翰……而乃俯存故谊，远锡嘉仪，轸闻笛于山阳，循挂剑于龙树，发函登几，哀感弥深，敬借行人，九顿称谢。”（书牍卷五）

王基，字启亨，号对沧，山东青州卫人。嘉靖四十四年进士，万历十三年闰九月任湖广按察使、整饬苏松常镇地方兵备副使，见《神宗实录》卷一六六。

有书寄杭州府通判姜奇方。

《与姜使君》："前月邑王功曹东，曾附尺牍二刻奉起居，无浮沉否?"（书牍卷六）

有书寄毛文蔚，请再惠文集。

《与毛豹孙》："归凡一岁而始讯足下……往惠嘉集，十袭以藏，然竟为蠹所窃，此物何缘，必食三神仙字矣，敢并请焉。"（书牍卷五）毛文蔚有《真逸集》，张佳胤刻，有王世贞序。

有书寄汪显节。

《与汪子建》："往属序佳集，虽非其人，然已心许矣。梨板敝郡渐少，而菑木者渐多，固终当致之也……弟秋初亦添丁矣。"（书牍卷五）知为今年作。徐谱作十六年，误。

有书寄沈伯宏。

《与沈伯宏》："不幸提此空名，六尺之躯供人笔札，荏苒岁时，竟不一讯伯宏也，情可知矣。小力东首，敢起居伯宏，太公想恒清豫，嫂夫人而下多男子否？许我石湖佳篇，能寄示否？往惠甘菊，殊津津有味，倘再分饷否?"（书牍卷五）

有书寄汪原启。

《与汪原启》："南中被窜，踉跄乍归，文逋如林，酒责如市，忽忽于今而乃一通足下也……时每忆足下单绞操槌，意气直上，祢竖子何足道邪?"（书牍卷五）

有书寄王人鉴。

《与王德操》："归而踉跄南走，由春徂今，贫病且半……仆亦年来略参此界（指参佛），正苦腥膻犹自恋人耳，尊公想日健饭，熊梦几何，新篇不吝见寄，以当麈谈。"（书牍卷五）

有书寄邓伯恙。

《答邓孺孝》："白下逢王巽父，得起居为详，知足下尚未有举，则以锡长麈短辕乎？……佳编见示，虽多故撰，今再展读。"（书牍卷五）

十一月十一日，许谷卒，有缅怀诗。

《太常卿上元许公谷》："冥契久已逝，德音矢勿谖。"（诗集卷五）诗作于本年或稍后。

按，据姜宝《前中顺大夫南太常少卿石城许公墓志铭》，许谷去世于本年十一月十一日。

有书寄徐元气。

《与徐方伯》："先外舅实缘气味，缔以姻娅……遂承爱女，竟字遗孤。"（书牍卷五）徐元气时任山东布政使。

朱孟震来书。

朱孟震《答梅禹金》："一札秦关，久成阔绝。河汾远宦，踪迹参辰。海内故人如足下者，指不一二屈，乃竟疏节若是，谓交谊何？再入蚕丛，簿书周午。又属三巴多故，稍闻足下与周使君赤牍往还，然不得附一缄足下。会督府徐公仗钺兹土，徐公故足下乡人也，仓促间持片楮为致虔足下，并殷使君数千里便鸿，自姓名外更不暇附一语，足下得无笑之。力回奉新集为之神主，便酌酒向浣花翁读之百花潭上，盼向增色矣。

嗟嗟！禹金足下，岁月日驰，颜鬓俱改，惟是金石交情不殊白下耳。顾不佞学植愈落，旧业总荒，见足下新诗，不觉惭汗足下非吴下阿蒙，而不佞犹故吾也。矧风尘奔走，分寸未效，俟河之清，当复何日？足下游道日广，黄、白、九华诸胜俱属在履舄间，足下何以赠我？汤君来，知足下不遗我于西南万里之外。读《汉魏诗乘》，考证弘博，评较精确，斯集之董狐也。读《名香赋》，如见幼于。足下扁舟五湖，载异人而归鸱夷，子不得专美曩时矣。赋所称工绣能文，旁通内典，咏禹金诗，脉然心许，不知浣纱之女在西邻捧心时，曾有是否，意陶朱公且羡足下。

斯遇乎君典自莫愁湖上，再晤于长安客邸中，渝州以来，书问三往复，自后绝不得通只字，乃今竟作古人哉！炙鸡絮酒，远愧吾乡人。见《诗乘》知郎君长进，犹与足下通便附笺笺致之几筵，足下幸为我三致意。"（《朱秉器文集》卷三）时朱孟震任四川右布政使。

王之士补任庐州知府，有书贺之。

《与庐州王使君》，书牍卷五。

《答姚先生真定》："河间王使君往于庐江奉一书。"（书牍卷六）

按，王之士十一年自宁国知府丁外艰归，本年服阕补庐州知府。参见于慎行《明故中顺大夫直隶河间府知府少庵王公暨配恭人韩氏合葬墓志铭》，《谷城山馆文集》卷二十。

约本年，安庆府推官王梦旸病卒，有诗吊之。

《上饶王司理梦旸》，诗集卷五。

按，据乾隆《潜山县志》卷三，王梦旸曾以安庆府推官署潜山知县，其卒当在此后不久，因系于本年。

翰林院编修王亹病卒，有诗怀之。

《四明王编修亹》，诗集卷五。

约年底，有书寄梅鹍祚。

《答仲举弟》其一："足下近疏，读之则色喜，且膺服也……泾丞李君北，因附申此。仆拟作数诗寄足下，而久予不托于音，少须嗣致传奇一种，以备启颜。"（书牍卷五）

梅鹍祚疏，不知何指。据梅守箕《从侄仲举行状》："侍御在台中一年，三上疏。"（《文峰梅氏宗谱》卷末）《神宗实录》卷一八二录万历十五年正月梅鹍祚一疏，可参阅。泾丞李君，指李泗，江西南城人，万历十三年至十五年任泾县县丞。

《答仲举弟》其二："将欲家政辅及鄙人。"（书牍卷五）当稍后作。

梅鹍祚《寄家禹金》："客久问归期，凄然有所思。鸡林文字贵，乌道尺书迟。白雪从谁和，青萍转自疑。倦游无可托，回首暮云时。"（《梅氏诗略》卷七）

除夕，有诗怀梅守箕、梅蕃祚、梅台祚。

《岁除对酒怀三子》，诗集卷十一。

万历十五年丁亥(1587)　三十九岁

春，金陵隐士金銮年九十四寿终，有诗怀之。

《陇西金隐君鸾》："在衡家金陵，亦称诗，而北乐府犹工，有《萧爽斋词余》。时以调宫征、字阴阳相质难。"（诗集卷五）

金銮（一作金鸾），字在衡，号白屿，祖籍陇西，寓居金陵。著有《徙倚轩诗集》等。其生卒年，参考西北师范大学周军2009年硕士学位论文《金銮及其著述研究》。

二月，从弟梅鹍祚巡按贵州，有诗送之。

《送仲举侍御弟按贵州》，诗集卷十八。

三月，从弟梅鹍祚病卒，有文祭之。

《祭仲举侍御弟》，文集卷二十三。

梅守箕《文林郎山东道监察御史从侄仲举行状》："寻有巡按贵阳之役。既受简书，忽遘奇疾，舟次芜湖，疾甚，归三日而卒，丁亥之三月

□□也。”（《文峰梅氏宗谱》卷末）

青阳知县丁懋建升泽州知州，代宁国府推官吕胤昌祖父吕本作赠序。

《赠丁令君迁泽州守序》：“余孙某理宁国，实青阳之邻郡，又丁君肺腑亲，乃以书质余。”（文集卷六）据光绪《青阳县志》卷二，丁懋建今年升任。丁懋建、吕胤昌，均浙江余姚人。

得朱孟震来书。

朱孟震《答梅禹金》：“《升庵全集》刻多舛谬，《华阳国志》初刻之河东，此中乃再刻，而益以注疏，不甚佳，俱以上典记。昨于新都访杨先生遗稿，仅有三十册，余俱散逸，仓卒不及取，俟续致之。先生夫人黄氏娴于文学，生平琴瑟颇不谐，先生卒，遗稿有存者尽付之丙丁，其为侍御公收拾者十之五六耳。尚宝君世其后，曾一访之，后稍录一册来，皆集所有，他无可再得矣。

长卿故倦游，不佞于今尤甚，盖时情职守颇费酬应。一年来，以库藏不明，经营清理，赖中丞公主持，今就绪矣。而殚精竭智，旦夕与筦库为伍，鬓雪盈盈，揽镜不觉自失，几欲投劾去，而中丞公推毂甚至，谊不敢相负，辄得暂留。孝廉君与足下同志，不敢通问，傥为不佞一谢之乎？鄱湖一曲久矣，相待欲霸越而从吾好乎，晚矣。足下试买一棹，期一二年后索我于孺子云卿之亭，可得把臂长啸，足下其以为何如？”（《朱秉器文集》卷三）

中丞公，指徐元太。孝廉君，指徐家庆，万历十一年举人。

约五月，有书寄金坛邓伯恙。

《答邓孺孝》：“薛舜恭作孰面目，其知仆先于仆知舜恭，仆甚愧舜恭……闻孺孝有白岳之兴，能来相就者，仆当起玄晖、太白以左右孺孝，孺孝图之。”（书牍卷五）

有书寄冯时可。

《与冯元敏学宪》：“近为传奇一种，出自无聊，戏荐左右，酒酣击缶，得无以代秦声乎？”（书牍卷五）书作于《玉合记》刊行后。

六月，代宁国府推官吕胤昌，为南陵知县沈尧中作政绩碑。

《明南陵令槜李沈君碑》，文集卷十六。文后款：“强梧大渊献万历十五年夏六月立碑。”据以定作年。

按，文中有“属郡司理某记其事，余某来，则沈君前至三岁矣”之句，可知代推官吕胤昌作。

代作启贺翁大立七十大寿。

《寿翁尚书》，书牍卷十四。翁大立亦余姚人，此或代吕胤昌作。翁大立万历六年七月已致仕，见《神宗实录》卷七十七。

南陵知县郝世科有书来寄，答之。

《答郝南陵》："仰勤贲饰，俯济谦光，赐以尺一之书，兼且十朋之锡。"（书牍卷四）郝世科本年继沈尧中知南陵县。

有书寄汤显祖。

《与汤义仍祠部》："往秋蹢躅长安邸中而去……一别如雨，岁钥且周……大作年来绝不得读，兄所托订定三册，转索徐茂吴，业先归左右矣……傥以原草见借，当什袭驰还，肯缮录一部寄示犹幸……生绡一端，附见时宜，石章二面，遗佩侍书。溽暑，不多及。"（书牍卷六）参见上年。

汤显祖《招梅生篇》："敬亭云飞出祠署，新林夜客游何处。翩翻桂树可重来，宛转花中讵能去。"（《玉茗堂全集》诗集卷四）

为吏部文选司郎中张汝济万玉山房题诗。

《司文选万玉山房诗》，诗集卷四。

司文选，即司汝霖，后改名张汝济（1547—1599），字泽民，号傅野，湖广江陵人。隆庆二年进士。据袁宗道《巡抚福建右副都御史傅野司公汝济墓志铭》，其十六年任吏部文选司郎中，十七年进太常寺少卿。

七月，华亭莫云卿卒。冯梦祯《快雪堂集》卷四十七

秋，副贡庐州，中途病归。

《与李默吾水部》："顷者副贡庐江……而命与文仇，病与行会，渡江以北，狼狈中反。"（书牍卷六）

梅守箕《送禹金应贡之庐江》其三："白露戒旦，林树来秋。"（《居诸集》丙丁卷二）

寄书庐江知府王之士。

《答姚先生真定》："河间王使君往于庐江奉一书。"（书牍卷六）

《与河间王使君》："往于庐江拟走冗枝之仆一通典谒，而驺从且东，里中输将者恭捧云翰，辱损贶仪，长跽启函，俨承晤侍，因荷长者之无忘微细若此。"（书牍卷七）

芜湖友人鲁崇贤卒，有诗悼之。

《芜湖鲁明府崇贤、张茂才增》："鲁君寻授龙游令，改官以殁。"（诗集卷五）

嘉庆《芜湖县志》卷十二《鲁崇贤传》："调知湖广上津县，丁内艰

归，寻卒。”鲁崇贤十四年调湖广上津知县。

张增卒时不可考，当与鲁崇贤相去不远。

秋，柏枧寺僧李文仲卒，往吊之。

《送李文仲丧，自宣城归吴兴》，诗集卷十一。参见本谱万历四年。

苏州邹士华至宣城。

《蒲上斋后泰符携具集邹士华有感》：“旧雨成星散，新秋见月圆。”（诗集卷十二）

刘凤《送邹生之宣城兼致禹金》，《刘子威杂稿》卷四。

按，邹士华生平不详。其冬归吴，梅守箕有《送邹士华归吴》送行：“北风肃肃，岁聿云除。”（《居诸集》丙丁卷二）

因今年水旱相仍，奉命劝赈。

《与李默吾水部》：“寻以岁侵，郡中有劝赈之举，巡行田野，茇舍郊关。”（书牍卷六）书作于本年。

八月，从弟梅蕃祚徙家金陵。

梅蕃祚《平生行送泰符十弟南归》：“去年八月我渡江。”（《梅氏诗略》卷七）

梅守箕《弃故乡赋》，《居诸集》丙丁卷一。

秋，歙县罗文瑞至宣城，与游。

《对亭庵赠罗伯符》《送罗伯符游淮南访马司理庐州，因怀黄德卿中秘，方使越》，诗集卷十一。

罗文瑞，字伯符，一字范阳，号何痴，歙县人。工书。民国《歙县志》卷十有传。

《罗伯符书医无闾碑跋》，文集卷十八，或亦作于此时。

秋，金坛邓伯恙过宣城往白岳，

《邓孺孝过新都访汪司马，因登白岳远适天台，赋此送之》，诗集卷十二。参见上引书牍卷五。

九月，作诗六首以规劝从弟梅蕃祚。

《丁亥季秋，从弟子马废箸之后，移家金陵，既感远别，兼效微规》，诗集卷十一。

有书寄工部主事李日文。

《与李默吾水部》：“比泾人王生具述明公所以为鼎祚昭雪积谗，掩瑕藏衅……来秋之役，不欲共小儿寻行数墨校甲品乙，而事在嫌疑，迹类伉匿……敬介家弟以尺书短歌驰奏主记。”（书牍卷六）王生，当为王廷干子。似有人攻讦鼎祚入贡舞弊事，李日文为辩白之。

十月，屠隆至宣城吊沈懋学，与游。

《以诗代书招屠长卿》：“凌秋忽渡钱塘水，苦忆平生沈太史。”（诗集卷七）

《采芳歌赠屠家小史》，诗集卷七。采芳，娈童也。

《冬日同屠长卿泛城东，长卿于舟中绯袍作渔阳三挝》，诗集卷十一。

屠隆《答徐孟孺》：“仆于月终且作宣州行，当以急足相闻。”（《白榆集》卷十三）

屠隆《与王恒叔》：“客岁（指今年）以九月出门，如宛陵哭沈君典墓……而沈公子士范方入楚，赴丁右武之约。弟待之一月不至，且取旧道还虎林。适汪伯玉、丁休宁使使来迎，了白岳之缘，勉尔赴之。”（《栖真馆集》卷十四）

屠隆《与梅禹金》：“留连一月，半醉君家。”（《栖真馆集》卷十四）《与梅禹金》：“道民客宛上，无所喜，独喜得了十年饥渴足下之怀。”（同上卷十五）

屠隆《与丁元甫明府》：“宛陵遇吕玉绳法曹、梅禹金文学及二三郡县大夫，尽昵布衣，开尊下榻，遂被留一月。”（《栖真馆集》卷十五）

屠隆《栖真馆集》卷三《过宣城吊沈君典太史投赠梅禹金》，卷四《与叶虞叔、梅孺子、禹金、木华、泰符、沈有贻泛舟东溪》《访梅禹金别业不遇句酒资而去》，卷七《宛陵冬月梅孺子廉邀同叶虞叔、梅禹金、巨卿、泰符、木华、张仲率携酒登郡城》四首，均此时作。

屠隆为《玉合记》作序。

《答屠长卿》：“得大序，从枕上跃起，颂之正如上清仙史携乌龙女子唱《朝元引》，虽极纤艳，翏翏泠泠，自当知为钧天乐部也。鼎祚腥膻之口，既作馋剧，尘土之耳，顿闻妙音。亦是遇真缘合耳。”（书牍卷二）

屠隆《章台柳玉合记叙》，亦见《栖真馆集》卷十一。

屠隆离宣城，往徽州，有诗送行并寄诗汪道昆。

《酬屠长卿序章台传奇，因过新都寄汪司马》，诗集卷七。

屠隆嘱校订《广桑子》。

《与宁国令君》：“长卿《广桑子》多在左右，临歧再四属我为订，幸即见示。且知公必有定品，并以教我。”（书牍卷二）

《答屠长卿》："《广桑子》云海在胸，阴阳在手，上陈皇帝王霸，下及庾隐啁诙，味之即浃旬弥月芬于其口，旨于其心，置三日不读便觉舌本。"（书牍卷六）

按，屠隆《广桑子》成于去年。宁国令君，指宁国知县水卿谟，万历十四年进士，屠隆同乡。徐谱以为休宁知县丁应泰，误。

汪道昆有诗寄怀。

汪道昆《怀梅禹金》："宛水春流萦草阁，敬亭秋色挡江天。"（《太函集》卷一一七）

《答汪仲淹》："司马公东，《南征集》怀及鄙生。"（书牍卷五）

时屠隆当亦附有书，《答屠长卿》："屠先生三及书，一自新安。"（书牍卷八）即指此也。

约本年十月，从叔梅守默任四川崇庆州判官，有诗赠行并为其《蒲西草》作序。

《送时甫叔判蜀州七言十韵》："初征冠盖拂云霄，出祖寒城十月朝。"（诗集卷二十）

《蒲西草序》："叔氏时父籍其诗为《蒲西草》……既竣，属余序，而余适游吴。已，叔氏随牒辇下，获与豪长者相上下，诗日进。凡二载判蜀州，西矣……兹叔氏之蜀也，会且有兵兴。"（文集卷三）鼎祚游吴在万历十三年。兵兴，指建昌越巂诸酋叛事，参见本谱上年。

梅嘉祚《送时甫叔判蜀州》，《宛雅二编》卷三。

与永嘉张琳交。

《与龙君善》："永嘉张生琳丱而才，秀外慧中，故是药笼一佳品。其尊人昭能诗工书，善谈谑，有气略，而坐倅广德，时为仇家中以事，系敝郡，颇相与游处。"（书牍卷六）书作于次年。

十一月，有书寄周光镐。

《答周国雍宪使》："前月有家叔赴江原，曾附一牍。比传公此擢，便以此言进。"（书牍卷五）家叔，即梅守默。

有书寄蕲州知州徐希明。

《与徐蕲州》："从父守默方判崇庆，其家属行有部传，望为留盼，使前途通涉，彼此均感。"（书牍卷二）徐希明万历十一年任宁国府通判。

祁衍曾远寄《匡夷录》，有诗记其事。

《得祁羡仲书寄〈匡夷录〉》，诗集卷十一。

祁衍曾，字美仲，号罗浮山人，广东东莞人。万历四年举人，屡上春宫不第。鼎祚与之相识，当在万历十一年南京。参见梅守箕《怀旧诗》其十《祁美仲》，《居诸集》甲乙卷二。

三叔梅守信病逝，往祭之。

《祭二叔父》："而今丁亥矣，岂所谓丁者，即龙蛇之岁，而贤人是灾耶？"（文集卷二十三）

按，题中"二叔"，当为"三叔"之误刻。其父兄弟四人，依次为：守德、守恒、守忠、守信。据《文峰梅氏宗谱》卷四，其二叔梅守忠，隆庆元年已卒。三叔守信，字贞甫，号方塘。生正德十三年戊寅正月十四日，殁万历丁亥年。

屠隆有书来寄，时屠隆尚在歙县。

《与梅禹金》："宛上一行，独喜得与足下周旋，酬十年心愿。留连一月，半醉君家，平原款洽，似为倍之，畅甚畅甚！

郭门一别，大自黯然，献岁西湖之约，幸存之勿忘。孤山六桥，纵览烟云水月，然后连舫过金昌，并辔秣陵，红板酒催平乐花，宿杜陵，道民以衲衣斗笠溷迹其中，良以快事。方今握管，铸辞如云，大都施朱涂粉，赝吏光耳。独足下倾城绝代，天质自然，丰意搏心，无所不诣。外无乏境，内无窘思，五音并宣，五采并驰，仆所醉心，今世罕见其两，愿足下自爱。

业观足下顷欲学三河少年，风流自赏，津津得意，似且老吴门白云乡。相如措大，得一文君便沉湎濡首，古今人有才必有情，殆相影响耶？司马慢世，至今风华犹映人，要不失才子本色。然丈夫生有七尺，包举乾坤，事有不止此者。足下神采有余，故知笑孱长卿不足当文君一队，暂寄兴此中，终须超然，仆亦信之。区区之忠，愿足下蚤回心大道，遮须国王、芙蓉城主，不足恋也。

足下欲为仆刻宛上诸篇，幸与吕使君商之，傥必欲任此者，再布后命，当以原稾奉往耳。使君且使使送《广桑子》至新都，足下勿忘寄语。"（《栖真馆集》卷十四）

年底，居蒲干故居。

《答汪仲淹》："弟昨年携家蒲上，岁杪始还，杜门自远，置酒陈书，辄复作恶。"（书牍卷五）书作于次年。

年底，从弟梅台祚将入金陵访梅蕃祚，作诗以寄怀。

《天寒行送泰符之金陵寄子马》："天寒以风岁云暮，扬子江深客南

渡。”（诗集卷七）

时梅守箕亦作有诗多首以寄梅蕃祚，见《居诸集》丙丁卷二。

十二月二十四日，从叔梅守纲七十寿，有诗赠贺。

《寿南川从父七十》，诗集卷二十。本年六十九。

梅守纲（1519—1594），字张甫，号南川。梅膺祚父。曾任王府典仪。事见《文峰梅氏宗谱》卷四。

约本年或稍前，为建平潘嘉《赋闲园集》作序。

《赋闲园集叙》，文集卷三。

《郎川潘理官嘉》诗序：“（子会）为园桐上，颇幽胜。有《赋闲园集》，予序之。”（诗集卷五）当同时或稍后作。

约本年，校刻江淹《江光禄集》。

今玄白堂刻本《江光禄集》十卷，集遗一卷。卷端题“江光禄集卷第一”，后依次刻“梁考城江淹文通撰”“明宣城梅鼎祚禹金校”“从弟蕃祚子马阅”。当依宋本而校刻。（万历二十六年胡之骥刻本，即以此本为底本）

万历十六年戊子(1588)　四十岁

春，有疾。

《答汪仲淹》：“春来益多美疢，寄命医手，借财质肆，啸歌都废。”（书牍卷五）

《与章元礼明府》：“美疢缠绵，畏暑中止。”（书牍卷五）

春，有书寄蹇达。

《与蹇理庵观察》：“春中武骑北还，略具短奏，并布薄谢，久彻台览。是后儿女行疹，劼励两月，仗庇获康。”（书牍卷六）

龙膺任温州府教授，有书寄之。

《与龙君善》：“足下去刑章教，且以龙湫雁荡近在庑下，与新都黄白相颉颃。”（书牍卷六）

按，龙膺十四年去徽州，在家闲居两年，十六年方任温州府教授，旋改国子博士，十七年至京。

为史元熙妻胡氏作传。

《史安人传》：“史君在江西，卒中蜚语，以谪归……不即天官谒，留连里中者逾年，则安安人也，而安人殁矣。”（文集卷二十一）

按，史元熙万历十四年自江西谪归，胡氏卒于十五年，十八年史元熙亦卒。故传约作于本年。

有书寄张元凯。

《与张左虞将军》："濒行，所委属传令君，方倥匆境上，而鼎祚归思逼期，竟负成言，迄今耿耿……春深矣，责课花鸟，寄游山泽。"（书牍卷五）参见本谱万历十二年。

约春，为文友周弘禴继室董少玉病卒作诗寄悼。

《为周元孚骑曹悼亡》，诗集卷二十。《读董夫人遗稿简周元孚》，诗集卷二十四。

按，董少玉卒于去年十月，见冯梦祯《快雪堂日记》（《快雪堂集》卷四十八）。

梅守箕《为周元孚驾部挽董夫人诗》（《居诸二集》卷二），屠隆《读西陵草歌为余友周元孚内子作》（《栖真馆集》卷三），胡应麟《为周元孚悼亡》（《少室山房集》卷五十），当亦此时作。

王同轨《耳谈类增》卷三十四《周京兆董夫人诗》："京兆周元孚弘禴继室董夫人，字少玉，董侍御叔玉女弟也。才行绝世，元孚雅善诗，而夫人嗣业，别出机杼，言言杜法，其得意元孚亦自谓不如，而人反谓元孚诗出闺中。从元孚左次雁门，间关道路，以羸疾卒，年二十九。元孚始鸠其诗曰存稿，仅百篇。"

为岳父唐汝迪编次《嘉议集》成。

按，今《嘉议集》刊本卷端题"婿梅鼎祚禹金校正"，有宣城县知县陈公相序，款"万历戊子谷旦。闽人鉴塘陈公相子显甫顿首书"，知是集编定于本年，陈公相当应鼎祚请为序。其后有曾同亨序，参见本谱万历十九年。

约四月，有书寄汪道贯。

《答汪仲淹》："公临书以兄称，病剧，已，问少廉，则知尚神王。"（书牍卷五）则谢陛时在宣城。

代知府廖恒吉作启上湖广巡抚邵陛。

《答邵中丞》："迹殊赌郡，分虎竹于宣城；事视高斋，愧鸿裁于谢朓。"（书牍卷十四）

约本年夏，歙县友人黄一鸾罹难，有诗悼之。

《歙黄居士一鸾》："伯羽寓余郡，尝从徐司马入蜀，复北上，死黄河舟中。"（诗集卷五）考徐元太平定蜀乱在十五年十一月，其入京当在本年夏。

夏，有书答屠隆，邀其至南京相叙。

《答屠长卿》："清淮白下，名都会也……屠先生其从我游乎……西华丈青毡之计，来非其时……且值仆病暑因循，而吕使君亦揵关避事。"（书牍卷六）

附：屠隆《与梅禹金》

道民客宛上无所喜，独喜得了十年饥渴，足下之怀，相见数语，便尔投胶。方诸阳燧气类则然。郭门一别，黯焉心断。残腊离新都抵家，则在除夕前一日，老母荆妻见游子久客他乡，遂疑道民业从方外人采真，入五岳不复返，倚闾良切，归而喜可知已。

顷辟荒径为掩关，计军持贮，水木患诵，团焦为侣，伊蒲作供，寄兴于禽鱼，散心于卉木，胎息内观，日求了脱。独奈何岁之不登，道殣相望。入春来霪雨连绵，四月不解，菜麦萎死，米谷踊贵，四野嗷嗷，木无完皮，草无留根，城市子妇连袂行乞，交臂填渠。群无赖乘之，奸萌渐长，隐忧潜伏。时事至此，道民虽欲坦腹高枕一室中，恐不可得。且携妻孥鸡犬入万山深绝处，拾松子而食之，身为秦役夫，妻为秦毛女，此道民结局之秋也。足下宁许之否？

足下著书文脊山中，日与瞿硎先生为伍，且拥茂陵之美姬，兼东山之丝管，如此送老，差亦不恶。第恐造物妒足下愉乐行，未免为世人弋，以出皲皱焦劳耳。敝友薛西华者，博雅多艺能，向尝与足下言之，以贫故远游，欲得贵地一片冷青毡以糊其口，径投足下。足下方今人伦之望，幸为寒畯留念，海内慕义无穷矣。牵率致此笺，不悉悰抱。（《栖真馆集》卷十五）

有书寄岳元声。

《与岳令希伯》："足下为少年迁客，亦自佳，闻归而杜门著书，又复开坛授讲……仆近多郊居，室有小妇，虽乏调丝，略备吮墨。"（书牍卷五）岳元声十四年自旌德知县被谪，十五年任大名府教授。见咸丰《大名府志》卷十。

有书寄当涂知县章嘉祯。

《与章元礼明府》："乃吕使君欲急仆于公……秋风之半，当来与公据长江高歌细酌，扬榷古今，参以雅谑，共作吴语，必两有契也。"（书牍卷五）则鼎祚七月当于当涂停留。

按，章嘉祯，字元礼，号衡阳，浙江德清人。万历八年进士，十四年至十八年任当涂知县，历官文选司员外郎、罗定州同知。康熙《德清县志》卷七有传。

闰六月十六日，张佳胤卒，享年六十二。王世懋卒，享年五十三。

《大司马蜀张公佳胤》，诗集卷五。

有书寄朱孟震。

《答贵阳朱秉器方伯》："数得良书，虽昔人谓次于面，然不能奉鞭弭、承謦咳者，凡十五年矣。"（书牍卷五）二人自万历元年相聚，至今不相见者十五年。朱孟震十五年至十七年六月任贵州左布政使。

七月，与从叔梅守箕赴金陵秋试。

时其外兄郭汝坚当亦同行。见《南还道中与郭汝坚外兄》，诗集卷十二。

与工部主事李日文相遇于南京。

《酬李水曹》："李君往作泾川侯，片言邂逅即千秋。诏主金钱归少府，官同水部在扬州。浊水青云不相偶，白门重折官亭柳。"（诗集卷七）参见本谱万历六年。

仍寓流波馆。

《吴翁晋自新都至金陵，同子马集流波馆》《流波馆再同翁晋、子马，分得"花"字》，诗集卷十二。

按，徐谱系于万历十九年冬，误。前诗有"渐水新秋至，秦淮旧曲深"显在七月。因系于本年。

吴稼竳《流波馆同梅禹金、子马，分得"微"字》《代最华月夜怀禹金》，《玄盖副草》卷九。最华，流波馆歌妓名。吴稼竳昵舜华，有《流波馆别舜华》诗，亦见《玄盖副草》卷九。

秋试不售，从王世贞游。

《王长公司马署斋同郭次甫、畲宗汉、王承甫、徐茂吴、陆成叔夜集》《王园陪王长公携酒看菊，时公将免归》，诗集卷十一。王世贞时任南京兵部右侍郎，次年六月升南京刑部尚书，秋告假回籍。

《王长公司马招同郭次父、王承父山人、孙齐之太学、徐茂吴司理、邹彦吉学宪集雨花台，以"江南佳丽地，金陵帝王州"分韵，得"州"字》，诗集卷十八。

《与蹇理庵观察》其二："赴学台外境矣，自匿不深，徒作此役，为弇州诸公留南者三阅月。弇州公无日不口东吴遗爱也。"（书牍卷六）

《与邹彦吉学宪》："顷年弇州公雨花之会，坐者六人：次甫，金焦道人，烟霞在口；承父、齐之，摄伟衣冠，俨然绮皓；茂吴渊润，举体

无凡，而邹先生鸿裁名理，超超独上；鼎祚持一小星，仰俪太白，缪联先生席也。”（书牍卷七）

《答姚叔度》：“雨花台集在乙酉，而戊子之秋，记兄方过我邸中，坐未定，王长公适至，相剧谈甚畅。今岁星一周，弇州作古久矣。”（书牍卷十）

王世贞《戊子秋宣城梅禹金与其叔季豹相过从甚数……》《慰梅禹金试金陵放落一首》，同时作，分别见《弇州山人四部续稿》卷十九、卷二十。

孙七政《同郭山人、王山人、徐茂吴、邹彦吉、梅禹金赴左司马王长公招集雨花台，得“佳”字》，《孙齐之先生松韵堂集》卷八。

八月十六日，游雨花台、高座寺。

《高座寺携妓斋诵》，诗集卷十。

《感旧寄邹彦吉使君，往王弇州雨花分咏，主宾七人，有“竹林吾总愧朝簪”之句，今惟彦吉及余在》《寄吴兴姚叔度，兼追怀长君伯道。往年叔度在余金陵客舍，方度曲欢笑，王弇州司马适过余，俾叔度终一曲去，前辈风流今何可得，因并及之》，诗集卷十九。皆叙此事。

王世贞《梅秀才鼎祚》：“梅生抱超识，雅复与才会。上下千载间，有造无不诣。袅娜出余态，泓渟饶深致。三十而逢掖，同学多已贵。长卿宁当过，过乃扬得意。”（《弇州山人四部稿》续稿卷三）

王世贞《八月十六日携酒高座寺，同郭道人次父、王山人承父、孙山人齐之、徐司理茂吴、邹学宪彦吉、梅秀才禹金凡七人分韵，余得“南”字》，《弇州山人四部稿》续稿卷十八。

孙齐之《同郭山人、王山人、徐茂吴、邹彦吉、梅禹金赴左司马王长公招集雨花台，得“佳”字》，《松韵堂集》卷八。

徐桂《王元美先生招同郭次甫、孙齐之、王承父、邹彦吉、梅禹金集雨花台，得“陵”字》，《徐茂吴诗集》卷十。

邹迪光《奉舅氏王司马招，同郭次父、孙齐之、王承父、徐茂吴、梅禹金集雨花台候月，分韵得“王”字》，《鏖提斋稿》卷六。

《王世贞年谱》：“九月，与郭第、王叔承、孙七政、徐桂、邹迪光、梅鼎祚集雨花台。”略有小误，九月当作八月。

与汪道会相遇于南京。

《答汪仲淹》：“仲嘉以去秋晤秦淮渡头，承兄消息，是时但食粟过饱也。”（书牍卷六）书作于次年。

《新都汪次公道贯》：（仲淹）“精禅理诗，道日进而足成鳖，题书戏余曰：‘吾自有尊足者存，佗日过宛上，当毋令家姬笑耳。’”（诗集卷五）

闻华亭友人莫云卿卒，有诗悼之。

《华亭莫文学云卿》诗序：“王长公司马署闻其讣。”（诗集卷五）

游摄山。

《摄山》，诗集卷十一。

尝居普德寺。

《移居普德竹林，简次父、茂吴长干寺》《西孚上人萧萧斋同恩公对》，诗集卷十一。

与畲翘相识于汤显祖署斋。

《翠微集序》：“与聿云俱都试而南，识之汤义仍署斋……逾三年，聿云褒然高举矣。”（文集卷三）畲翘十九年中举。

秋，同族争产事起。

《答屠长卿》其一：“别无几何，家难作矣。此其本末宁容偻数……其事（当作‘时’）鼎祚方应贡南都，而同里殆千余指，公正发愤……一时亲识，若今徐司寇、麻司勋诸君，莫不畅其雄风，举为义概。而时与厄会，势与意违，非一手一足所可骤而兴、援而止也。其祸则不始兹日……贝锦生于匈旅，操戈反而入室，锄兰忌其当门，遂使叔氏兄弟井堙灶夷，流离踣顿，魂迁于九逝，命罣于七奔。至于不肖，第恨无瑕可攻，素履足恃耳。”（书牍卷八）

《与陈令公》：“比者……宗人阋墙之变。仰叩台端，承不加讨，而且俯殉舆言，始鞠之公庭，以正其名分。既付之司，败以待其自新……今虽未见悔悟，而某某等念彼二人本手足，右被伤则左必捍，奈彼各丧心耳。明断森然，敢复徼惠暂释，斥归私家，令鼎祚等合彼兄弟相见，以杯酒解之。仍补其所少，而田均执业，彼此无嫌……三二日间当相率匍匐诣谢也。”（书牍卷七）陈令公，宣城知县陈公相。

《凛秋四首》小引：“凛哉秋气，良不自持，属且门庭多故，讥侮荐起。”（诗集卷十二）

九月二日，罗汝芳卒，有缅怀诗。

《大参盱郡罗公汝芳》：“去此三十载，鲜泽犹昨濡……四十迄无闻，嗟哉一何愚。”（诗集卷五）罗汝芳嘉靖四十四年（1565）离宁国知府任，距此凡二十五年，诗言三十载，取其整数也。

九月九日，游某山。

《金陵九日》："佳丽六朝地，登陵九日山。"（诗集卷十二）

九月九日，与群从梅隆祚、梅嘉祚、梅膺祚等集金陵城南。

《金陵九日，子綦兄、锡余、诞生弟集城南，有怀家园》："寒迟久客衣初授，岁闰重阳菊已残。"（诗集卷十八）今年闰六月。

约九月中旬，归宣城。

《南还宿江宁镇》《铜井雨行》《南还道中与郭汝坚外兄》《采石宿江上人家》《谪仙楼谒青莲遗像》，诗集卷十二。皆归途中作。

李言恭有诗相送。

李言恭《送梅禹金还宣城五首》，《青莲阁集》卷五。其一："归去频登谢朓楼，送君无恙大江秋。"按，鼎祚与李言恭相聚数数，不可详考。今权系于此。

编集《古乐苑》。

本集尺牍卷十一《答方伯文》："往年吕吏部为郡司理，属鼎为《古乐苑》。彼急集写书及刻工，日在左右，旋校旋写，既得乘兴，又得课工，故旦夕报完，遂无遗憾。"为书乞汪道昆序在万历十九年，编刊或在吕胤昌离任前不久。

《答吕玉绳》其五："《古乐苑》尚在补刻。"（书牍卷五）书作于十七年。

汤宾尹《鹿裘石室集序》："宓牺氏以降，抵于六朝，辑其音律可被管弦者，为《古乐苑》。"

作书寄临淮侯李言恭乞贝叶经。

《僧弼还金陵，寄李临淮乞贝叶经》，诗集卷二十四。

《与李临淮惟寅》："新词一种，君侯命教坊谱出，置十日酒于青莲阁以佐我欢。奉赠二诗久有之，今以具奏帐前铙歌……别一小诗挂僧弼锡杖，乞斋头一贝叶，即坐大宰官光明藏中耳。秋气渐高，委心无量。"（书牍卷六）

《答周国雍宪使》其二："近且从黄面瞿昙学参，小品偏单，制作水田。李临淮亦以西土贝叶见寄，长斋绣佛，合掌多罗，皆公开我觉路也。"（书牍卷五）李氏之寄，当在本年十月。

约十月，屠隆有诗来寄。

《寄梅禹金兼忆君典太史》："君看太史风流者，一片寒云墓道平。"（《栖真馆集》卷八）

有书寄蒙师姚嘉谷。

《答姚国瑞先生》："恒山有灵，得明使君填抚之……比秋之役，如鱼縢雁，臣序及则进，不必垂天沃云、抟扶摇直上也。老师乃重慰藉而厚贶之，临风登拜，且感且惭。"（书牍卷二）

按，恒山，当为"衡山"之误写。姚嘉谷万历十二年至十六年任武冈知州，在湖南，不得作"恒山"。

有书寄长沙通判吕光升。

《与长沙吕别驾》："鼎祚比年多难，七奔不给，近稍息肩……宗兄继唐幸参筦记，其舍人西上，率奉起居。小草一部，用资覆瓿之遗；传奇一种，排谐略具。"（书牍卷七）

吕光升，浙江新昌人。嘉靖三十八年选贡。梅继唐，字绍尧，宣城人。高维岳姊丈。曾任广东琼山县主簿。据鼎祚诗，似亦曾任长沙府某县主簿。

十一月四日，为周光镐诗集《出峡草》作序。

《出峡草序》："周公之西也，以天官郎守宕渠，来有《出峡草》，其辞恬穆而清和。已，拜宪大夫，征西南夷有大功，有《渡泸草》。"（文集卷二）

按，今民国刻本周光镐《明农山堂集》卷首收此文，题作《西征草小序》，文后署"万历戊子长至日，江东梅鼎祚撰"。长至当为冬至，本年冬至在十一月四日。

《答周国雍宪使》其二："忆与公别恰十年矣。十年中凡四入金陵，过天官故署及城南诸兰若琴酒追随处，又未尝不辍杖裴回者久之……二集则《出峡》雍而雅，《渡泸》壮而鸿……辱命小序，羔袖狐裘，良负愧色。"（书牍卷五）万历七年，鼎祚与周光镐会于南京，至此首尾十年。

附：

周光镐《报梅禹金孝廉》："尝观世之需材与材之需世，均之不能相舍，而恒见其不相值者，此其故将谁诿哉？乃材有不同，如通达国体，明练世故，抱经济之猷，富润藻之业，文与质衷若足下者，其材又岂世多有哉？

辱所赐书，云别不佞恰十年，四入金陵，每徘徊于故署兰若过游之地，令人怅然。嗟嗟！人生几回别，能有几许十年哉？乃十年中不佞望足下扶摇飞抟，将九万里一日也，讵今犹然故吾，则岂世果不需材，而材之大者果与世不相值哉？

驽骀上驷，国色下陈，自古叹之。如始进之阶梯，士人之羔雁，则或者其故在我。年来足下肆意辞章，闳畅浩丽，诸凡白雪之篇，绿水之节，布满天地间，盖将倾一代而左袒矣。然则意有所适，则功有所亏，宁无所轻重者，此所轻在彼哉？

然足下兼材也，睢涣之渍藻与邹鲁之精纯，皆素所精诣，则随施而应，何有偏滞？屠客部所言，以雄俊爽阳之气，发而为缠绵婉丽之音，则亦韬光自适云尔，彼独以才情节侠云者，非尽然也。然则造物以才笼足下，足下以才玩斯世，此其故似有之。古人之学几变而后至道，尚为知己望之。

手教大篇，恳切纵臾，未尝不感所规而愧所奖，小草乃边徼外寐语尔，不意一时不能自藏，而反辱足下之暴露其拙也，以犬羊之质窃龙虎之文，冒非其宜，愧死无地，惟心乎爱矣，敢忘所期？附言私衷，兼以布谢。欧出临邛道上，匆遽报缄，惘然神驰。（《明农山堂汇草》文集卷二十二）

周光镐《王长卿别五年矣，来自新安，兼得梅孝廉禹金、俞征士美长书，是日雨中小集》，《明农山堂汇草》诗卷七。

十二月，作书贺蹇达由顺天巡抚升大理寺卿，并祝其父母寿。

《与蹇理庵观察》其二："明公荼尔具瞻，嵬然新命，且适与太公、太夫人千秋期会也……敬制一轴，寄陈初筵，句百二十……明年冀由贡出苦海矣，因缘入燕。"（书牍卷六）

按，徐谱系此书于十七年八月后，蹇达由户部左侍郎为兵部左侍郎，误。其一，本书前所述，皆十六年事。其二，蹇达父母大寿在十七年初，若作于十七年，已过寿期，自当提前为之。其三，鼎祚《答蹇督府》："己丑春，敝郡廖使君来京，肃附一函及奉寿二尊人诗轴，计彻清览。"（书牍卷六）书中亦有"郡使者方遄发"，宁国知府廖恒吉今冬赴京为次年计，均可证鼎祚书当本年底作。

《奉大廷尉蹇公》：近亲兴敬，敢抒笔札之微长；犹子均情，聊附斑襕之戏彩。（书牍卷十五）同时作。大廷尉，即大理寺卿。

据《神宗实录》卷二〇一，十六年七月己巳，蹇达由顺天巡抚升大理寺卿。又，鼎祚言次年入京，实未成行，其因可参见《与郭青螺大参》："昨秋堇，税乡校籍，长安米价贵，暂停北辕。"（书牍卷六，书作于十七年冬）。

《赠巴郡蹇观察暨王太夫人寿诗六十韵》：蜡合嘉平月，龙飞十七年。（诗集卷二十）按，诗中有云："司马新铃秘，鸬鸠旧署联。"徐谱云，鸬鸠指工部，为误记。

约本年，前知府锺一元卒，有缅怀诗。

《宪使嘉禾锺公一元》："哲匠岂载值，白日委泥沙。洵涕中自隐，人焉知其他。"（诗集卷五）

本年，姜奇方卒，有诗怀之。

《都匀守楚姜公奇方》，诗集卷五。

本年，王寅卒，享年八十三，有诗怀之。

《歙王山人寅》，诗集卷五。

按，梅守箕亦有《伤王仲房》诗二首，见《居诸二集》卷二，当同时作。

约本年，建平潘嘉卒，往吊之，有诗。

《郎川潘理官嘉》："忧乐亦何常，嘉会临当乖。既予吊其庐，曲池临高台。榱栋虽尚新，黍离已兴哀。"（诗集卷五）由诗观之，潘嘉之卒，当在其退归建赋闲园后不久。

约本年，从叔梅守默自崇庆判官归，有诗贺之。

《时父叔自蜀州迁王官，弃之归，两少男俱婚也，代简志喜》，诗集卷二十四。

年底，宁国府知府廖恒吉赴京入觐，作序赠行。

《郡太守廖公上计诗序》："明年己丑元会，天子当开明堂大受计……鼎不佞，谬窃为诗二章而祖之江上。"（文集卷十）其诗二章，今集不存。

约本年底，邑人徐元太四川平叛功成，作帐词以贺。

《大中丞徐公平羌奏凯诏拜少司马兼赐恩荫帐词》，文集卷十七。

万历十七年己丑（1589） 四十一岁

春，铜陵畲翘有诗来寄，诗书答之。

《秋浦畲聿云逢予金陵，一再同过汤义仍太常。别去，寄所撰〈谈隐〉及〈早春见怀〉之作，依韵答一首。时池皖间有兵事，而畲居好弯弧鸣剑，笑及之》，诗集卷十七。

《答畲聿云》："皖城有警，足下草长檄，即当下何至损将偾师。敝郡亦在震邻，日丈五见，朱衣吏分下蕨薤钥而已。"（书牍卷六）

《明史》卷十七《神宗本纪一》："（十七年春正月丁巳）太湖、宿松贼刘汝国等作乱，安庆指挥陈越讨之，败死，二月丙申，吴淞指挥陈懋功讨平之。”

鼎祚书中引“千里风烟三岁字，一尊花月九衢钟。望里春云平楚阔，愁边明月落梅纷”，当是畲翘诗《早春见怀》之句。又云“一诗奉报，会齿龋甚，此自呻吟涕唾中杂出”，即上引诗集卷十七之诗。

长洲张凤翼来诗，依韵答之。

《张伯起以诗见报，倚韵却寄。于时有京口之警》，诗集卷十七。京口之警，见上。

叔父梅守极任安吉知州，有诗送行。

《送辰甫叔守安吉》，诗集卷十二。参见康熙《安吉州志》卷七。

《与邹彦吉学宪》：“邹先生来按部吴兴，家叔适为安吉守，传言邹先生厚无忘昔者，晤必讯及玉节。”（书牍卷七）时邹迪光任浙江按察司佥事。

刘庭芥任绍兴知府，有诗寄贺。

《寄刘绍兴公恒》：“金简秘探神禹穴，竹符分镇越王宫。”（诗集卷十九）

按，刘庭芥十七年至二十年任绍兴知府，诗当作于其初任时。

约三月，江西按察副使袁国臣平定安庆叛乱，有诗纪其事。

《袁大夫平皖寇凯歌》六首，诗集卷二十四。

安庆叛乱事，见上。汪道昆亦有《监司袁使君平寇碑》，见《太函集》卷六十五。张应泰《宪府袁公平寇鼓吹铙歌引》，《溪南清墅集草》卷二。

有书寄歙县汪道贯。

《答汪仲淹》：“门中之辱与庭内之寇相继而起，子马、太符皆避难远徙……弟业治装西，忽为当路者急足召还……儿子长者年十五，堇通章句……士能丈卒卒小谈，无论肃容，且持愁面孔向之。古镜毛颖，见惠为侈。”（书牍卷六）门中之辱事，参见本谱上年。鼎祚长子士都生于万历三年，今年十五虚岁。

似本年，金陵僧洪恩、宽悦至宣城，与游。

《过白洋园访恩公、悦公》，诗集卷十二。

白洋园，在宣城，梅咸祚（法号月邦）居地。洪恩，号雪浪，报恩寺僧。宽悦，号臞鹤，普德寺僧。普德寺实乃报恩寺之下院。

四月，有书贺焦竑授翰林院修撰。

《与焦弱侯太史》，书牍卷十五。本年三月丙子，焦竑以进士第一授翰林院修撰。

六月，编邑人宋周紫芝《周少隐存集》成，次年三月刻竣。

《刻周少隐存集序》：“岁戊子，余在金陵，得宋诗余百家悉录本，则少隐之《竹坡老人词》、吴丞相《履斋词》俨然存也。是冬归，而益裒两公前所董存者，各为集，丞相集以授其孙伯敬，而少隐久无胤，余小子为刻以传……集成于万历己丑夏六月，越明年庚寅春三月刻成。”（文集卷二）

辑编《履斋遗稿》四卷成。

按，是书收录入《四库全书》，其提要曰：“是集为明末宣城梅鼎祚所编，凡诗一卷、诗余一卷、杂文二卷，盖裒辑而成，非其原本……捃拾残剩，不免滥入他人之作……事本非僻书，而鼎祚乃注‘天疑作添’，则其校雠亦多妄改，然潜原集既佚，则收拾放失以存梗概，鼎祚亦不为无功矣。”

为宁国府同知吴朝宗父吴衍诗集作序。

《竺原吴先生诗略序》：“仲子大夫公剌武攸，版先生遗诗置州治，既擢丞余郡，覆属先生之门人王广文勘梓，而余小子序之。”（文集卷三）

按，吴朝宗，号会海，江西南城人。嘉靖三十四年举人，本年由湖广武冈知州升任宁国府同知。

有书答建平县训导顾以庶。

《答顾广文》其一：“郎川斗大城乃能强，县君数易，而顾先生皋比独拥，当由善祝鮀令速肖耳……辱所见命者，愿为执鞭……会郡邑大夫一时并迁，颇有赠述。”（书牍卷七）

按，顾以庶来书，当为其重刻其父顾源之《玉露草》，倩鼎祚作序或作赞。

顾以庶，字子胤，号复斋，南京锦衣卫人。顾源子。万历十年岁贡。同治《上江两县志》卷二十四有传。按，《建平县志》谓其十五年来任训导，似有可疑。若依县志，则其方任职二年，鼎祚何以言“县君数易”？疑其万历十年或稍后即来任也。

《答顾广文》其二：“笔札驱人如万火牛，因为宝幢公效役，暂得近清凉界耳……缪成一七言律，聊于此三致意焉。”（书牍卷七）书当稍后作。鼎祚所为“七律”，今未见。

约夏，为叔父梅守吉代作寿序。

《封君温陵黄太公暨曾太孺人偕寿序》：“顷余得调去，黄君将请沐

暂归晋江，且为先生太孺人寿也。先生今年始六十，太孺人五年以少，而期皆季秋。”（文集卷十一）

按，此文乃梅守吉为黄文炳（字懋新）父黄怀作，二人同为户部主事驻淮安榷关，黄文炳十八年调任广西平乐知府，其休沐当在本年。

约秋，有书答蕲州知州徐希明。

《答徐别驾》：“仰奉云笺，始知献岁数行，业通主记……江南数千里，皆以水风之不若，为县官忧。”（书牍卷六）年初鼎祚当有寄书。本府去今两年皆旱。

有书寄张一鲲。

《与张侍御》：“去夏顺庆汤照磨人便，曾附数行，及汉魏诗为令贞女诔，无浮沉否？……别纸率有短篇，用勤仰止。附上传奇一种。”（书牍卷六）

有书寄铜陵畲晓，约以来会。

《答佘初伯》：“读足下囊草，温厚尔雅……往吕使君过池阳，尝属令投车二仲，而闻其从舟还，竟失良晤。不腆敬亭望二仲之杖屦久矣，能来从使君郡斋一眺、赋‘合沓云齐’之句乎?”（书牍卷六）

按，据《寄城斋诠草序》：“予所见初伯诗，甲午以前耳。”（文集卷三）又吕胤昌十一年至十八年任宁国府推官，可推知此书作于本年。

约本年，宗室朱多炡卒，有诗怀之。

《豫章朱王孙多炡》：“贞吉私去豫章，游金陵，入吴，手疏问予，及报之，则先逝。”（诗集卷五）

朱多炡，字贞吉，号瀑泉，占籍武昌。宁献王朱权之六世孙，弋阳僖顺王朱觐鎵之曾孙，弋阳奉国将军朱多煌之弟。善诗画，著有《五游编》《倦游编》等。

九月八日，在南京饯别周弘禴。

《九月八日，同畲宗汉明府、郏汝翼、柳陈甫、陆成叔山人、谢少廉、吴翁晋文学、家弟子马，集周元孚武选署中言别，分赋七言歌行，得“篇”字，时元孚以使事还楚》：“今者岁旱己在丑，江南万户嗷嗷走。”（诗集卷七）

自金陵归，与梅蕃祚别，有诗赠之，仍寓劝归意。

《南归短歌别子马》：“式微式微泣且歌，曰归曰归迟以暮。风月堪淹上苑花，霜落宜妨北堂树。”（诗集卷七）

过劳劳亭，有怀方沆诗。

《重过劳劳亭怀方子及滇中》，诗集卷二十四。时方沆任云南提学佥事。

劳劳亭，在江宁城西南。万历《应天府志》卷二十一："劳劳亭在旧县治西南八里劳劳山上，古送别之所。"

约本年，歙县友人程本中卒，有诗怀之。

《歙程太学本中》诗序："子虚华而鲜，实安乐不戒，自夭夭年。"（诗集卷五）

十一月，有书寄吏部主事吕胤昌。

《答吕玉绳》其四："明公理郡六载……兹者宠命特临，铨衡首陟，凡为我士民报而已……鼎祚秋中之役，苦海暂脱……杨知斤北首，肃贺言修，因露微款，时履初阳，寒气总至。"（书牍卷五）

按，吕胤昌自万历十一年至今年任宁国推官，满六年。徐谱系于十六年，误。

《答吕玉绳》其五："前疏行，奉拜良书之辱……来春之约，实缘速就……将以后岁染指北闱，因乞一广文，数月去。"（书牍卷五）书作于前书后不久。

冬，宁国知府廖恒吉升任温处兵备道，作序赠行

《赠郡太守廖公擢温处兵备宪使序》："己丑冬，温处缺备兵使者，诏就余郡拜太守西蜀廖公为今官。"（文集卷七）

代邑人蔡逢时作《郡太守廖公擢温处兵备序》："代廖公者汉阳萧公，俱为司农郎。"（文集卷七）此序稍后作。

托廖恒吉寄书郭子章，约次年访之于西湖。

《与郭青螺大参》其二："将以春夏之交……而叩先生三竺六桥之间……廖府君凌夜骤发，勒奉起居，时会积冻，手龟甚，殊颇崖略，非所以事长者。"（书牍卷六）时郭子章任浙江右参政，见《神宗实录》卷二一〇。

《与郭青螺大参》其一："敝郡廖使君东，曾附一函及小草奉郭先生。是时在敬亭舟中，不知得无浮沉否？初拟于石首樱桃之候谒郭先生。"（书牍卷六）

十二月三十，除夕，有诗赠妾王氏。

《己丑岁除示内》五首，诗集卷二十四。

万历十八年庚寅(1590)　四十二岁

春，有诗寄怀流波馆杨美。

《春日寄杨美》四首，诗集卷二十四。

补恩贡。

据府志卷七《科目》、县志卷十四。《太函集》卷一〇四《萧宣州》："宛陵有两生，一曰守箕，一曰鼎祚，皆博学好古，足破天荒。悦然物色之，亦吴公之贯生也。"萧良誉时任宁国知府，鼎祚补恩贡或得力于此。

按，《梅氏诗略》卷四《梅鼎祚传》："万历十七年贡选入北雍，申文定、王文肃、许文穆三公欲以文待诏故事疏荐入翰林，坚辞不赴。"此言十七年，误。

致书郭子章，告以北行暂缓。

《与郭青螺大参》："昨秋董税乡校籍，长安米价贵，暂停北辕，将以春夏之交蹑屝屦，衣岑牟，而叩先生三竺六桥之间……廖府君凌夜骤发……祖行鄙文，其乱三属意郭先生，试为索观。"（尺牍卷六）

春，李言恭有诗寄怀。

《怀梅禹金》："深栖端不愧移文，彩笔朝朝白练裙。湖上挂帆千嶂雨，峰头开阁万重云。他乡赖有双鱼至，春色其如两地分。一自夷门虚左后，而今谁是信陵君。"（《青莲阁集》卷十）

按，此诗后有《送太宰梦山杨公致政东还》，据《神宗实录》卷二二〇，杨巍以吏部尚书致仕在本年二月，因系此诗在本年初。

春，致书建平夏云父，告以北行暂缓，可至宣城相会。

《答夏云父》："杂刻四种奉内记曹。仆方卧家，未北上，径南漪而帆敬亭。"（书牍卷七）

《答顾广文》其二："门下高第弟子夏云甫何状，定不作菩萨位中人，但不知米熟也，未幸寄声，并望顾先生以铁袈裟密授之。"（书牍卷七）书作于上年。

闻建平县训导顾以庶调任山东，有书致之。

《答顾广文》其三："顾先生今则阔数千里矣。东郡之擢常调耳，非所以处顾先生……有李少卿公名先芳者……（先生）趋府傥便，当一相诣……奉送一诗。"（书牍卷七）据《建平县志》，顾以庶本年离任。

《送顾子胤广文赴东郡》："马首东何日，江春柳乍荣。"（诗集卷十二）同时作。

春，何遵归宣城，有诗相赠。

《何叔度自章元礼所至，即访钱使君庐州》，诗集卷十九。

为程远印章题词。

《题程彦明册》："今方客章元礼。"（文集卷十八）"程彦明册"，当为何遵携至。

程远，字彦明，无锡人。善篆刻，著有《古今印则》四卷、《印旨》一卷等。

三月初，至府衙访同知吴朝宗，不遇。

《与吴郡丞》："昨躬诣，偶值前驱，莅在敬亭……老年伯大集，鼎祚谬忝犹子，当请梓而广传之……薄具餐钱，敬上锲局。叠嶂二诗，久未奏献。"（书牍卷七）吴朝宗万历十七年至二十年任宁国府同知。

《答吴使君》："谒后寻迫寒食，归觐先茔，往反旬日，蓝舆中把读大集……明公俄顷泽濡化洽，易听改观，凡我臣庶，实恨属者之不请于上，而即移真也。"（书牍卷七）去年宁国知府廖恒吉离任，吴朝宗代知府，时当有新知府之命下，故鼎祚有是言。书三月底作。

寄书真定同知姚嘉谷，欲明春来会。

《答姚先生真定》："开春杖马棰而来，会老师上郡最矣，名署清曹，定当首拜。"（书牍卷六）

寄书山东督学吴同春。

《与吴中寰督学》："少司徒蹇公尝累械要某，率尔未皇，明春或循次北首……邹平令行，辄贡芜函……明公使关中时，奉一书两诗，寻亦从敝郡使君接太原手敕。"（书牍卷六）

按，吴同春万历十五年二月至十八年正月任山东提学，本年正月已改任山东右布政使，鼎祚不知也。见《神宗实录》卷二一九。邹平令，指邑人许国忠，去年秋任邹平知县。"明公使关中时，奉一书两诗"，参见本谱万历十年。敝郡使君，指郑继之。

寄书陈履，

《与陈户曹》："尝与青螺、文谷二先生约共期公于湖上……鼎祚来春循次北上，和歌燕市，足乐也。"（书牍卷六）

时陈履以户部员外郎监浙江税，见宣统《东莞县志》卷五十八本传。青螺，郭子章。文谷，袁应祺。

《答陈德基户曹》："东信具承良书，二体多篇，贯珠戛玉，且知繇淮入粤……未挟日从安吉复传赪鲤，重侑兼金……鼎祚开春北首，景风在令，是明公封拜之候焉。”（书牍卷七）作于前书后不久。

邑人后奇峰七十大寿，作寿序以赠。

《奇峰后先生七秩序》：“惟岁庚寅，先生纪年七十。”（文集卷一）后某号奇峰，为颜文选岳父。

约四月，代作启贺宋纁任吏部尚书。

《贺大冢宰宋公》：“念昔趋承禁闼，缪献直于青蒲；越兹屏翰东南，敢扬威于白钺。”（书牍卷十四，《商丘宋氏家乘》卷十三题作《上太宰公启》）

据《神宗实录》卷二二一，本年三月，宋纁以户部尚书改吏部尚书。此启似代应天巡抚周继作。

四月，宣城知县陈公相升刑部主事，有诗赠行。

《赠陈令公拜比部八章》诗序：“公既迁，而邑缙绅大夫、三老子弟相与遮留。越数月始发。”诗曰：“孟夏何滔滔，涉江涛已壮。”（诗集卷四）

按，陈公相去任之年，府县志、徐谱均作十七年，误。《与刘令公》：“豫章刘公由庚寅春令余邑也。”（文集卷三十二）刘仕瞻到任在本年三月，陈公相离任在四月。

夏，僧顺公来访，有书寄王稚登，约秋游苏州。

《送顺公还吴寄王百谷》其一：“自得清凉界，因乘溽暑征。”其二：“语语王居士，南游一衲偕……经坛松渐古，吾拟试青鞵。”（诗集卷十二）

《答王百谷》：“把惠诗扇，穆如清风……仆别五岁，发种种……手书谓青青者衿，得一旦释之……顺公……其来也值仆多幽忧……送顺公篇中，因奉讯王先生……更与期秋月之望，潜游吴，不敢使户外多屦，但于千人石听王先生谈一二夕，腹果然而去。”（书牍卷六）鼎祚与王稚登十三年春相晤，至今已五年。

《答陈德基户曹》：“鼎祚拟有事于吴中，寄径苕霅。”（书牍卷七）

秋，有书寄浙江右参政郭子章，绍介从弟梅膺祚入其幕。

《与郭青螺大参》其一：“今则菱藕蒲芡苍然秋矣……家弟膺祚随牒行，鼎祚方结夏未解……家弟虽亦胄监乎，颇少俊，有天幸得执役郭先生之门，不敢望先生遽授秘密藏，肯少垂接引，即不至迷方矣。”（书牍卷六）

合肥友人黄道月病卒，有诗怀之。

《合肥黄秘书道月》："从吕使君受德卿书，词致斐亹，若已载晤。其时以使事停里门，辄尔即世。"（诗集卷五）

黄道月，字德卿，号旨玄生，合肥人。万历十四年进士。陆可教《亡友黄德卿墓志铭》：授中书舍人，不三载以父忧去……遂以哀瘁得疾不起……生嘉靖壬子，卒于万历庚寅，得年仅三十九。（《陆学士遗稿》卷十二）鼎祚所记"以使事停里门"，或得自传闻，与墓志略有不合。

太平县丞赵任升仪封知县，会别于江上。

《赵仁父由中书舍人丞太平，移仪封令，期予江上，一面而别》四首，诗集卷二十四。其一："浩荡江波秋可怜，白门垂柳护霜天。"

赵任，字仁甫（一作"仁父""仁夫"），号忝冲，胶州人（《太平县志》作"东海人"）。万历十一年进士，授中书舍人，谪太平县丞，终大理寺评事。著有《秋水斋文集》八卷。乾隆《胶州志》卷四有传。

八月，宴请宁国府知府萧良誉。

《请萧郡公》："维时金飙荐爽，玉露澄清。黄菊紫萸，正南国登高之候；姬禾鄗稻，适西城省敛之期。"（书牍卷十五）萧良誉本年约四月来任。

九月初，或有南京之行，寓流波馆。

《三曲九日》，诗集卷二十四。

三曲，不详何地。本诗其一曰"独有杨家新种好"，《赠杨三桂林十首》其一："家住青溪第三曲。"（诗集卷二十三）或当即是流波馆。

约九月，蹇达赴蓟辽总督任，有诗书相贺。

《送观察蹇公拜大中丞赴蓟镇》，诗集卷十八。二人或相会于金陵。

《奉蹇督府》，书牍卷十五。同时作。

按，据《神宗实录》卷二二六、《国榷》卷五十八，本年八月十一日，蹇达以兵部左侍郎兼右副都御史总督蓟辽。

《答开府蹇公》："鼎祚自娄东执别，业历三稔。"（书牍卷六）三稔，似当作"四稔"。书中言"水灾羡溢，敝郡益深"，宁国府十六、十七年均旱，本年亦未见有水灾之记载。徐谱系此书于十七年，误。

九月，致书吕胤昌，欲明春晋京作《玉杵记》。

《与吕玉绳文选》："秋深矣……累奉公书，其贻麻蓬生者，皆以坚《玉杵》之约……闻张傅野公几几望仆于此，其与蓬生书甚属意仆……张公倘问及《玉杵》者，开春愿公等借长安一席地……当终毕此役，以

代击筑耳。”（书牍卷六）

张傅野，即张汝济。据《神宗实录》卷二一九，张汝济本年任太常寺卿。

《古乐苑》刊刻将成。

《与吕玉绳文选》：“《乐苑》是月可竣，有序即致斋头矣。雅旨欲弟畜我，辄敢如命。”（书牍卷六）

《与韩君陈》：“《古乐苑》以印者众，颇稍漫漶，修毕当印寄斋头。”（书牍卷十三）书作于万历四十二年。

史元熙死于难，有诗吊之。

《开州守越史君元熙》诗序：“史君为郡司理，与余有兄弟之好，召拜兵部郎，出宪豫章，以开州谪，死于火。”（诗集卷五）按，据光绪《开州志》卷四，史元熙当卒于本年。

有书寄史元熙父史自上，欲为史元熙作传。

《与史平阳》：“近移书吕玉绳使君，约彼为草状，而鼎祚传之。”（书牍卷七）史自上万历十三年至十八年任平阳府同知。

约本年，东莞祁衍曾病卒，有诗怀之。

《南粤祁孝廉衍曾》诗序：“尝三书寓余，逾壮无禄。”（诗集卷五）

十一月二十七日，王世贞卒，享年六十五。

十二月八日，梅台祚入楚往麻城吊丘齐云，有诗赠行。

《送泰符入楚吊丘潮州，往谦之寄余书及〈遥集编〉》，诗集卷十八。《泰符自金陵携画梅帐子为楚游，拈高季迪句题额》，诗集卷二十四。其前作有《感事示泰符四首，时屏居余所，且将为楚游矣》，诗集卷十二。

梅台祚《腊日登舟之楚，别何叔度、高君翰、刘公谟、吴长舆、唐君平、徐翁仍、孺子叔、禹金、公衍兄》，《梅氏诗略》卷六。

按，鼎祚《固节别泰符弟》其四“去冬仲望君游楚”（诗集卷二十四），又作十一月十五日。诗作于次年。

有书诗寄答黄州同知陶允宜。

《泰符入楚后寄答陶懋中。先是书来述栖霞之游，偕方子及、余也》：十年犹佐郡，千里肯传书。（诗集卷十二）

《与陶懋中使君》：“鼎祚开春应贡北首，击筑和歌，相期燕市，幸公趣舍人治装以待。家弟台受丘潮州夙知，今束生刍而吊其墓，亦庶几古意焉。”（书牍卷七）

参见本谱隆庆四年。按，陶允宜万历十一年由刑部郎中出任通州同知，再调黄州同知，至此凡八年。诗言“十年犹佐郡”，盖举其成数也。

十二月二十二日，徐元太五十四岁生辰，作诗贺之。

《寿徐少司马十二首》，诗集卷二十四。

按，据《神宗实录》卷二一六，十七年十月，四川巡抚、兵部右侍郎“徐元泰不候交代离任”，徐元太归宣城，鼎祚方能有庆寿之举。万历十九年十二月，徐元太升刑部尚书。徐谱未能系年。

万历十九年辛卯(1591)　四十三岁

年初，有水阳之行。

《龙溪访苏茗荣》三首，诗集卷二十四。

二月，至宁国府衙，登叠嶂楼，会知府萧良誉、同知吴朝宗。

《仲春过吴府君吏隐亭望叠嶂楼，兼呈萧太公》《吴使君招登叠嶂楼》，诗集卷十八。

春，蹇达有诗来问，答之。

《早春答蹇中丞蓟镇遣讯》，诗集卷十八。

按，徐谱系此诗于十八年春，误。诗见本谱去年九月。

曹子念有书来，约以移居诗，有诗书答之。

《曹以新自娄东移郡清嘉坊，寄赠三首，因怀二王公》，诗集卷十三。

《答曹子念》：“移居诗辱命久未报，鼎祚数年意绪荒忽，旧殖且落，其间偶纂辑一书，近稍就竟。”（书牍卷九）偶纂辑一书，指《古乐苑》。曹子念系王世贞甥，王世贞去年卒，曹遂移居吴门。书中言“德操远过敬亭无恙”，则去年王人鉴尝至宣城。

有诗书寄汪原启。

《得汪原启金陵书，忆客吴旧事》：“春风几报柳鞭舒，何地逢人问卜居。”（诗集卷十八）参见本谱万历十三年。

《答汪原启》：“往薄布于中涓则以北首，越岁再遣奴客，而传卜居清源矣，固不谓近移广陵也。比秋留滞都门殆三阅月……”（书牍卷六）

三月初，归柏枧故里省墓。

《答吴使君》：“谒后寻迫寒食，归觐先茔，往返旬日，蓝舆中把读大集。”（书牍卷七）今年清明，在三月十四日。

邑人陈希美赴任云南整饬临元兵备道，有诗赠行。

《送陈克嘉宪使赴滇》，诗集卷十八。

为邑人姚嘉谷祖母及汤氏三女作传。

《姚氏世节传》，文集卷二十一。文中有“迨今辛卯”字，据以定作年。

有书寄邹迪光。

《与邹彦吉学宪》：“闻近移楚中……傥寄径于江，则芜湖距宣城数舍，不难载斗酒、操豚蹄而前劳。”（书牍卷七）

《贺邹学使》，书牍卷十五。当同时作。

本年初，邹迪光由浙江按察司佥事改湖广提学副使。参见钟惺《邹彦吉先生七十序》，《隐秀轩集》文昃集。

有诗书寄汪道昆，请其为《古乐苑》作序。

《奉汪司马》：“兹且随牒北上……传言前茅将指建业，若季月之初，鼎祚于石头城下伫望锦帆，撰杖履，良有天幸，不知候关者果占紫气之东否?”（书牍卷七）汪道昆实未至金陵。

《奉寄左司马汪长公八首，兼为吕吏部请〈古乐苑〉序》，诗集卷十二。此言“八首”，而上引《奉汪司马》书中云“鄙诗十章”，或当后有删省也。

汪道昆《古乐苑序》，见《太函集》卷二十六。此序作于本年二月二十四日。

汪道昆《寄赠梅禹金应贡北上》二首，《太函集》卷一一九。当为答诗。

宁国知县陶允明有书来贺。

《答宁国陶明府》：“兹复随牒北首矣，仁公俯存故谊，特攽藻翰，重损嘉仪……轸念疏鄙，叙致婉娈，永言拜佩，曷敢有谖。治装方剧，率尔附使占谢，嗣容缬布。”（书牍卷七）

闰三月，游先民持汤显祖诗至宣城来访，有诗答和。

《游先民见访，出示汤义仍诗依韵》：“问知来月闰春三，到值梅枝暖向南。”（诗集卷十九）

汤显祖《送丰城游先民宣城访禹金》：“闰与残春三月三，恰逢游子思江南。”（《玉茗堂全集》卷八）徐朔方《汤显祖诗文集》误注作万历三十八年，其《汤显祖年谱》已更正为本年。

寄讯河间知府王之士，告以拟将往访之。

《寄河间王使君》，诗集卷十八。

《与河间王使君》：“昨秋循次应贡，今即北首，而舍亲麻司勋先数

日发，辄敢申布台履，指日寄径贵治，而歌车班班也。”（书牍卷七）

寄讯喻均，并有诗寿其父。

《寿喻太公，松江使君父》，诗集卷十八。

喻均，字邦相，号枫谷，江西新建人。隆庆二年进士，万历十六年任松江知府。十七年任天津兵备副使，分司河间。同治《南昌府志》卷四十一有传。

本年，北上应贡，临行，宁国府同知吴朝宗、推官朱吾弼等为饯行。

《与吴郡丞》：“濒行，宠以五篇，五都增价，是馈是祖，为惠甚鸿。”（书牍卷七）

《与朱司理》：“濒行，重辱饯贶。”（书牍卷七）

长女去世。

《庚子初夏哭幼女淑四首》注：“先是辛卯春有长女之哭。”（诗集卷十四）

《道中忆亡女》，诗集卷十二。作于本年四月，见下。

《辛卯除夕客金陵鹫峰六首》其三：“尚积前春泪，逾伤渐老神。”（诗集卷三）指此。

《答许彦贞邹平》：“乃不虞临岐遘亡女之戚，踟蹰路首，蒙泪竟北。”（书牍卷七）

四月三日，离宣城赴京。

《与朱司理》：“顷有亡女之戚，备极痛楚，停骖浃旬，月之三日始克就道。”（书牍卷七）

《北上宿江宁驿》：“离家未浃旬，草封春望远。”（诗集卷十二）

沈有则《送禹金应贡》，《宛雅二编》卷二。

高维岳《送梅禹金游二陵》，《候潭高氏宗谱》卷十七《艺文》。二陵，指金陵、广陵。鼎祚过广陵，仅在今明两年。

外甥麻一骥当与同行。

《答王使君》：“敝郡解额颇多，皆明公药笼之遗，而舍甥亦获谬与，此甥即十洲兄亲侄，知所乐闻。”（书牍卷七）

过南京，与友人集于桃叶渡流波馆。

《杨娘席上留汪仲嘉、汪景纯、吴载伯、吴太宁、顾孝敷、刘季然、殳质甫、罗伯伦、家弟子马》：“桃叶渡头春载阳，处处看春总断肠……我今有怀向谁道，辞君北游真草草。”（诗集卷七）

顾征祥，字孝敷，南直上元人。以国子生授北京兵马司副指挥，转莆田主簿，左迁袁州府检校。参见光绪《金陵通传》卷十五《顾璘传》附。

晤汤显祖。

《送梅禹金应制入都》："春闰春阴桃李蹊，逸兴豪心讵肯低。结伴京华聊自喜，含情江馆足攀携。春谷文萦绿波馆，敬亭合沓青云梯……直取终春花月满，不妨初夏雨云清。"（《玉茗堂全集》诗集卷五）

春闰，徐谱以为此乃借闰月以起兴，非谓闰三月离家也，当是。绿波馆，或"流波馆"之音讹也。

再至周弘禴兵部武选司署，有诗感怀。

《周元孚司马南署感旧，有怀管登之》，诗集卷十八。

按，据《神宗实录》卷二三〇，周弘禴去年已由武选司主事迁陕西道监察御史巡视宁夏，故诗题言"感旧"。管志道，字登之，南直太仓人，隆庆五年进士。

离南京，有诗别杨美及友、弟。

《金陵别流波君》《月夜流波君偕顾孝敷、刘季然、子马弟出送江上》，诗集卷十八。

《与吴郡丞》："就道之后，偶淹南中。"（书牍卷七）

《与刘令公》："偶经南中，暂淹六夕。"（书牍卷七）

外兄郭汝坚及乡友送过江。

《渡江送郭汝坚、刘彦嘉、邹士华归》，诗集卷十八。

四月十三日，过长江。

《与萧太公》其一："十三日渡江，由浦口从陆，计月杪当入都门。"（书牍卷七）

《与吴郡丞》："十三日渡江。"（书牍卷七）

《与刘令公》："十三日渡江，由浦口从陆矣。"（书牍卷七）

按，《与徐少司马》："偶淹南中，十四日渡江。"（书牍卷七）又记为"十四日"，当为笔误也。

在浦口，游珠泉诸胜，会彭绍贤。

《珠泉亭子答彭孔嘉都尉》，诗集卷十八。

珠泉亭，即媚泽亭，在浦口，彭绍贤建。参见光绪《江浦埤乘》卷三十八。彭绍贤，字孔嘉，浙江海盐人，时任浦口守备。康熙《嘉兴府志》卷十七有传。

过滁州，改走陆路。

《与吴郡丞》："由滁阳从陆矣，环滁皆山。"（书牍卷七）

过瑯琊山，游庶子泉，有书寄宁国知府萧良誉、同知吴朝宗、推官朱吾弼、宣城知县刘仕瞻。

《与萧太公》其二："夏首渡江而北，从庶子泉头奉芜札。"（书牍卷七）此书即上述《与萧太公》其一。

《与吴郡丞》："环滁皆山，庶子泉冽……送者遣还，敬布谢款。"（书牍卷七）

《与朱司理》："十三日渡江，由浦口从陆，送者先返，敬削薄蹄叩谢。"（书牍卷七）

《与刘令公》："鼎祚远涉，二子俱稚，奴客数人，往颇检押，践更率口，遵约惟先。傥有轻愿清严，望重绳之。"（书牍卷七）

《江淮道中即事，却寄南都同游》《王庄驿即事戏赠吴中小史》《渡河》《徐州寄内》《道中忆亡女》，诗集卷十二，皆道中作。

四月十九日，至徐州。有书寄徐元太。

《与徐少司马》："十四日渡江，六日而次南徐……是日东岸束马，会仓台护行者还，敬候台履，并陈谢私，临发瞻伫。"（书牍卷七）

按，十四日，当为"十三日"之误记，见前。徐元太时任兵部右侍郎。

约四月底，过河间，不遇王之士。

《春尽日将抵河间逢乡人》，诗集卷二十四。

《答许彦贞邹平》："至河间，王使君病目，不得把手，亦未尝出《邹平志》相示也。"（书牍卷七）

《答王使君》："比经贵部，即未能亲承謦欬，然已仰被嘉问，重损贶贻……属示志草序，述近率似，应删润以为岩邑光，况如明公在事，重望犹先。"（书牍卷七）

《寄河间王使君》，诗集卷十八。

途近蓟州，有诗寄陈履。

《寄陈德基户曹蓟州》，诗集卷二十四。时陈履以户部郎中督饷蓟州，见宣统《东莞县志》卷五十八本船。

《大司空见台曾公奏议序》："余小子北而道卢沟，传曾公格汝王妃事。"（文集卷二）

《答陈德基户曹》："前月橾马棰而北，则前旌又转饷蓟门矣……蓟有名酒，都人士颇恚置床头……公能寄数罂，足当河朔之宴。"（书牍卷七）书作于五月至京后。

陈履《蓟门怀梅禹金四首次韵》，《悬榻斋集》卷八。

四月底，至京，有《燕京感怀》。诗集卷四

时临淮侯李言恭当在京，访之。

《过李惟寅太保》，诗集卷十八。

朱孟震以通政使出抚山西，有诗赠行。

《送朱秉器银台出抚山西》，诗集卷十八。

按，《国榷》卷五十九："（闰三月壬申）通政司使朱孟震为右副都御史，提督雁门等关兼巡抚山西。"据《明督抚年表》，朱孟震巡抚山西，十一月回籍。

拜谒国子监司业萧良有。

《答萧司成师》："鼎祚心师者十有余年，一旦得即真门下，点三千之籍，即可千秋矣。且奉两大篇，怀之而归居。"（书牍卷八）

《与萧太公》："鼎祚又饶天之幸，得负墙于长公，宽其科条，载之色笑，道平示履，意扩包蒙……顷尝与长公夫子言，使鼎祚果能砥砺束修，不挂于评旦，缀遗苴漏，以勒成一家，即无由为左右显义，亦庶不辱伯仲之门屏。"（书牍卷七）

萧良有，字以占，号汉冲，为宁国知府萧良誉之兄。六月，萧良有以翰林院修撰升右春坊右中允，管国子监司业事。见《神宗实录》卷二三七。

五月二日，为许梦熊《襟日楼草》作序。

《襟日楼草序》："许公应祥成进士逾二十年，凡三为迁客，始佐京兆云。"（文集卷三）今日本内阁文库存《襟日楼草》序后款："岁辛卯日长至，同郡梅鼎祚撰。"长至，即夏至，本年夏至为五月二日。

据万历《顺天府志》卷三，许梦熊本年任顺天府通判。嘉庆《南陵县志》卷八《许梦熊传》："转兵部职方司员外郎，乃上筹边策，为台臣聂所攻，降茶陵州同知，吏部察其诬，转顺天府判。"

许梦熊，字应祥，号印峰，宁国府南陵县人，隆庆五年进士。著有《襟日楼草》三卷（万历十九年刊）。

五月五日，过何宇度。

《五日过何仁仲鸿胪，闻石门失守》，诗集卷十二。

《神宗实录》卷二三六："（五月五日）虏入石门路，杀吴家庄居民五名，杀伤中军千把总逾十员。御史荆州俊奏闻。"

何宇度，字仁仲，湖广安陆人。历官詹事府主簿、夔州别驾。其宅左有甘露园，郭外有三洲，采芳洲其一也。

按，诗集卷十八有《何詹录二园诗》，文集卷十八有《何仁仲二园记跋》，均为甘露园、采芳洲作，或本日作，或稍后再至何宅作。

谒冯琦，有诗酬答。

《酬冯用韫宫谕》，诗集卷四。宫谕，时冯琦任右谕德。

五月十一日，吏部尚书宋纁卒于任，代人作祭文。

《祭冢宰栗庵宋公》："某等昔参河润，兹共岩瞻。"（文集卷二十三）

宋纁卒日据《神宗实录》卷二三六。不详代何人所作。

与程应魁相识于京。

《题程孟孺吉祥草花》，诗集卷四。程应魁，字孟孺，江西玉山人。著有《元游草》。

五月，与礼部试。

《答蹇督府》："鼎祚四月至北，五月廷试，六月因游太学，就秋闱。既已入彀，寻复失之。"（书牍卷八）

夏，有书寄宁国府同知吴朝宗。

《与吴郡丞》："秋中当先要酒人和歌燕市，搘笏对西山爽气耳。"（书牍卷七）

夏，与潘之恒等集于华起光宅。

《俞孟武、吴允兆、潘景升、顾泰初夏晚集华起光秘书》，诗集卷十二。

与太常寺卿张汝济游。

《夏日张泽民太常邀过摩诃庵二首》，诗集卷十二。摩诃庵，在阜成门外八里庄，嘉靖丙午建。

《慈寿寺同太常张公瞻礼有作》，诗集卷二十。慈寿寺，在阜成门外八里庄。明万历丙子为慈圣皇太后建。

《与太常张公》："往摩诃雅集，鄙作久就，今驰扇上斋头。"（书牍卷七）

访翰林院编修黄辉，有诗唱和。

《答黄慎轩太史》："前奉谒，将持缣素，特请鸿篇，而骊珠忽已满把。"（书牍卷八）

余寅有诗书来寄。

余寅《寓杞，适徐令君谈梅禹金近以诵道上公车志喜》："梅生无恙在，慰藉故难量。冠与高云切，衣仍宛地长。文昌司大命，太乙借余光。喜剧岩廊上，诸生姓字扬。”（《农丈人诗集》卷四）本年四月，余寅以陕西左参政补山东右参政，见《神宗实录》卷二三五。徐令君，徐梦麟，宣城人，万历十六至二十年任杞县知县。

《答余君房太常》：“先生过杞，咨咨吟我。”（书牍卷十一）书作于三十二年。

六月，张汝济由太常寺卿升福建巡抚，代麻溶作贺序。

《赠太常卿张公迁御史中丞抚闽序》：“当余不佞入铨曹，则张公为郎主选矣。”（文集卷七）

按，据《神宗实录》卷二三七，张汝济之抚闽，在本年六月十四日丁未。其行实在冬初，见下。

又按，徐谱据《明督抚年表》系于十八年，误。十八年鼎祚在宣城，焉能代作？

六月六日，许国六十五岁寿辰，有诗贺之。

《奉寿少傅许相公四首》，诗集卷十八。

许国生日，据王家屏《赠太保谥文穆颍阳许公墓志铭》（《许文穆公集》附录）。徐谱系此诗于九月，误。本年九月壬申，许国已致仕归。

晤何乔远。

《答何稚孝比部》：“今来燕市中，一见勿复疑。”（诗集卷四）

《答何稚孝比部》：“今行矣，拟与公必再把臂别。”（书牍卷八）则在京时当曾聚会。

梅台祚自楚至京。

《泰符弟自楚至京》：“送汝昨残年，离筵积雪前。”（诗集卷十二）

本集卷十二《冬日游西山同泰符》，俱此行作。族弟泰符自楚中进京。

大理寺评事赵任归山东，有诗赠行。

《送赵仁父廷评告还胶东》《仁父买马及二剑以归，赋此壮之。时蓟辽方有倭备》，诗集卷十二。

《与赵仁夫廷评》：“宣武言别二十余年。”（书牍卷十三）书作于万历四十二年。

山阴王骥德有书来寄。

《与尹且孺》：“往岁贵邑王君伯良者，曾以尺牍及《题红》诸刻自辇下见贻，时方在平津邸，无从裁覆。”（书牍卷十二）时王骥德当亦在京。书作于万历三十五年。

约六月，大理寺左丞毛在卒于京，代人作祭文。

《祭毛大理》，文集卷二十三。

据《神宗实录》卷二三三，本年三月毛在由大理寺右丞升左寺丞。

夏，集聚李言恭府第。

《夏夜李汝藩苍玉馆闻琵琶，因共谈南中风景》，诗集卷十八。李汝藩，字宗城，临淮侯李言恭子。

与翰林院检讨杨元祥相识。

《蒲州杨检讨元祥》诗序："余廷试日，司分校署，余为首。"（诗集卷五）

杨元祥（1565—1593），字日泰，号奎垣，山西蒲州人。万历十一年进士。事见李廷机《翰林院简讨奎垣杨君墓志铭》，《李文节集》卷二十。

与常熟陈禹谟相识，时陈当应试于顺天府。

《与陈锡玄博士》："往壬辰凉风之候，仰廑陈先生见寻虎丘，追绎燕市之旧，杯酒流畅，言序蝉连。"（书牍卷十二）

陈禹谟（1548—1618），字锡玄，号抱冲，苏州常熟人。万历十九年举人，累官贵州布政司参议。事见钱谦益《贵州布政使司监军都清道右参议兼佥事赠亚中大夫贵州布政使司右参政陈府君墓志铭》（《牧斋初学集》卷五十六），康熙《常熟县志》卷十八有传。

拜访工部尚书曾同亨，并为其《奏议》作序。

《奉答南太宰曾公》："曩在京辇，获侍泰阶，缘以旁润道腴，借扬谠论，俾后生末学知昭代有博大端亮、为社稷之臣者，则鼎祚累劫之天幸也。"（书牍卷十一）

《大司空见台曾公奏议序》："公间语小子鼎：'吾于此何吝，效古人之悉焚之乎？姑存以备故实，且昭上德焉。'……余小子北而道卢沟，传曾公格汝王妃事……而外舅唐公往为司封，同舍居，恒服膺曾公之才与诚合也……一日属鼎小子缪题末简。"（文集卷二）

曾同亨（1535—1607），字于野，号见台，江西吉水人。嘉靖三十八年进士。《明史》卷二二〇有传。

请曾同亨为岳父文集作序。

曾同亨《唐惠庵先生文集序》："公既没之若干年，子婿梅禹金氏从故簏中得公遗诗文，稍为删订付之剞劂。会禹金岁荐北上，公冢嗣某寓

书予，使序首简……万历辛卯十一月长至日，吉水友人曾同亨顿首拜书。”（《嘉议集》卷首）

《答大司空曾公》：“屡奉嘉招，虚怀接引，沃教已深，复辱宠颁，犹切过腆……先外舅仰借片言之褒，实荣华衮。”（书牍卷八）即指此。

与余姚邵圭相识。

《答广德邵使君》：“往从燕邸，陪骏影于金台。”（书牍卷十三）书作于三十六年。

《桐川三瑞赞赠广德守姚江邵公》小序：“鼎祚及任父皆与公称世讲，而公与予又尝为同舍生。”（文集卷十七）

邵圭，字世瑞，一字禹元，浙江余姚人。本年举人，历官广德知州，四十年任漳州府同知。光绪《余姚县志》卷二十三有传。

六月，代邑人麻溶作策问三题。

《陕西第一问》《陕西第三问》《陕西第四问》，文集卷十九。

按，据《神宗实录》卷二三七，本年六月，麻溶以吏部考功员外郎任陕西乡试主考。

六月二十一日，再聚于李言恭宅。

《初秋同刘玄子比部、詹东图吏部、傅伯俊侍御夜集李惟寅太保第，分得“秋”字》，诗集卷十八。

李言恭《初秋詹吏部东图、刘比部玄子、傅侍御伯俊、梅太学禹金过集聚星草堂得“来”字》：“新秋落日草堂开，拂坐西山爽气来。”（《青莲阁集》卷八）

詹景凤，字东图。刘黄裳，字玄子。傅光宅时任云南道御史。

傅光宅《立秋后二日同詹东图、刘玄子、梅禹金饮李惟寅宅，得“寒”字》，《傅伯俊诗草》卷六。立秋后二日，即六月二十一日，本年六月十九日立秋。

七月七日，与何宇度、龙膺等聚于修竹馆。

《七夕同何仁仲詹录、龙君善博士、李汝藩嗣侯、杨德润孝廉、宗长客生侍御集朱汝修修竹馆》，诗集卷十二。

宗长客生，指梅国桢。朱宗吉，字汝修，临淮（一作寿州、亳州）人。太医院御医。

秋，与太仓张大咸相识。时张大咸亦应顺天乡试。

《与潍县张明府》：“往在都门，缪缘声调之末，获缔襟带之交，虽为役之日浅，而时或蹀坐合尊，推襟送抱，固尝承教于大君子矣。十载以来，偃伏僻壤……家叔客部以使归，具述先生之每口及鼎祚也。”（书牍卷十）书作于万历二十八年。

与嘉定徐兆曦相识，

《答徐孺旭》：“一来东，辄复自远，即神亦往来左右……仁仲、汝藩得无见其似人者而喜乎？场后数日当西行，恐无从觅足下居停耳。”（书牍卷七）书作于试前。

徐兆曦，字孺旭，礼部尚书徐学谟长子。时亦应京兆试。徐兆稷《春杪送家兄孺旭赴北京兆试》（万历《嘉定县志》卷二十二），即本年事。

访袁应祺，不得见。

《袁文谷户曹注籍，以令子德孺见客》，诗集卷十二。

袁应祺，字文谷，号肖海，扬州兴化人。万历二年进士，三年知黄岩，历户部主事，二十年擢昌平道，卒于任。雍正《扬州府志》卷二十九有传。

邹观光招吕胤昌等相聚。

《邹孚如考功招同吕玉绳司封集廖常侍园》，诗集卷十二。时吕胤昌任吏部司封司郎中。

邹观光，字孚如，湖广云梦人。万历八年进士，时当任吏部考功司员外郎。

同卷《孙文融银台再集廖园，同殷职方无美、吕司封玉绳》作于此后不久。孙矿，字文融，时任通政使，吕胤昌为其外甥。徐谱以孙文融为孙铣，误。孙铣，字文中。

有书寄许国忠。

《答许彦贞邹平》：“入都凡三阅月，黄尘赤日，车迹马蹄，笔扎冗于程书，杯酒迫于期会。”（书牍卷七）

八月，顺天府秋试失利。

《答王使君》：“闱中之役，既已登录，寻复中格。”（书牍卷七）

《答朱中丞》：“闱中之役，已谬入彀，寻复失之。齿不待力，发不胜心，屡遇屡踬，终焉枯槁而已。”（书牍卷七）

《乡人归致家书》《都下寄季豹》，诗集卷十二，均此时作。

时邑人徐大望亦在京秋试。

《徐太君蒋老夫人六秩序》：“初，次公北对公车，游太学，予适为同舍生。”（文集卷十五）

《扬州府儒学教授、前承事郎、广州府番禺县知县、实斋徐公行状》："往岁辛卯，鼎祚尝从公于北雍，留辇下旁睹时事，有所不可，辄相与扼腕慨悒。"（文集卷二十）

与怀宁吴用先相识。

《贞孝颂》小序："不佞小子，尝在都与令君称同舍生。"（文集卷十六）令君，吴用先本年中举，次年成进士，任江西临川知县。

《答吴临川体中》："由北还以来，倏忽五载。"（书牍卷九）

吴用先，字体中，一字本如，号余庵，怀宁人，桐城籍。万历二十年进士，累官蓟辽总督。著有《寒玉山房集》等。康熙《桐城县志》卷四有传。

湖州郎元白归，有诗送之。

《送郎元白归吴兴，郎尝有先垄之难》，诗集卷十二。

《答郎元白》："仁兄常见弟在辇下，冠盖塞门，竿牍充几，意弟能玩世同尘，不知此自诸公拥篲虚左之盛节，亦弟一时之权便应迹耳。"（书牍卷十）

上海顾斗英回里，有诗送之。

《别顾仲韩还上海》，诗集卷十二。

顾斗英，字仲韩，上海人，尚宝丞顾名世子，与华亭莫廷韩并称"云间二韩"。年三十七卒。著有《小庵罗集》六卷。

太常寺少卿陈与郊招聚于天坛道院。

《郊后太常海陵陈公招集天坛道院二首》，诗集卷十二。

海陵，当作"海宁"。陈与郊，参见本谱万历三年。

有书寄朱孟震。

《答朱中丞》："今尚为司成先生所留，黑貂裘敝，滞淫何为？鄙诗数章，嗣再邮上。"（书牍卷七）司成先生，指萧良有。

临淮侯李言恭母徐氏薨，有诗悼之。

《临淮李母徐太夫人挽歌》，诗集卷十二。

得内府所藏戏曲四百种。

详见本谱万历二十三年。

有书答河间知府王一士，告以归期。

《答王使君》："戒于仲冬，南辕真定，二三使君有一介邀过其地，恐致迂途，倘不然，犹可信宿五垒之侧，再望颜色也。"（书牍卷七）

秋，有怀杨美诗。

《北邸秋夜怀流波君，戏简凌金吾伯升》，诗集卷十八。

凌元超，字伯升，南直太仓人。南兵部尚书凌云翼子，以父袭锦衣卫千户。其事可参见张凤翼《翩翩公子行赠凌金吾伯升》，《处实堂续集》卷一。

宁国府知府萧良誉有书来寄。

《与萧太公》其二："秋中遥拜藻翰之颁，盥读再周冀我以所不可知，登我以所不可逮。即慈亲之顾复，师保之匡提，何以逾焉？"（书牍卷七）

九月八日，与卓明卿等集聚。

《九月八日，卓澄甫光禄集送学公自五台还盐官，同俞孟武、孟孺、朱汝修、安未央、弟泰符，分得"微"字》，诗集卷十二。

卓明卿，字澄甫，号月波，杭州仁和人。国子生，曾任光禄寺珍馐署正。著有《卓光禄集》《三山游稿》《北游稿》等。乾隆《杭州府志》卷九十三有传。

约九月，代麻溶作《陕西乡试录序》。

《陕西乡试录序》："上践阼十九年……是年辛卯，复举士于乡，陕西巡按御史李某请典试，主名有臣某暨兵部主事臣某之命。"（文集卷五）

《福建乡试录序》《山西乡试录后序》，文集卷五。均当此时代作。

代从叔梅守峻作《山西乡试录后序》。

《山西乡试录后序》："万历辛卯，山西复当乡试士，上命臣某从科臣某往典厥事……臣职大司农属。"（文集卷五）梅守峻时任户部陕西司主事。

《福建乡试录序》（文集卷五），亦作于此时或稍后，或代福建巡抚张汝济作。

九月，作诗送礼部尚书于慎行致仕。

《送大宗伯于公告致东归》题后有小注："时以催请建储忤旨。"（诗集卷十二）

《神宗实录》卷二四〇："（九月戊寅）礼部尚书于慎行以老病求致仕，许之。"

约十月，张汝济赴福建巡抚任，曾为送行。

《寄江陵张泽民中丞》："冰雪燕京忆别初，秋风闽海赋归欤。"（诗集卷十九）诗作于次年冬。

桐庐赵孟清赴即墨省其父赵继曩，有诗送行。

《送桐庐赵孟清侍赴即墨少府》，诗集卷十二。

按，据同治《即墨县志》卷六，赵继曩为即墨县丞，诗言“少府”，可能为误记。

与周复元、何宇度、安希范等集聚屠本畯皋榆馆。

《周子春户曹、何仁仲詹录、安小范膳部饮屠田叔咨议皋榆馆，有所纳，调及之》，诗集卷十二。

屠本畯，字田叔，号汉陂，浙江鄞县人。兵部右侍郎屠大山子。以荫授刑部检校，历太常典簿、南礼部郎中、辰州知府等职。著有《屠田叔诗草》等。乾隆《鄞县志》卷十六有传。

十月二十三日，歙县汪道贯卒，有诗悼之。

《新都汪次公道贯》，诗集卷五。

汪道贯卒日，据汪道昆《仲弟仲淹状》，《太函集》卷四十四。

陆弼有诗来寄。

陆弼《梅泰符入楚吊丘潮州，还游燕赵，访余广陵，作诗送之，兼寄其从兄禹金都下二首》，《正始堂稿》卷八辛卯稿。第一首有小注：“己丑秋，余与禹金同举公车，以足病不赴。”

冬，与梅台祚等游西山。

《冬日游西山同泰符》，诗集卷十二。

游极乐寺。

《早过极乐寺看松，见顾仲韩为芳上人题画有怀》，诗集卷十二。

按，《固节别泰符弟》其二：“长安城外动征骖，大觉庵头饯客酣。”（诗集卷二十四）则鼎祚又尝游大觉庵，不详所在。

游香山。

《投卧佛寺》《香山宿来青轩》，诗集卷十二；《碧云寺》，诗集卷十八。

游金山、玉泉山。

《历金山登翠华岩，循览蹑波，晚至望湖亭，因忆夏月看莲之会》，诗集卷十八。

十一月五日，与焦竑、刘日宁等集聚黄辉翰林院。

《西山还同焦弱侯、刘幼安集黄平倩太史宅》，诗集卷十二。

方于鲁《至前二日同焦弱侯、刘幼安太史，梅禹金文学集黄平倩太史署中同赋》：“禁城初下漏，仙署并操觚。借酒甘分醴，联车照握瑜。律回阳小至，调寡雪同孤。归兴残庭燎，清夜永夜徂。”（《方建元集》

卷七）本年十一月七日冬至。

集郑材宅。

《题郑思成司农招隐园兼寄尊公大司马》，诗集卷二十。尊公大司马，即郑洛（1530—1600），时任兵部尚书。

《与郑诚轩户部》："忆往郑先生署斋，白云红树，美酒新诗，陶陶永夕。"（书牍卷九）

郑材，字思成，号诚轩，北直安肃（今河北徐水）人。郑洛长子。万历二年进士，时当任户部郎中。民国《徐水县新志》卷九有传。

十一月八日，与友人集郑朴宅。

《至后夜，卓澄甫光禄、顾朗哉征君、华起光秘书、何仁仲詹录、郑思成计部、朱汝修保御、李汝藩、宋忠父彻侯、俞孟武、茅康伯、周公化、刘百世、毕德彰、程肇锡文学、黄士倩局使集饯郑思纯金吾宅，同家弟泰符，分得"寒"字》，诗集卷十八。

郑朴，字思纯，北直安肃（今河北徐水）人。郑洛次子，郑材弟。以荫官至锦衣卫都指挥使，掌南镇抚司。事见民国《徐水县新志》卷七。

与黄辉等集聚刘百世镜园。

《饮刘百世所，平倩出馆见过，戏以诗赠，黄精释，因戏答之》，诗集卷十二。

黄辉《晨起过梅禹金不值戏作》，《黄太史怡春堂藏稿》卷五。亦当作于此时前后。

刘百世，一作刘伯世、刘白石，名不详，京卫人。固原兵备副使刘效祖（字仲修）之孙。举人，著有《山中草》。镜园，在积水潭南岸。

十一月，拜谒前宣城知县陈公相，时陈任刑部主事。

《奉陈公温州》："自辛卯仲冬拜违函丈，且凡挟岁矣。"（书牍卷十）书作于万历三十年。

欲归，有诗别萧良有并寄书萧良誉。

《酬司业汉冲萧师五首》："环辕辞帝京，北风严觱栗。"（诗集卷四）

《与萧太公》："鄙诗五章，业酬老师兼呈台下，未敢胪复。"（书牍卷七第二通）

有书别冯琦。

《答冯琢吾》："佳篇见贻……计鼎望日始成行。"（书牍卷八）

有书寄蹇达，告以将归，并以姚嘉谷、梅守相、沈有容见托。

《答蹇督府》："鼎祚四月至北，五月廷试，六月因游太学，就秋闱……戟门密迩，初意来拜瞻绣衮，一窥塞垣，而虚名见累，酬应实繁。今已岁晏，黑貂久敝，青蚨且空，归计定矣。所以一介之书迟抵兹日者。"（书牍卷八）

《答蹇开府》："望前有芜记从报房邮上，谅彻台览。"（书牍卷八）即上书。

与麻溶告别。

《与麻十洲》："往弟别宣武署中，时兄决计请外，忆弟尝答兄不必然，无舍无执，听之而已。兄每退然若不胜，今反以退者为进耶？"（书牍卷八）书作于次年。

朱宗吉、李宗城等设宴送别。

李宗城《雪夜朱汝修席上同刘百世送梅禹金下第南还，分得"歌"字》，《李汝藩诗稿》卷三。

十一月十五日，与从弟梅台祚别于固节。

《固节别泰符弟》其四："去冬仲望君游楚，今岁其时我去燕。"（诗集卷二十四）

固节，汉县名，唐改良乡县。有固节驿，在良乡县，故址在今北京市房山区。可参见光绪《顺天府志》卷三十五。

临归，有书寄邹观光，期以赠言。

《与邹考功》："鼎祚归矣，垂橐而往，愿借片言为一介行李重，万户侯何足道哉？"（书牍卷七）

临归，有诗答许梦熊。

《南归答许应祥使君，时谪判京兆马曹，尝上疏论边事不报》，诗集卷十八。

临归，有书诗寄何乔远。 别时，何有诗及赠仪。

《答何稚孝比部》："驱车迟明发，愿言惠前绥。"（诗集卷四）

《答何稚孝比部》："今行矣，拟与公必再把臂别，而佳篇下及，则泱泱大风也。"（书牍卷八）

何乔远《送梅禹金还宣城》："冻雪夜霏霏，君行雪里归。"（《镜山全集》卷三）

临行，有书寄太常寺少卿朱来远。

《答朱修吾》："一入长安市，车轮马足，顿历三时，乃自疏逖门屏，且拜命之辱，复为归思所牵，竟违绪论……许八丈承惠于台端者，当是

古石交谊耳，娄以书来约，天寒岁晏，不能迂途，拟从河间使君寄一札，必为申左右卷卷也。”（书牍卷八）

朱来远，字文甫，号修吾，庐江人。万历五年进士。其事见孙弘喆《太常寺朱公旧德碑记》，康熙《庐江县志》卷十五。本年五月，朱来远由吏部文选司郎中升太常寺少卿，见《神宗实录》卷二三六。

十一月二十日，南归，诸友送别于宣武门外。

《答蹇开府》：“鼎祚为诸公强留，念日始发，霜雪载途。”（书牍卷八）徐谱作十二月归，误。

《宣武门外别卓澄甫光禄、何仁仲詹录、黄平倩太史》，诗集卷十八。

《与黄慎轩》其一：“舆马见迫，楮墨就荒，前途定即邮上。”其二：“郊关执别，揽涕登车。”（书牍卷八）

黄辉《雪中送梅禹金还宣城》：“北风吹雪乱征尘，野寺离觞不记巡……及到敬亭相忆否，东山女伎正迎春。”（《黄太史怡春堂藏稿》卷六）

许梦熊《送梅禹金还宣城》，《襟日楼草》卷二。

十一月二十五日，至河间。

《答蹇开府》：“念日始发，霜雪载途，五日抵河间。”（书牍卷八）

十一月二十七日，抵景州，有诗书寄蹇达、黄辉。

《与黄慎轩》其二：“飘雪载途，七日始抵景州，明当涉齐鲁境上。”（书牍卷八）

《答蹇开府》：“又二日至景州。王使君已为东路舆马计，故由推惠于台端也……二扇偶成一诗奉讯，‘五申’‘三寝’一联，稍为实录……明发涉齐鲁之域。”（书牍卷八）

王使君，指河间知府王之士。“五申”“三寝”，见《即事寄蓟辽总督蹇公》：“五申新令扬兵气，三寝流言荷帝恩。”（诗集卷十八）

十二月初，自东阿过黄河。

《河北道中杂书》，诗集卷二十一。

据诗，其在河北、山东境内沿途路线为：新城（今高碑店）—河间—景州（今景县）—南刘—高唐—东阿—过黄河—济宁—新店（辛店）—沛县。

过济宁、沛县。

《济宁趋南徐宿新店》《北还过沛》，诗集卷十二。

过下邳（今邳州），舟漏，有诗纪其事。

《吕梁逢陈参知方舟，而南至下邳，余舟被漏，戏简四首，兼却寄曹水曹丈》，诗集卷二十四。

吕梁，指吕梁洪（闸），在今江苏铜山县东南。

陈诰，字于巽（端公，或为其别字，或为其号），福建莆田人。嘉靖四十四年进士。时赴任云南左参政。

过宿迁五河渡。

《五河渡遇雪》："雨雪今年较倍多，残梅新柳奈春何。"（诗集卷二十五）今年十二月二十三日立春。

过宝应县，阻风，有诗寄陆弼。

《宝应候风，前寄陆无从广陵》，诗集卷十八。

过江口，寄书慰汤显祖南谪。

《答汤显祖》："仁兄去职言事，使具臣畏首自审……亦曾抵徐闻否？家外舅经守其郡……弟留辇下十月，岁晏始归……淮扬间与陈使君方舟而南，至江口别，率附此讯。"（书牍卷七）

本年五月，汤显祖以上《论辅臣科臣疏》，被贬徐闻县典史。书言"留辇下十月"，举其成数也，实首尾凡八月。

过扬州，再遇陈诰，有诗赠行。

《维扬舟中送参知陈端公赴滇省》，诗集卷十八。诗首句为"春水微波春草柔"，盖本年十二月二十三已立春，诗作于本日或稍后。

在扬州遇王惊鸿，有赠诗。

《扬州见王惊鸿》，诗集卷二十四。

至南京，访许天叙，有感怀诗。

《夜饮许伯伦故太常公第》："便欲留欢过腊尽，春风吹柳惜分携。"（诗集卷十七）

按，许天叙，字伯伦，一字锡卿，南京上元人。许谷孙。万历七年举人。

在流波馆度岁。时梅蕃祚同在。

《辛卯除夕客金陵鹫峰六首》，诗集卷十二。其第五首赠杨美，第六首赠梅蕃祚。

《新年一首答流波君》，诗集卷十八。

《除夜追怀辛卯北还于流波馆守岁》："曲浦相逢捐汉佩，前溪罢舞脱蛮靴。"（诗集卷十九）诗作于次年。

《南音三籁》套曲《中吕榴花泣·柬寄青楼》："折梅逢使烦寄到金

陵，是必见那芳卿，将咱言语记须真”，或是别后为流波君作。

又，书牍卷十五《代人寿某启》，当为寿杨美而作，只不知何年所作，权系于此。

本年，梁辰鱼卒，享年七十三。一作明年

万历二十年壬辰(1592)　四十四岁

与徐桂再会于金陵。

《徐茂吴为沈宝题小像绝佳，戏作》，诗集卷二十四。

徐桂，字茂吴，浙江余杭人。隆庆四年举人，万历五年进士，授袁州府推官，罢归。康熙《余杭县志》卷六有传。

有诗赠钱叔问。

《钱叔问久游金陵，俄从祝发，牵成短什，钦诵胜缘，略寓微规，兼期精进》，诗集卷十二。

作《金陵杂感》诗十首。

见诗集卷二十四。其一：“正月春雷已发声。”其八：“一月春风冻未苏。”可知为年初作。

《书金陵杂感十首跋》：“壬辰春初自北还，留滞南都，多今昔之感，辄赋此诗。夏五过吴门……（王）德操命录一通。是时梅雨新霁，薛校书吮墨调弦，来为怂恿，登致爽阁。”（文集卷十八）校书当是名妓薛素素。

访梅蕃祚，不遇。

《子马馆中看梅，期不至，还鹫峰寺》，诗集卷二十四。

冶游长杨馆。

《长杨馆即席赠王姬曼容，兼别方超宗、嗣宗、陆成叔、刘季然、谢少白、汪肇邰、微仲、吾家季豹诸子，徐大、杨二、张五诸姬十首，余时被放南还》，诗集卷二十四。

与方于鲁相见于南京。

《与方建元》：“辇下一别，星纪半周，所谓五十之年，仆亦始满。”（书牍卷十）书作于二十六年。

与婺源余养元相遇于南京。

《婺源余秀才养元》诗序：“相值金陵酒家，赠余诗，读其《货殖传》，故可念也。”诗云：“昔君与我遇，乃适旋南辕。集我平生友，鸣瑟荐酒尊。”（诗集卷五）

与宜兴蒋应震相识。

《寿义兴蒋建昌使君（公初令宜春，入闱抡士。令子孝廉君方偕计北）》："留都曾识省郎贤。"（诗集卷二十）

按，蒋应震万历十七年由宜春知县调南礼部主事。参见本谱万历二十五年。

二月初，贺从叔梅守默六十寿。

《寿崇庆叔时父》，诗集卷十八。

《寿时甫叔》："恭逢盛事，偶属薄游。遥祝千龄，寄吟七字。"（书牍卷十五）

按，据《文峰梅氏宗谱》卷四，梅守默生于嘉靖十二年二月二十三日，本年五十九，按习俗作六十寿。

从祖梅继夔七十三寿，作序以贺。

《从祖少公两池翁暨汪孺人偕寿序》："公今年七十三，中春月下弦，汪孺人亦六十矣。"（文集卷十一）

按，文中曰"少公有兄司训公年八十"，指梅继善，生于正德八年十一月十三日，本年八十，按俗去年为八十大寿。故知本文作于今年春。

春，作诗赠罗子昭。

《新都罗子昭出淮酒，饮予长桥，告以将游其地，属为一歌。予时奔逐困窘，感贫士之意，因相与倾醉，援笔应之》："凌春涉大江，白门多酒肆……宁夏骄兵弃主恩。"（诗集卷七）

据《神宗本纪》，今年三月宁夏致仕副总兵哱拜据城反，九月平。罗子昭，歙县人。

二月二十四日，作有《小寒食》诗。诗集卷十八

按，本年寒食节在二月二十五日，小寒食，寒食前一日也。一作寒食后一日。

二月二十五日，与龙德孚、汪道会游鹫峰寺。

《清明日同龙司农伯贞、汪仲嘉鹫峰寺访南岳逊公。司农自明州迁》，诗集卷十八。

龙德孚，字伯贞，湖广武陵人。嘉靖三十年举人，万历十四年任宁波府同知，本年初调南户部员外郎。

似谢兆申亦与其会。《答谢耳伯》："鹫峰之约，履及于皇，五日不詹，千里顿岨。"（书牍卷九）

徐渭为改订《昆仑奴》杂剧。

详见《徐渭年谱》。杂剧之作或在《玉合记》之前。参本谱万历十四年梅守箕《玉合记序》。

徐渭《与锺天毓书》："昨所云改者，乃宁国梅君（名禹金，字九鼎）所作《昆仑奴》杂剧，十有五七可取，而少瑕者三四耳。仆妄改之，字甚草草，意俟真书者抄奉以尊者知音耳。"（《徐文长佚草》卷八）

徐渭《题昆仑奴杂剧后》："此本于词家可站立一脚矣，殊为难得。但散白太整，未免秀才家文字语，及引传中语，都觉未入家常自然。至于曲中引用成句，白中集古句，俱切当，可谓拿风抢雨手段。""梅叔《昆仑剧》已到鹊竿尖头，直是弄把嬉戏一好汉。尚可撺掇者，直撒手一着耳。语入要紧处，不可着一毫脂粉，越俗越家常，越警醒，此才是好水碓，不杂一毫糠衣，真本色。"（《徐文长佚草》卷二）

三月，宣城县知县刘仕瞻三年任满，为作诗文以贺。

《赠刘令君奏绩二十韵》，诗集卷二十。

《赠刘令君考绩序》："豫章刘公由庚寅春令余邑也，迄是岁月在辰，最三载考云。"（文集卷七）此序当为代邑人某作。

按，刘仕瞻任年，府县志均作十七年任，而鼎祚序云"庚寅春令余邑"，府县志当有误。

有诗书答寄四川右参政周光镐。

《金陵寄周国雍参伯》，诗集卷十八。

《与周国雍大参》："家叔自崇庆来，遥拜手敕，兼领厚贻……越岁而鼎祚由廷试入都……儿辈邮至春仲良书……南归次金陵度除，偶于丙夜晤王长卿，告诘朝游蜀，率题数行。"（书牍卷九）

王长卿，徽州人。胡应麟《甲乙剩言》："长卿，新安人，能诗。其内人精于絏绣，尝观其绣佛纤密绚烂，而发丝眉目光相衣纹，俨若道玄运笔，余所见宋绣最多，此绣当不多让，即谓之针王可也。王行甫、汪明生诸君多以篇咏重之。第性严妒，长卿往朔方谒周中丞，虑有外私，使向绣佛前，受邪淫，戒而去。"

四月，梅台祚来书问新茶。

《泰符书问吴中新茶至未，因忆客吴时事》，诗集卷二十四。鼎祚万历十三年曾至苏州。

游成园。

李宗城《初夏邀朱汝修、龙君善、杨德润、梅禹金集成园》，《李汝藩诗稿》卷三。

或于本年与林章相识。

王士祯《池北偶谈》卷十三《林初文诗》："宣城老儒丘华林者，工书法，尝赋梅花诗百首，以示梅禹金，梅但为点句读而已。一日，闽人林初文（章）孝廉以一绝句示梅云：'不待东风不待潮，渡江十里九停桡。不知今夜秦淮水，送到扬州第几桥？'梅击节，逐字为加圈赞。丘见之，愠曰：'林诗二十八字，正得二十八圈。吾诗百篇，最少岂不直得二十八圈乎？'人传以为笑。"

林章（1551—1599），原名春元，字初文，号寅伯，福建福清人。林古度父。万历元年举人，六上春官不第，迁居金陵。二十七年上《奏停矿税疏》，下狱死。乾隆《福清县志》卷十四有传。

五月，吏部郎中邹观光罢官归，有诗寄慰。

《送邹孚如吏部扶侍归云梦》，诗集卷二十。

顾宪成《患病不能供职恳乞天恩俯容回籍调理事疏》："查得万历二十年五月内，文选司郎中邹观光因病自疏乞归，荷蒙俞允。"（《泾皋藏稿》卷一）

五月，宁国府推官朱吾弼父朱继通七十大寿，作诗以贺。

《松冈歌寿朱封公》诗序："声腾荐剡，适三载之陟明；寿秩初筵，会七旬之方届。抑且月临长至，律应初阳。"（诗集卷七）朱吾弼十七年任宁国府推官，至本年凡三年。

五月，游苏州。

《虎丘临剑池作》："客行夏正中，朱火贞炎候。解衣为盘礴，凛秋倏已遘。"（诗集卷四）

《答屠长卿》："难稍定，鼎祚北首，逾年而南，吴中之游，非揽胜，亦非避人。"（书牍卷八）

晤王人鉴，作《金陵杂感》诗跋。

《书金陵杂感十首跋》："壬辰春初自北还……夏五过吴门，晤王德操，相与道故，感亦系之。人生几何，姑苏台游麋鹿久矣，德操命录一通。是时梅雨新霁，薛校书吮墨调弦，来为怂甬登致爽阁。"（文集卷十八）

《知希斋诗为王德操》："蜩螗沸高树，秋露倏已零。"（诗集卷五）当亦此行作。

冶游青楼，识李姗姗。

《赠李二姗姗》四首，诗集卷二十四。

与薛灵涛游虎丘，过真娘墓，有诗。

《真娘墓歌》跋："余此诗作于虎丘梅花楼。王德操书之稿，适张怜自海虞至，持其稿去海虞，倩严三丈为书一通。是后吴中有《含翠亭帖》，称元丰壬辰米芾书。考元丰纪元八年，始戊午，终乙丑，而无壬辰，逗漏可笑。华亭濮之臣复作一帖，吾乡诸子多为跋力辨之。兰亭聚讼益多事矣。"（诗集卷七）

《宝网篇赠薛五灵涛》："金陵来逐金阊客，踏遍东城转南陌……携手行歌上虎丘，黄梅雨霁麦初秋。"（诗集卷七）

《重过虎丘见池上金莲花开》，诗集卷十二。

薛灵涛，一名素素，字素卿，又字润卿，苏州人，寓居南京。

游虎丘致爽阁、上祯阁。

《虎丘致爽阁瞩望》《登上祯阁醉题》，诗集卷十八。

《书金陵杂感十首跋》："夏五过吴门，晤王德操……是时梅雨新霁，薛校书吮墨调弦，来为怂甬登致爽阁。"（文集卷十八）

与申时行、申用懋父子过从。

《少师相公枉过虎丘，同敬中库部伯仲诸君坐月，并贶高篇，恭酬五首》《可中亭坐月》《虎丘楼居》，诗集卷十三。申时行去年九月致仕。

《答申敬中库部过虎丘见赠》，诗集卷十八。

《苏州府虎丘灵岩寺重修千佛阁募缘疏》，文集卷十七。当稍后代申时行作。

虎丘遇孙七政。

《虎丘月夜携酒命歌遇孙齐之三郎，闻齐之所售宅古松已得赎。余将归，约复来游太湖两山也，率题代简》，诗集卷十八。诗当稍后作。

与顾治相遇于虎丘。

《答杨世叔》："日遭于虎丘……宋彦河梁之别，与足下睸睸送之……陈姬死，足下弟尝有悼亡，且亦燕产……当为一歌答足下，并及陈姬。"（书牍卷七）

杨世叔，即顾治。与宋懋澄善。陈姬，或当字雪筝，袁中道《书雪筝册后》记其事，见《珂雪斋集》卷二十。

与梅守箕相遇于虎丘剑池。

《剑池逢季豹，问诸兄弟辈》，诗集卷十三。

与刘凤等社集寒山寺。

《寒山寺同刘子威侍御、张九卿刺史、曹汝为明府、毛豹孙、汪子建、钱功甫、陈于始、程兆周社集》，诗集卷十三。

《姑苏送祇园上人归天台》，诗集卷二十四。或当此行作。

祇园上人，当是天台祇园院僧。嘉定《赤城志》卷二十八："祇园院，在县南七十里，旧名瑞峰，即神禄禅师道场。晋天福中建，吴越宝正六年改今额。"

《答余君房太常》："北归，留子威先生所凡数月，相与寤叹，委心东乡，唯余先生以耳。"（书牍卷十一）

与莆田方承郁相遇，并为其《燕游草》作序。

《燕游草序》："往余游南都，与闽方公子及相善也……去之十年所，余来吴阊，遇子及犹子伯文者，对太常北归而出所为《燕游草》五十余首读焉。"（文集卷四）

方承郁，字伯文，福建莆田人。方沆侄。万历十六年举人，二十六年进士，历南兵部主事、南工部主事。著有《关洛纪游集》。其事附乾隆《莆田县志》卷二十二《方沆传》。

夏，长洲知县陈其志招集于张献翼曲水园。

《夏夜陈公衡明府招集张幼于曲水园，即席送子卿孝廉归闽》，诗集卷十三。

陈其志，字公衡，福建莆田人。万历十一年进士，十八年知长洲县。乾隆《莆田县志》卷二十三有传。

陈翰臣，字子卿，福建莆田人。陈经邦子。万历十三年举人。年三十九卒。乾隆《莆田县志》卷二十二有传。

与张怜相遇，感其身世，为作《妾命薄》。

《妾命薄为张怜赋》诗序："怜本倡家，已适人海虞……今由玉山客娄东，与相值，每自称薄命妾云。余援古题为《妾命薄》赠之。"（诗集卷七）

与陈禹谟再见于苏州。

《与陈锡玄博士》："往壬辰凉风之候，仰廑陈先生见寻虎丘。"（书牍卷十二）

晤苏州府同知徐希明。

《与苏州徐二守》："客岁漫游姑胥，风谣旁采，知明公所为政于吴者，如在敝郡……比承清署嘉招，禅宫枉驾，阔悰羁思，以晤言诮之。"（书牍卷八）徐希明万历十一年曾任宁国府同知。

有书寄顾大典。

《与顾道行学使》："张姬遣闻虎丘，凌晨有使于使君，比见叔宗，知使君怀近少佳……新谱《青衫》，引泣千古……松陵距金阊二舍，湖蟹渐壮……乃鼎祚之不即使君，犹使君之不能来耳。"（书牍卷九）

按，十三年八月，顾大典由山东按察司副使调福建提督学政，谪禹州知州，自免归。松陵，镇名，在吴江。叔宗，周祖字叔宗，吴江人。书作于苏州，时顾氏《青衫记》初出。

约七月底，作《金阊杂感十首》。

见诗集卷二十四，其十："西风驱雁度微霜，久客翻令恋异乡。"当作于初秋。

应程彦之请，为歙县吴氏母杨氏作寿序。

《新都吴母六十序》："今年腊月十二日，孺人春秋六十高矣。心石君十余曹者客金阊，与云间相望，孺人子有姻娅友善也，适余来吴，介程生彦之请余修酌者之词。"（文集卷十四）

八月十五日，离苏州至太仓谒王锡爵。

《答吴光禄》："已发东棹，值中秋之夕。"（书牍卷八）

《娄东谒元辅太原相公，会方应召北上，诵德陈怀，恭赠十首》其九："绪风荡阑暑，袗絺中怀冰。"（诗集卷四）据王衡《缑山先生集》卷十四《诰封一品夫人先母朱氏行实》，其父王锡爵奉召北上，至苏北高邮折回，次年正月始至京。参徐朔方《王衡年谱》。

游王世贞弇山园，遇戚不磷，感怀有诗。

《弇山园赠戚不磷，追忆王长公》，诗集卷七。王世贞卒于十八年。

自苏州归，临行有诗答别申时行、申用懋、申用嘉父子。

《东归奉别少师相公》《答别敬中二丈、美中四丈兼订洞庭之约》，诗集卷十八。

《答申敬中兵部》："辱枉馆人于山寺……不训尚嗣图之西归……维时秋炎方炽……小刻从都下散去，仅存一二敝楮者。"（书牍卷八）

《答申美中》："目忽作楚，笔砚荒落，乃辱厚贶，重损良书。"（书牍卷八）或作于别后。

汤显祖有诗寄怀。

汤显祖《戏赠梅禹金》："藕花秋冷菊花残，惹尽垂杨兴不阑。上客向归留佩语，美人抽怨入琴弹……衣带到家应减尽，还谁先得抱腰看？"（《玉茗堂全集》诗集卷七）时鼎祚久客不归，故汤氏有此戏作。本年汤氏在徐闻。

回宣城，过无锡，与阿佛别。

《惠山别阿佛》《锡山别阿佛后再别送者》，诗集卷十八。

按，阿佛与鼎祚当相识于苏州。阿佛，或即徐佛。费善庆《垂虹识小录》卷二："徐佛原名潮，字云翾，小字阿佛。性敏慧，能琴工诗，善兰。柳如是尝师之。由嘉禾随其母居盛泽归家院，四方名流扁舟过访，无不倡酬。"

过宜兴，闻王玉卒，有诗怀之。

《义兴王叟玉》诗序："甲申……越八年，复还自吴，则叟亡矣，且无嗣，见其妪，薄修赙焉。"（诗集卷五）参见本谱万历十二年。

又，诗末云："一岁予七奔，循发涕成雨。"当有七位亲友离世，难以详考。

《毘陵徐氏宗谱》卷首有鼎祚题徐鍇像赞："本之书以求质，本之诗以求恒，本之礼以求宜，本之易以求动，本之春秋以求乎断。修之身其德真，修之家其德余，修之乡其德长，修之国其德丰，修之宗族其德乃昌。宣城梅鼎祚顿首拜题。"或当此行作。

约八月底，许梦熊由户部主事督运榆林军饷，有诗赠行。

《送许应祥户曹使榆林还北》，诗集卷十八。时许梦熊归里后当至府城。

九月九日，歙县谢室来访。

《九日天逸阁即席送谢于楚还金陵，时新有所纳》，诗集卷十八。

谢室，字于楚。著有《历山草》。事见袁宏道《谢于楚历山草引》，《袁中郎全集》卷三。

九月，汉阳俞本之归里，有诗送行。

《送俞本之，以访萧府君至》，诗集卷十八。

修缮房屋。

《答吴光禄》："偶为小儿内妇，新治敝庐，百冗交集。"（书牍卷八）

《答周有之京兆》："鼎祚久客初还，缮治敝庐，木石与伍。"（书牍卷十）

冬，为长子士都娶妇。

《与吕玉绳》："鼎祚自壬辰春抵南，家难未夷，落魄金阊、金陵者凡十月以归。归之冬，为长儿纳妇。"（书牍卷九）

按，士都娶邑人麻溶长女。《麻宅聘启》，或作于十六年，时初聘麻氏，见书牍卷十五。

有书寄麻溶。时其因上疏为政府所恶，有退归意。

《与麻十洲》："司寇公至，知吾兄近状，意即可予告矣，乃忽有所论列……比得其疏，捕风吠影，无实可据。夫法不尽自持，而复使持法者不得坚自持，朝廷纲纪安望有振乎……计兄夏莅功司，予告之举多在秋初。"（书牍卷八）司寇公，指徐元太。

忽有所论列，指麻溶为人排挤弹劾事。陈泰来《京察大公中外悚服乞洞察以扶世道以正人心疏》："麻溶闻乞补外……麻溶以壬辰春授选事，执法不阿，非碌碌者，留内何嫌？亟于自明而更见排挤。"（《万历疏钞》卷六）正指此事。

有书寄周恪，劝之应郡饮宾。

《答周有之京兆》："两辱良书，并阙然未报。颇闻公常去家而茇于山之麓……府君廉肃端敏，务修实政，大宾之举，愿迁玉趾而临之……子良丈入郡，把手道故，恍如隔生。鼎祚久客初还，缮治敝庐，木石与伍，据案潦略。"（书牍卷十）府君，指萧良誉。

有妾流产。

《与韩君陈》："近者小姬惊娠，累绝三日而苏。"（书牍卷八）

《答茅稚修》："姬蓐，累绝始苏，不无竦惑。"（书牍卷八）

湖州茅稚修有诗相寄，作书答之。

《答茅稚修》："献春当诣斋头，一倾秘藏。"（书牍卷八）鼎祚明春未能成行。

有书寄苏州吴之相。

《答吴光禄》："比虎丘雅款……耳千佛阁鼎建之举，实是阎浮一大因缘，且有公为之檀越老师，相公俯加冠冕，诚谓此法当兴矣……鼎祚濒行，绍谷上人曾以疏头见属，复辱嘉命载及，能不祗承？"（书牍卷八）

据邹迪光《重修虎丘寺千佛阁记》："少师申公、侍郎韩公与夫邑人善知识吴之相等相率信施。"（民国《吴县志》卷三十八）则此"吴光禄"，或即吴之相。本年底，千佛阁重修，时鼎祚应请代申时行作《苏州府虎丘灵岩寺重修千佛阁募缘疏》，见文集卷十七。

冬，三至敬亭山送别。

《敬亭雪中待送朱密所司理。昨冬一送叶玄峰司农，一送刘澹峰明府，一送麻蜴偕计，并今而四矣，诗系鄙感且解嘲于山灵》，诗集卷二十五。

《与苏州徐二守》："叶司农以督兑来。"（书牍卷八）书作于次年。

冬，仍回柏枧故里。

《与冯开之司成》："比南，而鼎祚适山居，不暇闻，辄缘麻生布其臆如此。"（书牍卷八）冯梦祯今年八月任南国子监司业，其到任或在年底。

年底，高淳韩仲孝丧子，有书寄慰之。

《与韩君陈》："仁兄既已兰摧，复尔玉折，天何酷割至此也……岁晏忧冗，不能刺一舟把手相慰藉，辄以寄此。"（书牍卷八）

约本年，余养元卒，有诗悼之。

《婺源余秀才养元》，诗集卷五。

留心佛道二藏。

《答许民部》："比年以来，始阅佛藏于金陵，既阅道藏于姑孰。家居者特什一……少师相公虎丘一别。"（书牍卷九）会故相申时行是今年事。

《与吕玉绳》："明年（二十一年）则一病几殆，因复跳而南及姑孰，翻二藏者前后几三载。"（书牍卷九）

除夕，有追怀诗。

《除夜追怀辛卯北还于流波馆守岁》："每望南云苦忆家，去年守岁在京华。"（诗集卷十九）

万历二十一年癸巳(1593)　四十五岁

年初，有疾。

《上元后病起》，诗集卷十三。

《与吕玉绳》："鼎祚自壬辰春抵南……归之冬为长儿纳妇，明年则一病几殆。"（书牍卷九）书作于二十七年

《夜卧怀溪上春事》《楼雪》《楼霁》《复阴》《复雨》《开饮》《有生》《午见书格中游蜂成咏》《慢世》，诗集卷十三。《远山》《夜分临书小述》《端居》，诗集卷十八。皆今年春作。

宁国府推官朱吾弼入京，有诗赠行。

《敬亭雪中待送朱密所司理。昨冬一送叶玄峰司农，一送刘澹峰明府，一送麻甥偕计，并今而四矣，诗系鄙感且解嘲于山灵》，诗集卷二十五。

从兄梅国祚赴京应贡，有诗赠行并寄梅台祚。

《送景灵兄应贡北上，因寄泰符》，诗集卷十三。时梅台祚当仍滞留京城。

陈懿典《题梅景灵试卷》："余壬辰秋于长安识宣城梅泰符……适景灵应贡游燕，与余定交。"（《陈学士先生初集》卷二十九）县志作十八年贡，其应贡北上铨选在今年春。

丹徒邬佐卿来书，答之。

《答邬汝翼》："平壤失利增兵矣。顷吴人至，金阊颇已戒严……往别白门，佳篇奕奕。"（书牍卷八）

据《明史》卷二十《神宗本纪一》，本年七月副总兵祖承训率师援朝鲜，败绩于平壤。十二月任李如松为东征提督，增兵朝鲜。故此书当作于去年底或今年初。鼎祚与邬佐卿于万历十七年相会于金陵。

长子士都入南雍从冯梦祯学。

《与冯开之司成》其一："犬子孱稚，辱明公引之公署，顾之敝庐……明公过加评藻，诱使可进，施恩非分，诚为其父耳，彼竖何足膺于左右乎？"（书牍卷八）

春，宁国府知府萧良誉赴京入觐，代作赠序。

《郡太守萧公考绩序》："癸巳春，余不佞过里门，则萧公上最之期与行会。"（文集卷七）此文代邑人某作。

邑人蔡逢时由礼部精膳司郎中升任浙江温处兵备副使，有诗赠行。

《蔡应期仪部擢宪浙东》："越徼春临豸绣光，亲承天语出东方。"（诗集卷十八）

为楚姬吕五作《游女行》。

《游女行，陆少府席送楚姬吕五还于湖，兼答青山社王仲修诸子》："东门杨柳窄地长，西陵桃李喷路光……小谢风期宛如昨，余霞半映澄江郭……阿翩阿美昔曾游，选日邀欢花近楼。"（诗集卷七）

春，宁国知县陶允明升荆州府同知，有诗书相贺送，并寄诗书与张汝济。

《送陶明府迁南郡丞》："巴江涛白消春雪，郢树空青出晓烟。"（诗集卷十九）

《与陶明府》，书牍卷八。

《寄江陵张泽民中丞》，诗集卷十九。

《与江陵张中丞》："明公解中丞之印……邻封陶令君来佐贵郡，辄奉起居。忆奉教长安，昨夕也。"（书牍卷八）

《神宗实录》卷二五五："（万历二十年十二月）己丑，吏部复湖广道试御史吴弘济疏，福建巡抚张汝济阿媚故相张居正……看得汝济温文爽练，而以故相同里，疑行难白……上命汝济回籍听用。"（亦见《国榷》卷七十六）

约三月底，邑人吴伯敬建西乐庵，为作落成疏。

《西乐庵募缘落成疏》，文集卷十七。

按，西乐庵在城西里许，本年春南京栖霞寺高僧法通讲《楞严》于此，或即庵初成也，因系此文作于本年。同卷《西乐庵挂幡疏》，或亦同时作。

四月一日，至广教寺访法通。

《四月朔日病起，诣广教访栖霞通公》，诗集卷十三。

约四月中旬，法通与开元寺僧来访。

《夏日通师、泽公、秀公辈过草堂》，诗集卷十三。

泽公，对亭庵僧。秀公，广教寺僧。梅守箕《宛中草序》："上人在余郡旬月。"（《居诸二集》卷十）可知此夏，乃是在四月。

四月十九日，汪道昆卒，享年六十九。

有书寄龙膺，请代为留意嘉兴奇书古刻，并绍介从弟梅台祚往谒。

《龙君御》："今年结夏，不吴则越，且欲尽探金箱玉笈之文，不知越中何所得道藏耳……弟台归，颇善病，以承夙盟，冒暑来践……幸加摩切，使成一器。"（书牍卷八）时龙由礼部祠祭司主事谪任浙江盐运判官，实至二十二年方到任。

约四月，宁国府同知张孙继画知府萧良誉像，为题诗题跋。

《为张郡丞题萧使君四图》，诗集卷二十五。张孙继二十年至二十一年八月任宁国府同知。

《萧府君四图跋》："右四图，乃郡丞桂阳张公，以貌我府君汉阳萧公而属鼎小子题者也。府君守宛陵，治行为天下第一。"（文集卷十八）本年初萧良誉上计称最。

有书寄周恪。

《答周京兆》："明公乃竟卧万山之中……比春承晤仙郎，坚以邵公碑文见属。"（书牍卷八）周恪子请为太平某官邵某作碑记。

周恪，字有之，号少峰，本府太平县人。周怡弟。曾任应天府推官。嘉庆《太平县志》卷六有传。

翰林院检讨杨元祥意外卒，有诗吊之。

《蒲州杨检讨元祥》诗序："近有客北还，以讣至，年未三十耳。"（诗集卷五）据李廷机《翰林院简讨奎垣杨君墓志铭》，杨氏卒于去年十二月初六日，年二十九。参见本谱万历十九年。

谢肇淛《麈余》卷一："蒲州杨元祥，举万历癸未进士，选馆职。其妻悍妒，元祥尝狎一婢，妻辄怒之，元祥无如之何，每用绳系梁间，诈欲自缢，妻惊救之。如是数四，既知其诈也，亦不为意。一日，又狎其婢，妻叫号欲杖之，元祥入室闭户，妻犹怒不解。食顷，不闻声，破户视之，已缢死矣。"

约四月底，法通归金陵，有诗送行，并兼寄姚汝循。

《送通公归摄山，寄姚叙卿使君》，诗集卷十八。姚汝循，时已由大名知府休致寓任金陵。

方承郁赴歙县知县任，道过宣城，谈及请鼎祚编纂《历代诗汇》一事。

《答方伯文明府》其一："方先生引车过我，一翦蓬蒿之径，焚枯秉烛，促膝论心，盖十年如一日焉，遂令野夫忘为贵客也……《历代诗汇》，传古范今，实乃艺苑一大事，弟鼎正欲为之，先得我心。夜来稍一展阅，义例详雅……秋气渐爽，便可从事丹墨矣。"（书牍卷十一）书当作于会面后。

约五月，寄书杨于庭，并附寄旧草及传奇二种。

《答杨道行职方》："若杨先生者，遽尔抱膝行吟，掉头不顾，时可知矣……请命旧草，覆瓿已久，理而出之，并传奇二种，或可佐杨先生仰天耳热而呼乌乌耳。"（书牍卷九）

据《神宗实录》卷二五八，兵部职方司郎中杨于庭被黜在三月癸未（徐谱误作"乙未"）。又，书中言传奇二种，除《玉合记》已于万历十四年刊行外，《长命缕》此时尚未作，鼎祚当作有别一传奇，惜未知名耳。

杨于庭《宣城梅禹金》："石火類以灭，而世争慕膻。所以贤达人，不受势利牵。文章亦何物，顿操千秋权。此道浸以微，日月还中天。宛陵名家儿，志与秋云骞。博士弃不治，古人精与研。遂令作者流，乃出韦布间。顾我丘壑资，缨簪谢扳缠。以兹订神交，微尚冀一宣。报赠及琼瑶，永惬平生缘。不朽何独难，肩者力自绵。豫章洵良材，自治工倕前。时哉不我与，与子非少年。大业倘不遂，空此华发颠。岂必比邻居，然后称欢然。意气苟克谐，千里常周旋。君登谢朓楼，俯仰钦昔贤。牛耳问谁执，代与君勉旃。"（《杨道行集》卷五）

杨于庭《寄梅禹金文学，往岁得诗刻并书》："风流江左向来闻，枉得翩翩白练裙。耽句也嘲穷博士，畏人莫道故将军。但教自起千秋色，不必相期十日醺。遥忆敬亭山下月，清光何处对夫君。"（《杨道行集》卷十二）其后作。

夏，有书寄傅光宅。

《与傅伯俊武选》："公昔制锦于吴，帆海于越，今复署钟山石城天府之国……舍甥行……一甥以乡荐籍冯先生国子弟子，鼎祚附一函冯先生，无所私请；一甥省其友徐库郎，且有役于贵部……秋云在望，面对有期。"（书牍卷八）

按，傅光宅时任南京兵部武选司郎中。一甥，指麻一凤，另一甥，指麻一骥。徐库郎，指徐梦麟，时任南兵部武库司郎中。

六月二十三日，吴国伦卒，享年七十。

夏，旱，刻知府萧良誉祈雨文。

《答萧府君》其一："忡忡在候，台从为万姓请命……亲洒藻翰，庄严浑厚……敬恭登梓，以为冠冕。"（书牍卷八）

《答萧府君》其二，书牍卷八，答萧良誉问兰事，当亦今年作。

秋，邑人叶炜以户部主事监兑苏州，有诗寄之。

《寄叶文光监兑吴中，时有缓征之疏》："秋暑爞爞秋雨迟，班兰车耳指东陲。"（诗集卷十八）

《亚中大夫浙江布政使司右参政玄峰叶公行状》："监吴兑，疏请宽租，吴民赖之。"（文集卷二十）

八月初，致书冯梦祯，送甥麻一凤进南雍。

《与冯开之司成》其二："比奉一讯台端，瞬及秋之暮矣，计时获参侍，而绪暑忡忡，浸寻病境……亲甥麻一凤者，辛卯偶领乡书，今趋函丈之间为国子诸生。"（书牍卷八）时冯任南京国子监司业。

冯梦祯《快雪堂日记》："（八月十九）得梅禹金、季豹札。"（《快雪堂集》卷五十二）

八月，宁国府同知张孙继致仕，有诗送行。

《送张郡丞还桂林，时伯氏方为藩长》："经泷胀尽苍梧晓，及粤林芳桂树秋。"（诗集卷十九）伯氏，指张孙继之兄张孙绳，时任云南左布政使。

有书寄屠隆。

《答屠长卿》："屠先生三及书，一自新安，一自吴门，一自沈生，所拜今而四矣。”（书牍卷八）书中有“汪司马又即世矣”，可知作于本年。

秋，孝丰吴翁升约游天目山，有诗书答之。

《答孝丰吴翁升见寄约游天目》：“碧汉星榆堪纪岁，白门风柳又惊秋。”（诗集卷十九）

《答孝丰吴翁升》：“曩客白皙清扬而过我金陵兰若者足下耶？岁纪周矣。”（书牍卷八）岁纪周可知二人当相识于万历十一年。

茅维寄诗集来正，并邀游湖州。

茅维《与梅禹金书（癸巳）》：“仆少读《蒹葭》《伐木》之章，尝谓古人情侈意奢，事颇过其实。仆于禹金倾慕非一日矣，且宛陵、苕霅故接壤地，何风马牛之不相及也？以今思古，信知不诬。窃惟禹金天才颖异，仆不能尽睹，然《鹿裘》诸什已微窥一班，可谓禹金非当世斐然作者。仆自十五学为诗章，宗旨乖谬，无从质正，聊以五言一帙，名曰《佩觿》陈之同志。仆以为魏晋已来，宗尚风轨，才情绮丽，虽复声偶运之，古法亦风之，逸也。曹、刘、应、徐，斯亦凛凛有庶几之心，每一留念，精散思越，惘若有失。即不为陇西之游，越人之射，知其不如古人远矣。乃复生长缝掖，编之皂栈，束之羁靮，虽有图史之列，琴瑟之娱，非其所欢，以此敛翼，故枝块然，独处有离群之志，邈邈山河怆焉伤怀。至如宛陵重山背江，人才茂郁，君家季豹亦复岳立，与禹金鹰扬虎视，缅想昔人，则瞿硎、陵阳、琴高诸人之所托隐也，江淹、谢朓、杜牧之之所宦游也，黄山、敬亭、琴溪、鹿隐泉、桃花滩诸隐胜，犹当如故山川，流丽风轨，人文千载，揆之知其有由矣。禹金湖海之气，綦履四方，庸讵能无苕霅间想乎？使过季豹，便题尺素，一通私款，未尽所云。”（《十赉堂甲乙集》甲集文部卷八）

秋，梅台祚自北京归宣城，梅蕃祚亦自金陵返乡。

《泰符北还过城邸，与子马夜集》：“霜晚寒途屋，霞朝霁彻城。敬亭新入眼，高鸟去边明。”（诗集卷十三）

《泰符北归有感示子马》：“依稀未死讹言定，相次能归好梦圆。”（诗集卷十八）

秋，有书寄苏州府同知徐希明。

《与苏州徐二守》：“倌人北后，鼎祚遂棹而西，冬中稍治旧庐，为小儿纳妇，以逮兹秋，则鼎祚卧病居半，间欲纂辑一书，兼理芝术，故多杜门之日耳。”（书牍卷八）

按，书中提及“叶司农”，即宣城人叶炜，时以户部主事督兑苏州。见上。

秋，有书寄歙县知县方承郁，告以《历代诗汇》编纂情形，并绍介谢陛、谢彦章。

《答方伯文明府》其二：“月来从事《诗汇》，旋补旋正，已有大纲，苦乏佐书，不能一时就绪耳……吾友谢陛字少廉……陛侄孙谢彦章者，尝馆此数年，工书学古，而时义犹奇崛，尚未得裹一青衿，幸令公为之庄严……近刻一种引槩。”（书牍卷十一）不知此“近刻”为何种。

寄书刘凤，请其为《书记洞诠》作序。

《与刘子威侍御》：“鼎祚凡挟岁两入吴，寒则折胶，暑则铄石……别又载稔矣……为《书记洞诠》者百十四卷……请先生序之。”（书牍卷九）

挟岁，十年间。鼎祚十三年、二十年两至苏州。徐谱以为指“万历十九、二十年”，误。

按，此书尚可注意者有三：一为“归常奉所赐大集”，此“归常奉”当指归有光第五子归子慕，曾寄所整理归有光集与鼎祚，或由刘凤代寄；二为“开春就先生之居而卜数椽，愿先生悉发其秘密，使鼎祚获循酉阳之逸典，次羽陵之蠹策，芟繁苴阙，勒成一家”，欲次年春三至苏州，校补《书记洞诠》，然次年实未能成行；三为“世所存《北堂书钞》脱佚疑舛，无可置乙，敬借邺架之副，略相校勘，阅月竣还”，则鼎祚尝欲校雠《北堂书钞》，其后未见记载，亦当未果。

约九月底，宁国知府萧良誉升河南提学副使，有七律四首相送。

《送萧以孚府君督学河南》，诗集卷十八。

按，据《神宗实录》卷二六四，萧良誉升副使在九月十日，其离宣当在本月底。徐谱系于上年，误。

约本年，兄元祚继女年三十八卒，有文祭之。

《祭侄女》，文集卷二十五。参见本谱嘉靖四十三年。

约十月，福建朱宪昌至宣城来访。

《闽人朱宪昌见过》，诗集卷十三。

朱宪昌，莆田人。山人，卜居扬州。智舷有《送甫田朱宪昌卜居扬州》，见光绪《甘泉县志》卷二十一。

十一月十八日，长姐六十大寿，往贺。

《伯姊麻太夫人六秩序》：“岁癸巳仲冬十八日，姊年登六十，余且

年四十五矣。”（文集卷十四）

《伯姊麻太夫人七秩序》：“往岁癸巳，余姊麻太夫人行年七十，月长至十八日，中外亲以次为寿……鼎小子，偕族昆弟子姓拜于堂，洁兕觥而歌燕喜，胥予以乐焉。”（文集卷十四）

巢县孙侃来访，临别有诗送行。

《送孙子刚地师》，诗集卷十九。

孙侃，字子刚，号竹墟，巢县人。精地舆之学。雍正《巢县志》卷十四有传。沈懋学《复刘小鲁廷尉》：“孙子刚过宛上。”（《郊居遗稿》卷九）书作于万历七年，则孙侃至宣城屡矣。

本年，朱孟震卒，享年六十四。

万历二十二年甲午（1594）　四十六岁

约春，邑人许国忠赴处州府同知任，送别于东溪。

《与许彦贞》：“东溪执别，而弟适南中阅藏者几岁。”（书牍卷八）

长孙鸿中生。

《与吕玉绳》：“今一孙五龄，一孙女。”（书牍卷九）书作于二十六年。鸿中，士都子。

致书屠隆，告以与修国史之讯。

《答屠长卿》：“前载鼎祚尝就娄东公于里第，转况实录，缪属以孙安国、臧荣绪之流，今洪、永之间虽稍铨次……鼎祚四十作人祖，咏分甘含饴之言，聊自娱悦头颅如此。”（书牍卷八）

六月十五日，李先芳卒，享年八十四。

六月，上书首辅王锡爵。

《上元辅太原相公》：“顷于邸报奉阅台台引疾一疏，兼轸他闻。”（书牍卷九）王锡爵二十一年正月至本年五月任内阁首辅。据《神宗实录》卷二七三，今年五月二十三日，首辅王锡爵八疏乞休致仕。

《明史》卷二一八《王锡爵传》：“（锡爵）特以阿（三王）并封指，被物议。既而郎中赵南星斥，侍郎赵用贤放归，论救者咸遭谴谪。众指锡爵为之，虽连章自明且申救，人卒莫能谅也。锡爵遂屡疏引疾乞休。帝不欲其去，为出内帑建醮祈愈，锡爵力辞，疏八上乃允。”

书又云：“周游哲嗣，许比昆弟。重以累代之猷，勖以三长之业……鄙诗十首，昨秋已具在卷，敬附驰奏。”哲嗣，指其子王衡。三长之业，谓史学。王锡爵欲以鼎祚与修国史，参见上引《答屠长卿》。鄙诗十首，即《娄东谒元辅太原相公，会方应召北上，诵德陈怀，恭赠十首》，见诗集卷四。

夏，休宁孙湛来访。临别，于玄白堂为其祝寿。

《赠孙子真》诗序："子真游宛上，写余真，见者绝倒。其归海阳，余行而南，为秋中之约。是日子真诞辰也，迫留之，因要谢于楚、罗子昭即玄白堂寿焉。"（诗集卷十三）

《孙子真与吴次鲁有五岳之盟，命余作歌，传声山灵，先为敕驾》，诗集卷七。

有书寄南户部郎中郑材，绍介从叔梅守箕往谒之。

梅鼎祚《与郑诚轩户部》："家叔守箕字季豹者来诣陈景湖诸公，鼎祚令内屦郑先生之门……泰符时时周旋否……佩萸泛菊，良晤有期，愿留一榻以待我。"（书牍卷九）

郑材由北户部郎中调南户部，参见《神宗实录》卷三〇九。陈景湖，即陈其志，字公衡，号景湖，福建莆田人。万历十一年进士，时任户部主事。

七月，从叔梅守峻服阕赴京，往送之。

《与叔恺叔》："鼎祚自敬亭执别以来。"（书牍卷九）

梅守峻，字贞卿，叔恺当为其又一字。其父梅继善卒于万历二十年七月十五日。见梅守相《梅公城山府君行述》，《文峰梅氏宗谱》卷末。

秋，曾至当涂阅书。

《与吕玉绳》："因复跳而南及姑孰，翻二藏者前后几三载。"（书牍卷九）

秋，往南京，客栖霞山，晤畲晓。

《与畲初伯》："甲午之秋，吾丈方鏖文战，仆阅藏鹭峰，虽不得数数，然已遂良觌矣。"（书牍卷十）

与新安刘然相遇于鹭峰。

《与刘季然》："忆甲午秋鹭峰之居停相迩，过从谈说甚畅也。"（书牍卷十）

刘然，字季然，亦字子矜，新安卫人。工书。道光《歙县志》卷八之十二有传。

过访姚汝循。

《过姚叙卿使君延秀阁戏题》，诗集卷十九。

《答姚叙卿使君》："别十九年而晤公于鹭峰。"（书牍卷八）书次年作。

邑人徐梦麟等劝再与乡试，不赴。

《向来三首，客鹫峰作，因简陈考功、徐库部》题后有小注："是秋二君强予试，不果。"（诗集卷十三）

陈考功，不详。徐梦麟，字惟仁，宣城人。万历十四年进士，时任南京兵部武库司郎中。

与邑人詹沂、徐大任、徐梦麟等同游天界寺。

《天界万松庵同詹浴之太常、徐重夫鸿胪、惟仁库部过集》，诗集卷十三。

詹沂（1535—1617），字浴之，号鲁泉，宣城人。隆庆五年进士，万历二十年五月戊子由南京大理寺右寺丞升南京太常寺少卿（《神宗实录》卷二四八）。著有《洁身堂稿》。事见吴肃公《左副都御史鲁泉詹公传》（《街南续集》卷五），光绪《宣城县志》卷十五《名臣》有传。

徐大任（？—1618），字重夫，号觉斋，宣城人。隆庆二年进士，万历二十年四月丙午由浙江右参政升任鸿胪寺卿（《神宗实录》卷二四七）。光绪《宣城县志》卷十五《名臣》有传。

江西余长祚有诗告辞，答之。

《余灵承试毕暂如广陵，有诗先投，答之》，诗集卷十三。

余长祚，字灵承，江西武宁人，余弼子，诸生，同治《武宁县志》卷二十三有传。

吴稼竳归孝丰，有诗赠行。

《鹫峰经席送吴翁晋归吴兴》："相逢累醉菊半黄，把君新诗道君好。"（诗集卷七）

按，此当为鼎祚与吴稼竳第四次相晤。《答孝丰吴翁升》："别足下后凡三晤翁晋，晤辄抵掌足下，与载伯把臂。"（书牍卷八）书作于二十一年。鼎祚与吴翁升结识于万历十一年，其后十三、十六、十七年三次与吴稼竳聚会于金陵。

有书寄怀前宁国府同知张孙继。

《答张二府》："明公解郡如解敝屣……而长公且司牧王畿……江南已秋，瞻九疑之黛色。"（书牍卷八）

张孙继去年秋离任。长公，指张孙继之兄张孙绳，时任顺天府尹。

约八月，与龙膺集于西宁侯宋世恩宅。

《月夜宋西宁忠父击筑斋同龙君御博士诸君》，诗集卷十八。

九月九日，长干寺僧洪恩法师五十寿，往贺之。

《长干恩大师五十四首》诗序："重九嘉名，正律中于无射……都城善知识施君湛连辈……以予鼎予参白社之同风，恭玄门之末植，介摄山通公，属申半偈，仰点妙音。"

据《梦游集·自撰年谱》，憨山生卒为1546—1623，洪恩长一岁，今年五十。

洪恩《送梅季豹还宣城》："既尝交小阮，何意更逢君。"（《雪浪集》卷上）诗作于二十四年九月，可知洪恩识鼎祚在梅守箕之前。

歙县陈茂将游天台，有诗赠行。

《送陈柴中游天台》，诗集卷十三。

陈茂，字柴中，一字子木，歙县人，工小楷，见乾隆《歙县志》卷十五。

与闵龄偶遇于金陵。

《闵寿卿久住金山一沤庵，偶逢都市，戏赠》，诗集卷十三。

与莆田林叔度相识，为其《石函阁集》作序。

《答林叔度〈宿瓦官寺阁〉见寄》，诗集卷十九。

《石函阁集序》："（叔度）涉江以止金陵，吊六代四百八十之遗林故刹，抚物成象，触衷矢口而为诗，诗具草者凡九，总之为《石函阁集》，属余序。"（文集卷三）

林叔度，不详。曹学佺《闽中二子诗序》："闽中二子，皆布衣之徒也……二子者，林叔度、吴元翰，皆莆人。"（《翠娱阁评选十六名家小品》翠娱阁评选曹能始先生小品卷一）

在南京校书多种。

丁丙《善本书室藏书志》卷四十："《逍遥词》一卷……钱塘何氏梦华馆藏印，乃过录梅禹金本也。"鼎祚记云："甲午九月十九日校。新霁月出，步鹫峰寺前，望长桥柳色而归。"

《善本书室藏书志》卷四十："相山居士词一卷……出自明钞，灼为旧帙，前有梅禹金藏书印，后有'甲午季秋十九日下舂校'朱字一行。"

《善本书室藏书志》卷四十："柳屯田乐章三卷……右明钞本，为梅禹金藏。卷尾有'甲午十月八日金陵所校'墨笔一行，有梅鼎祚印、梅禹金藏书印。"

与何湛之等游。

《秋夜同朱在明、郁文叔、侯师之、管彦怀诸君集何比部公露侍御和仲园居》，诗集卷十九。

何湛之，字公露，留守左卫籍，万历十七年进士，历任刑部主事、浙江参议温处道。著有《疏园稿》《归田稿》。乾隆《江宁新志》卷十九有传。

冶游马湘兰湘君馆。

《湘君馆得“花”字》《顿姬坐追谈正德南巡事》，诗集卷十九。

顿姬，即顿文，字小文。曲师顿仁孙女，擅弹北曲。事见余怀《板桥杂记》。吴县黄德水有《顿四琵琶》《顿姬生朝为赠（十月七日）》，《金陵游稿》（不分卷）。

邵启泰《赠顿二娘》诗题后小注：“二娘乃余友吴公信爱妓。”（《句曲稿·万玉草》），当别是一人。

十月，与徐熥相识。

徐熥《访梅禹金秦淮客舍》：“舟过长干问客星，风流不用叹飘零。一秋桃叶居淮水，十月梅花梦敬亭。游遍南朝故宫地，翻残西竺净名经。赠君欲折藏鸦柳，满目长堤何处青。”（《幔亭集》卷八）汪端辑《明三十家诗选》二集卷七上，“淮水”句后有小注：“时同小姬。”

徐熥（1560—1599），字惟和，福建闽县（今属福州）人。万历四十六年（1618）举人。著有《幔亭集》。

吴同春归江西，有诗赠行。

《送吴比部奉使北上，便归豫章为太夫人寿》，诗集卷十九。

约十月，归宣城，有诗别龙膺。

《赠别龙君善博士》：“积客恋故土，中心复怦营。”（诗集卷四）

《初冬南归别湘君》，诗集卷十九。

《与龙君善宪使》：“自甲午拜别金陵……比从游时，三河侠少、五陵裘马之意概，飒如凌解矣。”（书牍卷十二）

途经江宁镇，宿谢氏客店。

《江宁镇书谢氏壁》诗序：“余去来金陵，屡宿谢店，主人最相周旋也。今复过此，则主人云亡，余往题诗，亦漶漫不存矣，感而赋之。”（诗集卷十三）

王稚登寄悼亡诗，有诗书慰之。

《支机篇为王百谷悼亡》，诗集卷七。

《答王百谷》：“比秋南中至厓而反，四十作人祖，含饴分甘，岂复驱驱名场耶……从南闻悼亡之耗，今把读四言诗。”（书牍卷九）

书中言："德操华宗之秀……敬亭宛句之下悉石田，无所生，客方茹淡，所为供张，实为云水凉露之候。"或今年王人鉴曾至宣城访鼎祚。
作书答旌德知县苏宇庶。

《答旌德苏明府》："乃旌川弹丸之乡，无用以展骥足……比张君复就馆，敬以邮谢。傥明公趋府有期，先人之敝庐在少城东，肯以华裾撇其门而耳提命之乎？"（书牍卷九）苏宇庶二十二年至二十七年任旌德知县。由书可知，时其履任未久。
寄书前宁国府照磨程龙。

《答程照府》："比繇蜀州叔受足下《燕中吟》，燕，仆生其地，昨复随牒留十月……（仆）顾知足下，且又属部内，不即内履者，仆于府寺不欲数数也。"（书牍卷八）程龙万历十四年任宁国府照磨。
寄书邑友叶炜。

《与叶户部》："吴使者还朝一载矣……然犹循次守户曹郎耶……北楼兄家讯，述吾翁丈悬念甚切……闻王太史公欲得小草，此十数年前敝帚也……已敬附一部以报来命，幸为转致。燕地早寒，进醇酒、御重裘是祝。"（书牍卷十）叶炜监吴兑在去年。
冬，宗人梅敦仁年四十早卒，往祭之。

《祭梅木华》，文集卷二十三。《宛陵梅氏宗谱》卷二十二《赠言下》题作《祭太学木华文》。

梅敦仁，号木华。梅一科子，吴诏相婿。吴伯敬《祭姊夫梅木华文》："今七十垂白之母，哭于堂上；十三垂髫之儿，哭于堂下。"（《宛陵梅氏宗谱》卷二十二《赠言下》）
从叔梅守恭病故。

《答韩君陈》："自去夏以来，里甲之役纷拏难解，今甫小定，复有宗长别驾公之吊，伏服还山。"（书牍卷十一）

宗长别驾公，指梅守恭，曾任潮州府捕盗通判。据《文峰梅氏宗谱》卷四，梅守恭本年卒，享年六十。惟家谱未著月日。
十一月二十四日，邑人吴伯敬、吴伯敷母六十寿，为作寿诗以贺。

《寿吴母》，诗集卷七。

吴母，吴诏相妻，麻值女。据《吴府族谱》卷九《吴诏相传》，其生于嘉靖十五年十一月二十四日。
约十一月，有小妾生子。

《送谢于楚自宣城还新都，小妇方生子见客》，诗集卷十三。此子当早夭，未见记载。

十二月，邑人徐元太六十大寿，作序以贺。

《大司寇华阳徐公六十寿序》凡二首，见文集卷十一。其一曰："公甫周甲，诸叔职方、方直省、魏令、安吉守需次辇下，以书来属曰：'公雅好子言，伯子翁仍以古文辞鸣，雅善子，且子辈获沽觥亲为公寿，吾亦借修辞于酌者。'鼎小子唯唯，因叙次往臆如此。"代叔父梅守峻、梅守相、梅守极等作。其二曰："今皇帝嗣历二十三年岁纪旃蒙……里之后进高子君翰、张子仲率、吴子惟会、长与、濮子仲孺、余叔季豹辈及公之伯自相与道古友昵，获严事公，届期属为祝于鼎小子，鼎固先为魏大夫诸父役矣，虽然，季豹犹然诸父也，于诸子则马之齿少长，诚无善言，不敢以至再辞。"代同邑诸友作。

据《华谷徐氏宗谱》卷十五，徐元太生日在十二月二十二日。

约本年，为邑人汤莹父汤砆《懿行录》作序。

《敬麓汤先生懿行录序》："比岁庚寅，郡举士，行于督学使者，礼特丰腆，咸以为有乡三物之遗……是时，郡太守为汉阳萧公。"（文集卷四）萧良誉本年九月离任。

汤莹，字伯润，宣州卫人。万历四十七年岁贡，曾署江山、常山知县，崇祯四年任衢州府通判。著有《听园小草》。

万历二十三年乙未(1595)　四十七岁

年初，宁国府推官朱吾弼入觐，有诗赠行。

《献岁送朱司理应召》："春雷骤振王正月，魁象遥临帝上台。"（诗集卷十九）

邑友张比孟请为其诗集《白云山房诗草》作序。

《答张比孟雪中见投》："垂发相闻见面稀，向知乡曲意多违……新草占年甘共卜，残梅惊雪苦教飞。"（诗集卷十九）

《答张比孟》："尝忆以序见托，不佞业心诺矣，况申之雅命乎？把诵引笔，当自不知手舞足蹈耳。县有册役，计吾丈必入城，公事毕，能见过为竟日谈乎？"（书牍卷十一）当作于此后不久。

《白云山房诗草序》："今且谒选以北也。"（文集卷四）比孟，名不详，

梅守箕亦作有《白云山房诗序》，见《居诸二集》卷九，可参阅。

约年初，邑人徐臣庆北上赴贡，有诗赠行。

《送徐翁仍偕计北上》，诗集卷十三。

年初，曾回柏枧故居。

《春夜蒲上集罗子昭、子厚、锡余、子马、泰符，因忆旧欢》《文眷之柏枧寺募建千佛阁，以诗代疏》，诗集卷十九。

苏州名医刘会卿六十，有诗贺寿。

《寄寿吴医刘会卿》："曾游名社识耆英……诞日转缘邻佛日。"（诗集卷十九）

按，鼎祚与刘会卿初交，当于二十年在苏州时。又据徐𤊹《鳌峰集》卷十三《刘会卿太医以二月十四日初度，索诗为赠》，可知刘会卿生日在二月十四日，与佛诞日二月八日相近，故诗中有是言。

约本年春，广德知州段猷显至宣城，与之相识。

《清泉篇赠广德段使君》，诗集卷七。

二月中旬，有水阳之行。

《春日放舟至水阳》："出郭沿洄问旧津，俄闻二月已中旬。"（诗集卷十九）此行当至雁翅岳父母处省亲。

有书寄高淳韩仲孝，约其来会。

《答韩君陈》："翰使见临，轸贶具至……双虹夹镜，濯春杨柳，与床头新醪斗色矣，敢以待足下。"（书牍卷十一）书中提及从叔梅守恭病故事，见上年。

春，伯岳母张氏七十寿，代作寿序。

《唐母张孺人寿序》："比秋，某君在金陵，言孺人将老……历纪乙未，星般仲春日躔降娄之次，是其期，届期走书武林，属所以修爵，且申以吴君、韩君、贡君之命。三君与某君皆馆通议公为友婿焉。"（文集卷十四）

按，文中有"余往守史局，尝有役宣城，某君飨余书带园于席"，知本文代友人某作。

麻溶赴官山西冀南道参政，有诗送之。

《送麻如水司封出参冀南，时在告，自家起补二首》，诗集卷十九。

李戴《旌表异常清苦藩臣，以洗贪风，以裨吏治疏》："麻溶先为臣属山西冀南道参政，自万历二十三年到任。"（《万历疏钞》卷二十四）

春，邑友张仲率卒，有诗悼之。

《闻张仲率讣》："焚香饮酒即佳士，去冬吾宗木华死。谈谐游泳更可人，兹春张生亦复尔。"（诗集卷七）

有书寄前宁国知府萧良誉。

《与萧府君》："台台之按节于雒，凡庆两元会……献岁繇山居至，适贺生趋谒交戟，衡马首而赠之以策，曰宛陵人业请于帝，以石麟玉燕锡萧侯。"（书牍卷七）萧良誉自前年九月升河南提学副使，迄今已两年。

杨于庭来书请序。

《答杨道行职方》："往先生属鼎祚缪题巨集，其时正在呻吟，因尔稽命，况业有名言矣。"（书牍卷十）此"巨集"当即指《杨道行集》，本年刊行。

约本年，江都古诗任宁国府学训导，陆弼有诗来寄。

陆弼《送古仲可司训宁国，兼计梅季豹、禹金、泰符叔侄》，《正始堂诗集》卷十六。

按，古诗任年不可考，以其为万历二十二年岁贡，权系于此。

五月初，似因病有芜湖之行。五日遇繁昌赵维嵩。

《午日江上赠繁阳赵公极》："午日扁舟梦日亭，芜江涛白赭山青。纵病似难辞一醉，举世谁能爱独醒。"（诗集卷七）

赵维嵩，字公极，号中岳。十赴乡试不中，万历四十二年岁贡，未仕。康熙《繁昌县志》卷十下有传。

约夏，宁国府幕程甫田升周王府官，有诗送行。

《送郡幕陈甫田迁周藩还汝》，诗集卷十三。

按，陈甫田，一作"程甫田"，见梅守箕《送程甫田明府迁王官诗序》，《居诸二集》卷十一。

致周藩朱勤羹书，商借诸书。

《答竹居殿下》："良书两敚，词致斐亹……曩刻唐李鼎祚《易传》，愿惠一部；诸余书目，幸统借万都事君转录一帙见寄……先宪王《诚斋乐府》，鼎祚悉有之。御筵供奉四百种，鼎祚在燕悉见之。仰冀侍书检示其目。"（书牍卷九）

竹居名勤羹，镇国中尉朱睦㮮之子。参见本谱万历二年。

万都事，指万良金长子，时任河南布政使司都事。《万母赵孺人寿序》："会长君以佐梁宪过里。"（文集卷十四）即指此人。

约六月，有书答歙县汪显节，慰其丧妻。

《答汪子建》："世根兄往过，知老嫂奄弃……弟年来意绪殊恶发种种，先年而艾。昨得抱孙，适称作翁耳。德操远过，偶弟纂辑一书，拮

据报竣。积雨洪波，殆成襄陵之势，日与客望洋面若而已。”（书牍卷九）

今年五月宣城大水。王人鉴至宣城访鼎祚，在上年。纂辑一书，不知何书。

有书寄从叔梅守峻。

《与叔悃叔》：“至若铨衡天下，称简要清通之选，则自老叔有之……鼎祚自敬亭执别以来，借道藏于姑孰……有胡令史者来，附布悽悽。燕京虽不名苦炎，日午燥烈，无减南方。景灵兄尚需次，想时时过弹棋，足忘暑也。”（书牍卷九）

梅守峻时任吏部文选司郎中，故有是言。借道藏于姑孰，去年事。景灵兄，指梅国祚，万历十八年岁贡。

七月，妾潘氏下葬。

《初秋移先姬殡》：“忽忽十三春，难令夜壑晨。”（诗集卷十三）潘氏殁于万历十一年，参见本谱该年。

约七月，宁国府推官孙学易入贺万寿节，有诗赠行。

《送孙司理入贺，其先为延陵徙滇》：“霞气晓占临御仗，露华秋湛捧仙盘。”（诗集卷十九）万历帝生日在八月七日。

秋，梅台祚病，往视之。

《爽垲堂问泰符病留集》，诗集卷十三。

寄书处州府同知许国忠。

《与许彦贞》：“弟年来抱一孙、一孙女……汤义仍何似？一谪令遂，老才人想时抵掌为乐也。”（书牍卷八）鼎祚长孙生于二十二年，孙女当生于今年。汤显祖二十一年三月任遂昌知县。

约八月，往金陵校刻《说郛》。

《答姚叙卿使君》：“鼎祚来金陵校刻《说郛》，原本讹舛，闻公家榹上有之。此书虽不尽雅驯，有可永日。愿借一对，必不敢逋逸……小梓三种，用资覆瓿。”（书牍卷八）

按，鼎祚校刻《说郛》，今未见刊本，不知是否完成，或仅借其校勘他籍耶？

梅蕃祚北上赴选，有诗送之。

《送从弟子马赴选北上五首》，诗集卷十三。

九月十五日，夜，与罗子昭、秀公至开元寺对亭庵访泽公。

《九月望夜，同罗子昭、秀上人访对亭泽公圜中》，诗集卷十三。秀上人，广教寺僧。

《对亭庵览王仲房为余题壁》："佛日当空转，客星何处来。"（诗集卷二十一）王寅十六年已卒，睹诗思人，当作于本年。

九月十七日，周天球卒，享年八十二。

约十月，有诗寄孟养浩。

《寄咸宁孟义甫给谏》，诗集卷十三。

孟养浩，字义甫，湖广咸宁人。万历十一年进士，任给事中，万历二十年正月。因疏谏太子讲学册立事，神宗怒，命"锦衣卫于阙下杖之百，除名，永不叙用"。《明史》卷二三三有传。

汤显祖请为其文集作序，有书答之。

《答汤义仍》："遥拜大集之命……承属为序……弟数年来撰集《书记洞诠》，凡百十四卷，顷方卒业……刻成，请雄文冠之。"（书牍卷九）

按，书中有"帅郎竟无禄"之句，帅机卒于今年七月二十三日。参见徐朔方《汤显祖年谱》本年。

十一月一日，欧大任卒于里，享年八十。

十一月，从弟梅台祚去世，葬本县马眠泊。

《从弟泰符诗序》："年三十五以死，时在余城居之西阁，余偕季方临视焉，盖乙未冬月也。"（文集卷四）台祚卒年，亦见《文峰梅氏宗谱》卷四。

十二月，邑人万良金妻赵氏年六十，代作寿序。

《万母赵孺人寿序》："越十五载为万历乙未腊月，女史纪年，是维六秩，会长君以佐梁宪过里，称万年之觞。"（文集卷十四）

按，文中有"同举于乡"之句，知本文当代从祖梅继勋作。徐谱以为代从父某作，误。

约本年，编《哐嘘胪志》成。

《哐嘘胪志序》，文集卷四。

《与吕玉绳》："明年（指二十一年）则一病几殆，因复跳而南及姑孰，翻二藏者前后几三载……将破涕为欢，以笑为道也，辑古今之俳谐为《哐嘘胪志》三十余卷。"（书牍卷九）

《答汤嘉宾》："近戏撰《哐嘘胪志》数十卷，悉子瞻要人说鬼及应春梦婆遗意也。吴中有刻之者，待其成，请仁兄序之。"（书牍卷十）书作于二十九年。

《与许道甫吏部》："教及《哐嘘胪志》，良用资暇付吴人刻数卷，彼以赀乏中止，恐竟为弃物矣。"（书牍卷十二）

《答王元祯》其一："童氏所刻《嘔噓胪志》，彼力乏中止，便成废弃，可惜可叹。"（书牍卷十三）

万历二十四年丙申(1596)　四十八岁

一月三日，从祖梅继夔卒，往祭之。

《祭两池一从祖》，文集卷二十三。

按，卒日据陶望龄《隐君梅公两池墓志铭》定，见《文峰梅氏宗谱》卷末。

一月十六日，宴请宣城知县尹三聘。

《请尹令公》："维月既望，初阳肇开。"（书牍卷十五）

尹三聘（1568—?），字子重，号若溪，一号柱南，浙江山阴人。万历二十三年进士，初任宣城知县，二十八年升刑部主事。

春，与梅嘉祚等集聚，有诗怀梅台祚。

《春夜与锡余弟饮，忆泰符》，诗集卷十三。

梅嘉祚，字锡余，号吴门，为台祚四兄。

年初，梅咸祚自金陵省梅蕃祚归，观其诗有感。

《月邦弟南归，出〈逢子马弟诗〉观我，有感》，诗集卷七。

从弟梅蕃祚任宝庆府照磨，有诗赠贺。

《子马授郡从事南还有赠》，诗集卷十九。

郡从事，指宝庆府照磨。据康熙《宝庆府志》卷二十四，梅蕃祚万历二十四年任。道光《宝庆府志》卷五十九又作十九年在任，当误。

春，有感作《春情》诗。

《春情》："向曾个个推名士，今但卿卿弄妇人。"（诗集卷九）

此是明末淫靡风气之写照。梅蕃祚如此："子马守官复守妓，中年仍作少年戏。"（《月邦弟南归，出〈逢子马弟诗〉观我，有感》）其自述亦如此："仆自遘去秋之难，兴寄都绝……仆亦买数椽城内，置二侍，日有饮醇酒、弄妇人而已。"（《与史仲弢》）其他不足论矣。

三月九日，清明节，祭扫祖墓，有诗怀梅台祚。

《寒食郊行伤泰符》，诗集卷十一。

从弟梅庆祚赴京入选，有诗赠行。

《送子云弟谒选》，诗集卷七。

梅庆祚，字子云。梅守默长子。三十八年任山东大嵩卫经历，见光绪《登州府志》卷三十七。

春，编《书记洞诠》一百十六卷成。

今北京大学图书馆、苏州图书馆藏万历二十五年至二十七年刻本《书记洞诠》，其《凡例》后署："万历岁丙申春玄白堂识。"

按，《明史》卷九十九《艺文四》著录该书为一百二十卷，实因总目载有补遗四卷，然此补遗并未完成或刊刻，故其实际卷数仍为一一六卷。

八月，编《历代诗汇》七册成，书寄歙县知县方承郁，商及刊刻之事。

《答方伯文》其一："今先奉上七册，将三之一，其余俱有次第矣……不佞比邻有汪太学兄弟居此，闰月末人归歙，续上数册。"（书牍卷十一）闰月，本年闰八月。

按，汪太学，据吴肃公《汪泰宇公合葬墓志铭》："公讳良心，字闇中，号泰宇，姓汪氏……侨宛上，与梅禹金先生比邻，岁时酬唱，诸名士登陟题咏必偕。"（《街南文集》卷十六）当即此人。

作书答临川知县吴用先。

《答吴临川体中》："远勤良书，兼斥余俸……由北还以来，倏忽五载。"（书牍卷九）

鼎祚为吴用先母作《贞孝颂》，当在此时，见文集卷十六。

为宁国府同知王光蕴《太玉洞斋近草》作序。

《太玉洞斋近草序》："公之尊人西华公自有集，方为校次，而公子昭文辈间与余周还……公来莅余郡，未期而政举物和，协共賫采，优游理咏。一日，手是草缪属序于鼎祚。"（文集卷三）

按，王光蕴去年春来任宁国府同知。徐谱系于二十七年，似误。又，据光绪《永嘉县志》卷二十九，此草李维桢亦有序，今未见。

闰八月十五，与从叔梅守和等泛舟东溪。

《闰中秋夜同章甫、季方叔再泛城东》，诗集卷十三。

梅守纲，字章甫。梅守和，字季方，号镜水。万历二十六年进士，累官广西右布政使。事见刘理顺《中奉大夫广西布政使司右布政使梅公墓志铭》（《文峰梅氏宗谱》卷末），光绪《宣城县志》卷十五《宦业》有传。

闰八月，似有金陵之行。

洪恩《送梅禹金昆仲还宣城》，《雪浪集》卷上。

昆仲，时同行者当有梅咸祚（法名月邦），其下有诗《秋日送月上人省母》。

按，此诗后有诗《佛阁新成闰中秋看月》，本年有闰八月，故诗当作于此时。

九月，水阳王某七十大寿，代作寿序。

《东洋王翁七十序》："惟岁丙申月在戌，适公七十之期……余叔子平及诸孙敦并与孝廉君有娌，获父事公，相与修祝，请余为之词。余逾耋望耄，何所事文？"（文集卷十一）

按，戌月，即九月。王翁，或当为万历十三年举人王三元之父。孝廉君，指王三元。

十月十三日，徐元太副室丁氏卒，往祭之。

《祭徐司寇如夫人》，文集卷二十五。丁氏卒日，据《华阳徐氏宗谱》卷十五。丁氏，邑庠生丁时举女，生于嘉靖二十七年二月初十日。葬城北赵子岗。

十月十八日，许国卒，享年七十。

十一月二日，往芜湖。

《至前送马医再之湖阴》，诗集卷十三。今年十一月三日冬至。

十一月，原宁国府推官朱吾弼父朱继通卒，作祭文以悼。

《祭朱封公》，文集卷二十四。

王锡爵《敕封宁国府推官松冈朱公墓表》："（吾弼）以御史居南中，迎封公于官邸，舟至南浦，而封公疾作，盖在万历丙申十一月云。"（《王文肃公文集》卷七）

冬，畲翘以《翠微集》来求序。

《翠微集序》："丙申之冬，而复函一编来，曰《翠微集》者，属余序……比奋笔为序，因病夺以至于今而尚未能，余甚惭于仲子……是集以往又数岁，客有归池阳者，姑书以报聿云，且质之。"（文集卷三）本序实作于万历二十六年。

约本年，编《唐乐苑》成。

《与吕玉绳》："更续《古乐苑》而为《唐乐苑》四十卷，力不能□□。"（书牍卷九）

按，此作"四十卷"，《明史》卷九十六《艺文一》、《江南通志》卷一九二著录为三十卷，嘉庆《宁国府志》卷二十四记为二十卷，民国《安徽通志稿·艺文考稿》集部卷三十又录为三十八卷，莫衷一是，疑是书未能刊行，各家以传闻而误记也。

又，《答方伯文明府》："弟往刻《古乐苑》五十余卷，昨为《唐乐苑》亦三十余卷。”（书牍卷十一）书作于二十一年，时《唐乐苑》仍在编辑中。

万历二十五年丁酉(1597)　四十九岁

正月初八，与邑人金某等集饮。

《谷日雨，饮金子方、邹世根》，诗集卷十三。

年初，寄书刘凤，再请为所编《书记洞诠》作序。

《与刘子威侍御》：“鼎祚往所撰《书记洞诠》者百二十卷，尝请序于老先生，业有成言矣，今群子弟且聚族而授锲局，其大指具在凡例，敢介邹君而上之主记。是书肇迹于先太中垂老之年，而鼎祚嗣成之，几及二纪，即鼎祚壬辰北还，底于今又凡六年矣。”（卷牍卷九）

按，今日本内阁文库藏本刘序后款：“万历岁丁酉日长至，河南按察佥事、前监察御史、沛国刘凤撰，新都刘然书。”则序成于五月初八日夏至。

春，寄书方承郁，对《历代诗汇》不能付梓深感遗憾。

《答方伯文》其二：“《诗汇》业得一半，昨秋汪生还，传言令公宦清绝异，既乏刻赀，而又不欲烦二三部士，当为中止，因尔索然辍笔。今复承命，凡竣事九册，原稿十七册，《唐诗类苑》十套一百册，并面付来从赍上，唯弃前功可惜耳。”（书牍卷十一）

二月六日，宣城知县尹三聘祖母金氏去世，赴县衙祭之。

《祭尹令君大母》：“维岁龙集丁酉，乌殷仲春，日缠降娄之次，星纪斗牛之分，尹大母金太夫人旨养方新，葩芬俄谢，神返岱宗，仙游樊榭。”（文集卷二十五）

按，日缠降娄之次，即春分，本年春分在二月六日。

春，知县尹三聘今年绩最，邑人纷纷赠以言，为作序。

《宛上赠言序》：“山阴尹公令余邑之二年而上计，再越岁而上绩，绩最，敕进阶，得封其太公、太夫人及其夫人。”（文集卷四）尹三聘二十三年知宣城县。

《尹令公考绩貤封序》，文集卷八。同时作。

五月，《书记洞诠》开雕印刷。

北京大学图书馆藏《书记洞诠》目录后署：“大明万历岁丁酉仲夏汝南郡锓板，己亥孟秋竣工。”徐谱系刻成于二十六年，误。《与吕玉绳》：“昨春，族子弟版者，《书记》业及半。”（书牍卷九）昨春，谓二十六年春，亦可见是年未竣刻也。

此书刻工或为丘義民。《答王郡丞》："昨偶南雍写书之友丘義民者，自金陵过访，其人能诗而善诸家书法，雕梓书是当今第一手，《史记》《三国志》并所书也。"（书牍卷十）

约六月，有书寄屠隆。

《答屠长卿》："鼎祚由夏以来患卧累月……比复下经旬，委顿遂极，遥奉良书，心目闿朗……沈长君东行，嗣布款款。"（书牍卷十）沈长君，指沈懋学长子沈有则。

有书寄谢兆申，约其至宣城一会。

《答谢耳伯》："倘敬亭之断岸，令比于天姥，先人之敝庐，一迁贤者之迹，犹有人行酒下食以奉左右欢也……郭方伯多闻人也，仆病废十年未通一字，闻自北尚卧螺江，当嗣致之……暑殄，目作眚。"（书牍卷九）

按，徐谱似系此书于二十年，误。鼎祚三十一年《答谢耳伯》："曩年于沈总戎所置一书，将无浮沉否？"（书牍卷十一）或即指此书。沈总戎，即沈有容，本年应福建巡抚金学曾聘至福州。

郭子章时任福建左布政使。书中言"十年未通一字"，似不确，待考。

谢兆申，字耳伯，福建建宁人。北国子生。好游能诗，客死麻城。著有《耳伯集》。乾隆《建宁县志》卷二十一有传。

七月，就医南京。

《与刘季然》："及丁酉之秋，而弟以尫然之躯，就医冶城，楗户不敢出。"（尺牍卷十）

《答司功叔》："鼎祚昨春偶恙，遂以顿深，秋初就医白下。"（书牍卷九）书作于次年。

《与吕玉绳》："鼎祚展转病，病在心腹，腹左癖如盘，顿损匕箸，肌体削如蜡，就医于湖阴、京口，又阅年而兹少有起色，然病根固在，蔓必难图。"（书牍卷九）书作于次年。

《答茅孝若》："去夏仆一病濒殆，蝉连抵今，仍在药里。"（书牍卷十）书作于次年。

按，鼎祚赴南京之时间，此言秋，然《经采石登太白楼》"樵风五月秋"，《答张伯大侍御》"丁酉夏自冶城报书"，则又似在夏五月。

途经采石，再游太白楼。

《经采石登太白楼》："自识遵南路，时来登此楼。"（诗集卷十三）

过燕子矶。

吴伯敷《同梅禹金登燕子矶》："江落鲛人窟，矶传燕子名。湿云抛雨散，凉月带潮生。白浪浮虚阁，青山挂断城。知君有高调，流水若为声。"（《宛雅二编》卷三）

张一鲲寄书及《思澄楼稿》，托以序，因病未果。

《思澄楼稿选序》："往丁酉秋，遘蜀僧于长干，则出侍御张公书及《思澄楼稿》自定远至，属予序，予病未能也。"（文集卷三）

《答张伯大侍御》："丁酉夏自冶城报书，时鼎祚正在医手，蝉连秋杪，始及无恙。"（书牍卷十一）

在金陵遇卜者袁某。

《金陵市逢吴卜者袁生有赠》，诗集卷十三。

邑人詹沂任尚宝寺卿，有诗赠贺。

《南都赠詹浴之符卿》，诗集卷十三。

芜湖榷使徐时进改任南工部主事，代邑人徐某作赠序。

《赠徐屯田榷满还南司空序》："是时丙申、丁酉间，而屯曹九瀛徐公来主榷务……居一载……越夏将及瓜而代……余不佞忝徐公末胄。"（文集卷八）又据嘉庆《芜湖县志》卷七，徐时进二十四年来任，二十五年离任。

与周庆叔相往还。

《答周庆叔》："往秋伏枕冶城，不敢置户外一屦，独一见庆叔为快耳。"（书牍卷九）

《周庆叔像赞》，文集卷十七。当同时作。

周庆叔，生平不详。陈继儒《书芥茶别论》："庆叔隐居长兴……妇翁徐子舆先生。"（《白石樵真稿》卷一十一《偶然书杂》）可约略得之一二。徐子舆，即徐中行。

与高淳韩仲雍相遇。

《与韩壁哉》："金陵市中一接眉宇，恒在寤寐，顾交臂而坐失之，何云千里？"（书牍卷十一）本年韩仲雍至金陵与乡试。

韩仲雍，字壁哉。鼎祚姻亲韩仲孝从弟。万历三十二年进士，累官贵州提学佥事、福建按察副使。著有《在鲁堂集》等。康熙《高淳县志》卷十五、乾隆《泉州府志》卷三十均有传。

当与李柷相见于金陵。

《寄李季宣明府真州》："离梦十年老，江光八月秋。"（诗集卷十四）

访鸿胪寺卿王士性。

《答王恒叔胪卿》："庄谒之后，偃伏琳宫，外缘捐绝……当如命为不朽之附。旧刻方装缮。"（书牍卷十）书当作于归宣城后。

据《神宗实录》卷二八八，王士性二十三年八月由太仆寺少卿改南京鸿胪寺卿。

代舒九思为戴洵《戴司成集》作序。

《戴司成集后序》："大司成愚斋戴公与予同里闬，少同学、术相善也。既申以昏因之好，而伯子祓为予婿……以忤江陵相遂乞归，朝议方拟急召公，不逭矣。"（文集卷三）

按，戴洵，浙江奉化人。本年卒。其子戴祓娶同里舒九思女，故此文当代舒九思作。然鼎祚与舒九思何以有交集，不详。

宣城知县尹三聘关心病情，有书答之。

《答尹令公》："比秋以来，心恙蝉连，兼方滞下，食止一溢，带宽至髀，以尔偃伏床蓐，自远宫墙，扶服为劳，栉沐都废，不敢以硁硁之守疏迹府寺，亦何有詹詹之言垂业文园。"（书牍卷九）

作诗送处州同知许国忠入觐，兼寄汤显祖。

见诗集卷十九《送许处州彦贞入觐兼寄汤遂昌义仍》。据《处州府志》卷十三，许国忠，宣城人。历任处州同知、知府。下任知府郑怀魁，据《遂昌县志》卷一，万历三十五年犹在任。

九月，仍滞留南京。

《冶城楼居》："钟陵苍欲雨，淮水素残秋。"（诗集卷十三）

《冶城宫俳咏》，诗集卷十三。

与汪道会相晤。

《与刘季然》："丁酉之秋，而弟以尪然之躯就医冶城，楗户不敢出，堇一见仲嘉，知吾兄尪然犹倍也，诘朝东归矣。其冬，弟亦归，病根故在。"（书牍卷十）仲嘉，汪道会。

有书寄麻城王兆云。

《答亭州王元祯》："昨秋约以各抉其藏，互缀其阙，不作帐中之秘，更备乘后之遗，亦大快事。琼翰远颁，缥缃继出，敬拜登录……钟山淮水，得重徼灵于左右，弟鼎当一苇航之，用撰杖屦，且益闻所未闻也。"（书牍卷九）

王兆云，字元祯，号赤冈，湖广麻城人，藏书家。其生平著述可参考袁媛《晚明小说家王兆云生平著述考》，《明清小说研究》2017年第

4期。

约十月，归宣城。

《与季方叔》："昨秋拜江口之命，是时业抵宛上，所患稍纾，而吾叔轸恤，罔啻在躬。"（书牍卷九）书作于次年。

吴稼竳《别梅禹金》："易逐蓬根断，难援桂树留。迢迢托远梦，霜落敬亭秋。"（《玄盖副草》卷十）

为宣城知县尹三聘作《宣城课士录》序。

《宣城课士录序》："山阴柱南尹公令余邑……三载课绩，以最上，其秋课士，录适成。"（文集卷四）

冬，宁国府推官孙学易赴京入觐，有诗赠行。

《送孙司理摄郡入觐兼令弟偕计北上》，诗集卷二十。令弟，指孙学诗，万历二十二年举人。

有诗寄寿宜兴蒋应震。

《寿义兴蒋建昌使君（公初令宜春，入闱抡士。令子孝廉君方偕计北）》："留都曾识省郎贤，五马翛然解郡年。"（诗集卷二十）本年蒋应震以丁外艰归里，见嘉庆《宜兴县志》卷八。

蒋应震，字乾初，宜兴人。万历十年举人，十一年进士，初仕宜春知县，十七年调南礼部主事，二十三年至二十五年任建昌知府。其子蒋如奇，万历二十五年举人，四十四年进士。见嘉庆《宜兴县志》卷七、同治《建昌府志》卷六之二。

冬，永嘉王至言至宣城省其父、宁国府同知王光蕴，始交。

《送王公子昭文省觐》六首其三："到日梅香雪作花，别时桃艳绮成霞。"（诗集卷二十五）

《答王公子昭文》："仆获游公家父子间，因群拜纪，攀吕交嵇，具在今日。"（书牍卷十）当作于此后不久。

约本年，为太平县李廷镛《观园亭草》作序。

《李山人观园亭草序》："识山人由余叔季方，盖季方识山人子大春于诸生，而山人介季方来诣余，出是草。"（文集卷三）

按，梅守和万历二十六年进士，其与李大春当同为府庠生，故此序当作于二十四五年间。

万历二十六年戊戌(1598)　五十岁

一月三日，五十生日，有自述诗。

《戊戌正月三日五十浪述》，诗集卷十三。

梅守箕《禹金五十生日走笔问讯》，《居诸二集》卷七。

刘凤有诗来贺。

刘凤《寿宣城禹金》其一：“识度淹该博综才，祥光朔且上春开。风流闲雅多文藻，远兴萧条擅品裁。介寿山河鸣鸟应，放歌江汉野鹰来。只今犹借都官后，遥指高居望气台。”其二：“声明继起谢宣城，文物犹传旧镐京。会是集曹推俊肄，共看下议比金琼。开阳门外游方泱，余不亭前思正倾。承致岁端千祀祝，隔林唯听鸟嘤嘤。”（《刘子威杂稿》卷六）

宁国府同知王光蕴有事徽州，托以书寄方于鲁。

《与方建元》：“五十之年，仆亦始满……敝郡王府君以役来，辄此奉讯。”（书牍卷十）

春，与从弟梅安祚等再回柏枧山，宿洪村。

《早春同熊稚咸、石卿弟洪村坐雨》《再宿洪村似稚咸》，诗集卷十三。

游柏枧山，宿龙谷寺。

《狮岩同熊稚咸宿龙谷寺》，诗集卷十三。

狮岩，即狮子岩，在柏枧山中。龙谷寺，在宁国县北十五里舍头山。

约三月，建平潘某赴临洮，有诗赠行。

《送潘别驾赴陇西郡，初与余同荐》，诗集卷十三。

潘别驾，名不详，建平县志缺记。

三月，王至言往徽州省其父，有诗赠行。

《送王公子昭文省觐》六首其六：“寻君不惮恶溪恶，送客才过三月三。几牒吴山环越水，相寻相送总江南。”（诗集卷二十五）

沈梦旸归杭州，有诗送行。

《送沈梦旸归武林，是青门山人孙，以绘花卉世其家》，诗集卷二十五。

青门山人，指沈仕。沈仕曾至宣城，与鼎祚父子有交。沈庇临，字梦旸，事见茅坤《与吴屏山太守书》。

四月，族叔梅守和中进士，有书贺之。

《与季方叔》：“吾叔褎然首举……闻吾叔不赴吉士选，即此而其冲然之襟、超然之识，可略睹已，翰林先生如刍狗土龙之得名尔……春来

杜门，不曾支一策，不敢置一屦……建礼清曹，一片好读书地。”（书牍卷九）

建礼清曹，指梅守和任礼部主事。刘理顺《中奉大夫广西布政使司右布政使梅公墓志铭》：“廷对二甲第一人，留试馆阁，时兄守峻为吏部郎，公引嫌不欲并居美秩，固辞，改礼部主事。”（《文峰梅氏宗谱》卷末）

致书处州同知许国忠，绍介焦文臣，问讯汤显祖，拟有浙南之行。

《与许彦贞》：“太平邑友焦君名文臣字宾王者……因过访景宁曾明府，曾故太平广文先生也，道由郡属，一谒吾丈……幸披襟而待之。郡长公附谢一刺并旧草一部，烦转致上。处州志往诺寄我，宜无爽。义仍安遂昌否？尚尔沉沦，奈何。”（书牍卷九）景宁曾明府，指曾惟谦，二十四年任太平县教谕，二十五年任浙江景宁知县。

《与汤义仍》：“弟比留长干阅藏者几一岁，归而负幽忧之疾，浸淫及脾、脑，减发素，断足府寺，惜面里闾……开春乱流罗刹，东存吕侯，便欲历四明、天台，径雁宕而问仙人之驥于青田。”（书牍卷八）

族叔梅守峻升任吏部稽勋司郎中，有书寄贺。

《答司功叔》：“老叔荐陟崇阶，特受宸眷……鼎祚昨春偶恙，遂以顿深，秋初就医白下……惟日灏气渐严，典选伊迩。”（书牍卷九）

六月，有启贺曾同亨升南京吏部右侍郎。

《奉南太宰曾公》，书牍卷十五。据《神宗实录》卷三二三，本年六月丙子，曾同亨由工部尚书改南京吏部尚书。

代作启上南京吏部右侍郎李廷机。

《奉南少宰九我李公》，书牍卷十五。据《神宗实录》卷三二三，本年六月丙子，李廷机由詹事府少詹事升南京吏部右侍郎。

秋，有书答故相申时行，寄以两朝实录。

《奉答申相公》：“鼎祚曩从虎阜获觐龙光……恭违玉几以来，偶翻二藏于金陵、姑孰者三岁，寻抱狗马之疾，展转床第者又三岁，今岁夏首，甫告小康……两朝实录，椟藏有年。初亦私有所札记，将图就质台端。比且史局广开，鸿典肇举……敬借属车，奉归蓬阁。”（书牍卷十）据《神宗实录》卷二七一，神宗命修史在二十二年三月癸卯。两朝实录，当指《大明实录》，十二卷，今存元至正十二年至明洪武三十一年，《中国古籍善本书目》有录。

有书寄麻溶。

《与麻十洲》其一："小儿天资不乏，苦不肯竟学……比来日企兄乔迁之命，尚尔愆期……即吾丈之濡迹外藩。"（书牍卷十）麻溶约二十年出外任山西左参政、山西按察使，已历六年。

约书寄桐庐赵某。

《与桐庐赵孝廉》："家叔用羁绁之役，寄官庑下，辱仁兄累引车骑而临之，轸问甚亟，陈义甚高……舍中儿东首，敢起居仁兄足下，并为桐江丞谢太公几前。"（书牍卷十）

家叔，指梅守鼒（1555—1631），因承差任桐江驿丞，见《文峰梅氏宗谱》卷四。赵某，名不详，诗集卷十二有赵孟清，或当即其族人。书中言其父曾任泾县知县，然查《泾县志》，桐庐任职泾县知县者，仅一邵賁。不知邵、赵是否本一家也。

秋，陆弼有诗相怀。

陆弼《秋日寄梅禹金》："君住青山下，千峰对掩扉。江流日夕渺，木叶早凉归。岁月惊垂白，时人竞举肥（君与余同待诏公车）。玄成俟异日，不畏子云稀。"（《正始堂诗集》戊戌稿）

九月，托从兄梅储祚，寄书诗于吕胤昌。

《与吕玉绳》："戊戌秋杪，从兄有为德化簿者，曾托奉一书十诗，顾台从未涉江，已称醉翁在滁矣。"（书牍卷十）

《感旧寄吕玉绳江州十首》，诗集卷二十五。时吕胤昌自工部都水司主事改官九江通判（《九江府志》未载）。九月鼎祚发信及诗，时吕胤昌已改任南太仆丞驻滁州。参见徐朔方《吕天成年谱》本年。

《与吕玉绳》："今一孙五龄，一孙女……循昔抚今，有怀拍塞，得诗十首，奉讯以反……湖口张侍御有女伎，演《章台》甚妖艳……所云《书记》献岁计竣事。"（书牍卷九）张侍御即张科，字进卿，嘉靖三十五年进士，四十一年即告归，时年二十八，后家居五十余年。

其诗有云："七十鸳鸯队队开，传闻西曲出西台。凭君催唱浔阳乐，留待新侬九里来。"万历四十二年汤显祖命宜伶来宛陵，鼎祚有诗云："君自北窗眠白日，我携西部理清商。"西部，西曲，指江西宜伶也。西台，御史台也，此指谭纶，嘉靖三十九年（1560）前后任浙江按察使司巡视海道副使，以当地海盐子弟传入江西。

有书寄茅维。

《答茅孝若》："其云《书记洞诠》者，刻已百卷。佗有《才鬼记》十数卷，《唖嘘胪志》三十多卷，盖古今俳谐之近雅者……年来缀辑颇勤，结撰极少，比寄吕铨曹谪江州十绝。（书椟卷十）书作于寄吕胤昌后。

有书寄吴稼竳。

吴稼竳《梅禹金贻书云：貂色敝，兔颖颓。吴先生作山长，自如可以观世矣。感诵之余，聊以奉答》："词赋沉沦日，风尘摈落余。敝貂穷季子，秃颖狎相如。涉世无长策，还山有旧庐。尚存飞动意，远借故人书。"（《玄盖副草》卷十一）

按，鼎祚寄书今不存本集书牍。或当与寄茅维书同邮，权系于此。

又，吴稼竳《答梅禹金见寄》："青丝紫骑逐红尘，或首长干迹已陈。菰米云沉苕水暮，梅花月冷敬亭春。倦游不废登山屐，多病犹存漉酒中。漫道元龙豪气尽，眼中湖海更无人。"（《玄盖副草》卷十四）或为此次吴氏答诗。

九月，余姚李槃来访。

《秋晚同李用父、濮仲孺登阁》，诗集卷十三。

《送李用父游武夷，便访闽郡车子仁使君》，诗集卷二十五。

《答丁秘书长孺》："用父来，适仆于役境外，把手信宿，无能为情。"（书牍卷十）

李槃，字用甫，号大兰，浙江余姚人。万历八年进士，任承天府推官，忤监察御史，引疾归。著有《学正堂集》。光绪《余姚县志》卷二十三有传。

李槃与丁元荐、周庆叔均有交。丁元荐有《结夏城山李用父见访分得"四支"》（《尊拙堂文集》卷五）。《明陈继儒行书轴》："适周庆叔、李用父以名香佳荈佐之，为书前语。"（葛嗣浵《爱日吟庐书画续录》卷二）

作书寄丁元荐。

《答丁秘书长孺》："良书所为求、羊三径之致，向、禽五岳之踪，愿以异日仆偃伏宛上，不无季疵又新之癖……岕茶之贶，雅约犹存。"（书牍卷十）

丁元荐，字长孺，号慎所，浙江长兴人。万历十四年进士，二十一年始谒选为中书舍人，因上疏为王锡爵所恶，时当丁内艰归里。其事可参见刘宗周《丁长孺先生墓表》（《刘蕺山集》卷十四）。

有书寄周庆叔。

《答周庆叔》："往秋伏枕冶城，不敢置户外一屦，独一见庆叔为快耳……用父兄一晤信宿，无能更端。"（书牍卷十）此书与丁元荐书同时作。

为铜陵畲晓作《寄城斋诠草》、畲翘《翠微集》作序，并有书报之。

《寄城斋诠草序》：“予所见初伯诗，甲午以前耳。岁星且半周天也。”（文集卷三）

《与佘初伯》：“诠草之序顿逋……顾不敢不报命……岁晏病冗，姜君马且迫首，有续诠草而出者，愿得诵之。”（书牍卷十）姜君，即姜音，见下。

《与畲聿云》：“良书佳什，授自舍甥北还橐中也……大集之序坐是久逋……终不敢忘，具在别楮。”（书牍卷十）参见文集卷三《翠微集序》。

《答畲聿云》：“长公尝以宏见委，宿诺已久……敢请展期两旬，必当驿致……姜生音少让秦薛，而姿首娴婉。”（书牍卷九）书作于此前不久。

年底，邑人许国忠入觐归里，有诗赠行。

《送许处州彦贞入觐，兼寄汤遂昌义仍》，诗集卷十九。许国忠二十三年任浙江处州同知。

父被祀入正学书院，宴请知县尹三聘。

《先大夫从祀文成祠请尹令公》，书牍卷十五。

按，此所谓“文成祠”，实即正学书院，非有文成专祠也。万历十一年，知县陈公相改志学书院为待学书院，已祀梅守德于书院。本年知县尹三聘重修待学书院，改名为正学书院，仍祀守德于其中。参见光绪《宣城县志》卷十。徐谱将此入祀文成祠与三十六年入祀乡贤祠混为一谈，误。

万历二十七年己亥(1599)　五十一岁

一月一日，作诗《己亥试笔有简》。诗集卷二十五

一月五日，集宁国府同知王光蕴郡斋。

《新正五日集王季宣使君郡斋，同长公子昭文、方子谦、沈士范、唐君平》，诗集卷十三。除王光蕴外，时在座者有永嘉王至言、方日升，邑人沈有严、唐公靖。

王光蕴《韵会小补题辞》：“往余贰宣城，子谦过郡斋，留越月。出视梅禹金，禹金击节叹赏，曰：‘此必传之书，非白樸之比也。’从臾授剞劂，子谦固辞，曰：‘吾三年而就此，苟有矣，未合也，姑待吾十数

年而成未晚也。’遂别去。”（方日升《古今韵会举要小补》卷首）

一月七日，游城东凤凰桥。

《人日凤凰桥对月》，诗集卷二十五。此诗或亦作于次年初，待考。

约一月，方日升自宣城赴蜀，有诗赠行。

《送方子谦赴楚，从李本宁参知入蜀》：“溪花春待浣，陌草暖初熏。”（诗集卷十三）

李维祯《参知陈公寿序》：“岁己亥，余起家入蜀，分部川西。”（《大泌山房集》卷三十）

有书寄何宇度。

《答何仁仲别驾》：“弟别复八载，竟蟫隐老矣……郑公长茂，良大夫，弟因初不识，郡邑大夫有见过，则弟往谒，不然，公庭无用濡迹也。然幸此可作置书邮，庶吾两人不寂然声问，犹得次面尔。”（书牍卷十一）

按，二人于十九年相见于北京，今已八年。郑公长茂，不详，本年宁国府有推官郑友周（字仁甫），“长茂”或其别一字耶？

二月，出游。

《与春寰六叔》其二：“昨春老叔华诞……比会鼎祚偶出它游，遂稽驰庆。”（书牍卷十）只不知其出游何地。又，梅守相本年五十八岁，生日在三月一日。

为宁国府同知王光蕴校订其叔父王叔果之《半山藏稿》。

《答王郡丞》其一：“昨偶南雍写书之友丘羲民者，自金陵过访……太老先生大集倘即出授剞墨，既足仰慰孝思，复可垂范后进，固鼎小子所愿效役者。”（书牍卷十）其二：“敬属丘生，书上请玺行，当悬之雕题。”（书牍卷十）鼎祚当介绍丘羲民为王光蕴刻书。

梅鼎祚《才鬼记》卷十五：“万历己亥，先副长公子光缊为余郡丞，以授余鼎祚。”（指其父王叔果扶箕诗）

按，今万历二十八年《半山藏稿》刻本目录前有“后学宣城梅鼎祚校”字样。

春，有书寄刘凤，再促《书记洞诠》之序。

《答刘子威先生》：“邹君来，询知福履康胜……往者以《书记洞诠》获赐大序，百世之惠也，其中有欲求润泽者，邹君言老先生业已重为之……顾刻已竣事，伫伺冠冕，冀惟蚤贶，不腆奉充元会屠苏一觞耳，宜春是祝。”（书牍卷九）

四月十一日，邑友吴诏相妻麻氏卒，往祭之。

《祭吴母》，文集卷二十五。

按，麻氏卒年月日，据《宣城吴府族谱》卷九《吴诏相传》。

六叔母郭氏七十寿，有诗庆贺。

《六叔母郭太夫人七十，敬陈图咏》，诗集卷十九。

按，此六叔母，为梅守相妻，若今年七十，则其生于嘉靖八年(1529)，比梅守相年长十四岁，不妥。七十当为“六十”之误。

有书寄歙县刘然，请其为《书记洞诠》书序。

《与刘季然》：“向所为《书记洞诠》者，刻之三载，近始竣事。公家罗阳侍御业序之，敢丐大挥，为此籍不朽……敝郡王使君乃公集有茅先生序……因介弟而并请焉。”（书牍卷十）刘凤序，系刘然为之书。

七月，《书记洞诠》刊刻竣工。参见本谱二十五年

《与季方四叔》其二：“《书记》去秋在南中斥卖顿尽。”（书牍卷十）指本年秋。

有书寄麻溶。

《与麻十洲》其二：“翁丈且劳簿书刑名者一年……小孙此月之朔就乡塾，似亦能读者……北楼兄最衔厚遇，承许以易宪使书，望之若渴，其部凭尚在济南郡，旧例发本州转送，幸借一言，即付来力，犹为妥便……历城殷相公士儋、许长史邦才并有集，幸各觅一部见惠。”（书牍卷十）麻溶二十六年由山西按察使改山东按察使。

约八月，有书寄高淳韩仲孝。

《答韩君陈》：“《书记洞诠》者甫竣役，凡三十余册，难于邮致，来秋夺标之候，用此代锦袍贺也。”（书牍卷三）按，今国图本仅16册，非初刻耶？

为宗长梅穗作墓志。

《处士耕隐梅公墓志铭》：“己亥，墓木拱矣，参军时旦将处士治命，命鼎祚为志与铭，修其阙事。”（文集卷二十一）梅穗卒于万历六年。

九月，有南京之行。

《与春寰六叔》其一：“杪秋薄游金陵，三月始返。”（书牍卷十）

阅吕天成新作《金合记》《戒珠记》《神女记》传奇，并题词。

《金合记题词》《戒珠记题词》《神女记题词》，并见文集卷十八。据徐朔方《王骥德吕天成年谱》，此三记均吕天成本年作。

将新刻《书记洞诠》邮寄永嘉王至言。

《与王昭文》："秋气渐高……寄上《书记洞诠》一部，顷始竣役……弟浪迹陪都，一得浙贤书，即驰来湖上。"（书牍卷十）

冬，杨于庭有书、扇相寄。

《答杨道行职方》："客冬邮致芳讯，兼拜扇头嘉篇之贶。"（书牍卷十）答书作于次年冬。

年底，知县尹三聘拟入觐，有诗赠行。

《送尹令公》："献春郭北欢迎处，波绿双溪陌草薰。"（诗集卷十九）

按，据鼎祚《赠尹令君拜刑曹序》："今年春，余邑大夫越尹公再入觐。"（文集卷八）则尹三聘成行实在次年初。

年底，宁国府推官孙学易升任南京户部主事，有赠行诗。

《送孙司理赴南户曹》，诗集卷十九。徐谱系二十六年，误。

十二月，有书寄从叔梅守相。

《与春寰六叔》："洪河芒砀，雄气余风，水部清曹，仙吏大隐，则我老叔之今日矣……一别二年，居诸如驶。"（书牍卷十）时梅守相以工部都水司主事，分司夏镇。

约本年，编《宛陵禅剪》一书。

《书〈宛陵禅剪〉四则》："今堇掇其历宛陵者著于篇。"（文集卷十八）

《与三怀师》："弟子比欲为《宛陵禅剪》一书，无极老师塔铭愿惠一幅，往为罗使君开堂敝郡，所讲何经，时吾师为首座，能记忆否？此宛陵一大因缘也。书成，就吾师序之。"（书牍卷十）三怀，洪恩之字。

按，鼎祚辑有《释文纪》四十五卷，《宛陵禅剪》者，似仅掇拾与宣城相关之禅事而收录为一编。今未见传本。

万历二十八年庚子(1600)　五十二岁

春，宣城知县尹三聘来访，作《还钟五偈》。

《还钟五偈》诗序："景德寺……传有铜钟绝精古，声闻数里。已，寺圮，改志学书院。书院之废以江陵张相，而卖以乐安詹令，钟无所置，以贻予。予何敢为利，思所以施之，而城东永庆寺久阙钟，遂施之永庆，凡二十载矣……己亥冬，始由今宰公还其故……明年春，宰公过予谈其事，予为偈五章呈宰公。"（诗集卷二十五）

二月，有书寄族叔梅守相，为其补寿。

《与春寰六叔》："昨春老叔华诞……比会鼎祚偶出他游，遂稽驰庆。

乃者敬撰二咏，托在尺缣。”（书牍卷十）梅守相本年五十九岁。生日在三月一日。

《寄寿水部叔夏镇》两首，诗集卷十九。同时作。

从兄梅国祚有诗来寄。

梅国祚《答禹金见寄》：“孤城风雨后，二月艳阳初……见说春游遍，能无忆鹿车？”（《宛雅二编》卷三）时国祚任杞县训导。

周恭先《景灵全集序》：“诗能穷人乎……景灵抵雍丘，试以斯言驰简质之禹金、子马。”（《宛雅二编》卷三）

约三月，屠本畯由福建都转运盐司同知升辰州知府，道经宣城来访，有诗送之。

《宛上送屠田叔赴辰州守》，诗集卷十三。

按，本诗题后有小注：“自闽鹾迁，时方有播之役。”据《明史》卷二十一《神宗本纪二》，万历二十五年三月贵州土司杨应龙叛于播州，二十七年二月，贵州巡抚江东之讨杨应龙败绩，三月，前兵部侍郎李化龙总督川湖贵州军务再讨杨应龙。二十八年六月，杨应龙兵败自杀。

又按，徐谱作二十七年任，同治《沅陵县志》卷十八作二十八年任，从之。

春，从叔梅守极入京，有诗赠行，兼寄从叔梅守和。

《送建宁叔听徙之北寄客部叔》：“风送鹏南徙，春随雁北趋。”（诗集卷十四）

建宁叔，指梅守极，时由福建建宁府同知迁官北上。客部叔，指梅守和，俞汝楫《礼部志稿》卷四十三：“梅守和，万历二十八年由仪制司主事任，升（礼部）精膳司郎中。”

《与季方四叔》其一：“漏下三鼓而有敬亭之别，所幸俱醉，得宽离绪耳……鼎祚久不耐郁郁，因出为秦淮游，值四弟谒选北上，率候兴居。”（书牍卷十）书当此时作。本年初，梅守和或曾归宣城。四弟，或当指梅嘉祚。

约本年春，郭子直有诗来寄，答之。

《答郭舜举宪使》：“尺素春波来槜李，几年炎岭寄梅花。”（诗集卷十九）

郭子直（1535—1613），字舜举，号汾原，浙江海宁人（一作崇德人）。隆庆五年进士，历官兵部武库司主事、广东督学佥事、山西右参议。年七十九卒。著有《二京集》。乾隆《杭州府志》卷八十八有传。

《为郭舜举题景六首》，诗集卷二十一。或当此时作。郭子直居赵郭里有园亭，管大勋有《赵郭八景为郭舜举题》，见光绪《石门县志》卷十。

《答郭汾原学使》："往岁明公何闻何见，开以良书，斥以余倖，忘年略分，以属诸不必知之人。"（书牍卷一）当即指本年为其园亭题诗事。

四月，幼女淑天，七岁。

《庚子初夏哭幼女淑四首，先是辛卯春有长女之哭，又先壬午秋有弟者之哭，从垄上还作》其一："七岁枉呼爷。"其三："廿载三殇泪，中年八苦身。"（诗集卷十四）

约初夏，丘羲民归金陵，于天逸阁置酒饯别。

《天逸阁携贾三送丘黄逸还金陵，得"年"字》："久客夏云变，思归暮雨悬。"（诗集卷十四）

贾三，不详。诗集卷六有《月夜置酒听贾珍弹筝歌》，当不是一人。盖一作于隆庆间，一作于本年，相距二十余年，不能仍为少女也。贾三当为贾珍后辈。又，书牍卷三《代伎贾凤遗子马》，贾凤亦当是贾珍姐妹行。则贾氏青楼，有名于宣城者也。

有书寄泾县张应泰，为梅台祚诗集请序。

《与张大来》："卮酒之后，杜门两载，不得足下一纸书……弟泰符……诗亦称能，弟念其贫而早夭，为选遗集之什六刻布之，往承教于大君子矣，其兄石卿近辱面诺开以大序……秋初可来白下，屏迹郊外，然当一通吕玉绳、龙君御。"（书牍卷十）时张应泰任江西泰和知县。梅台祚卒于二十三年。石卿，指梅台祚三兄梅安祚。

夏，麻溶卒，作文以祭之。

《祭麻太仆公》，见文集卷二十四。麻溶今年四月始任河南右布政使。

按，据李戴《旌表异常清苦藩臣，以洗贪风，以裨吏治疏》（《万历疏钞》卷二十四），疏上于今年十二月。又，《与吕玉绳》："乃小儿以迎十洲兄丧，惊波溽暑。"（书牍卷十）可知麻溶卒于夏。

夏，有书寄从叔梅守和。

《与季方四叔》其二："往庐儿北行，适不相值，未皇致讯，已遥闻安仁之悼……膳曹荣转，犹是公家常调。"（书牍卷十）

梅守和本年由礼部主客司员外郎升礼部精膳司郎中，见俞汝楫《礼部志稿》卷四十三。

六月，堂弟梅豫祚任山东平度州吏目，致书潍县知县张大咸。

《与潍县张明府》："顷季父之子豫祚为平度小吏，幸在宇下……舍人东首，敬布数行代讯，并上《书记洞诠》一部……暑剧不次。"（书牍卷十）

张大咸，字奎叔，号二酉，苏州太仓人。二十六年进士，二十八年任潍县知县。见乾隆《莱州府志》卷六。鼎祚与之相识于万历十九年。

纳妾邹氏。

《明语林》卷三《文学》："梅禹金笃志纂辑，尝纳妾邹氏，一月不出，人怪其昵，问之，则已辑《青泥莲花记》。"

秋，编《青泥莲花记》十三卷成，为作序。

《青泥莲花记》原刊本序后署："万历庚子白露之候，江东梅鼎祚禹金撰。"（序亦见文集卷四）有万历三十年鹿角山房刊本，校后志署"万历壬寅春闰，宣城梅膺祚诞生志"。

《书青泥莲花记十一则》，文集卷十八。

《四库全书总目》卷一四四《小说家类存目二》："是编记倡女之可取者，分七门：一曰记禅，二曰记元，三曰记忠，四曰记义，五曰记孝，六曰记节，七曰记从；又附外编五门：一曰记藻，二曰记用，三曰记豪，四曰记遇，五曰记戒。自谓寓维风于谐末，奏大雅于曲终。然狭斜之游，人情易溺，惩戒尚不可挽回，鼎祚乃摭摭琐闻，谓冶荡之中亦有节行，使倚门者得以借口，狎邪者弥为倾心，虽意主善善从长，实则劝百而讽一矣。"

八月中旬，宣城知县尹三聘升刑部主事，作序赠行。

《赠尹令君拜刑曹序》："今年春，余邑大夫越尹公再入觐，既上绩者二载，还县之三阅月，属以郎刑曹征。"（文集卷八）

八月十六日，为内弟唐一澄、唐一灏代作文，以祖送宣城知县尹三聘。

《为唐两生赠尹侯序》："宣城尹令公用政最擢秋官郎，八月既望，行有期，两唐生一澄、一灏……谒余鼎，出其诗。"（文集卷八）

为邑人孙仲言《孙氏先录》作序。

《孙氏先录序》："二先生殁之数年，余父子修郡志……又二十余年，而别驾子仲言闻济源之久祠先生……而渡河以拜祠下……仲言录其祠丽牲之词以归，并次所为传若状，纪四惟之梦、题游梁之图者为《孙氏先录》，诣余小子命序之。"（文集卷二）

按，作年据汤宾尹《书孙仲言游梁图》定，见《睡庵稿》诗稿卷一。别驾，指孙潮，字宗信，号疏斋。嘉靖三十四年举人，四十二年至四十五年知济源县，升大名府通判。见光绪《宣城县志》卷十五《孙浚传》。

汤显祖长子士蘧病故，有书慰之，并以《书记洞诠》相贻。

《与汤义仍》："至宝不寄宿于人，胡怪长君遽化耶……附上《书记洞诠》一部，以二十余年之勤而有此，试为评示。"（书牍卷十）

汤士蘧今年秋试，七月十六日卒于南京，见汤显祖《庚子八月五日，得南京七月十六日亡蘧信十首》，《玉茗堂全集》卷十五。

汤显祖《寄梅禹金》："半百之余，怀抱常恶。每念少壮交情，常在吾兄。午日之晓梦，见兄容渥丹于昔。弟殊喜，笑曰：'吾辈惟持此好脸，与世人打捱。'揖我而入曲巷，后有池，前有堂。予问高瀛台安否，旁一客云：'宣州有同籍，而问高君何也？'予笑而不答。醒殊怅怅，户外报凤衢书来，何其异也？因书梦以寄。"（《玉茗堂全集》尺牍卷三）汤氏今年五十一岁。

八月底，赴南京。

《与吕王绳》其一："业治装而南，乃小儿以迎十洲兄丧，惊波溽暑，顿复卧病，又阅数旬始小康，乃成行……敬先苍头赍上《书记洞诠》一部，此鼎祚二十余年之心力……更有几种须面请质，一二日可抵长干。"（书牍卷十）

按，徐谱以此书系二十七年，误。书中提及麻溶之丧，实在今年夏，则鼎祚之行，不在去年明矣。又，书中言"春夏之交有矿之衅"，指中官邢隆、刘朝用奉旨开矿宁国府事，其命在二十七年七月（《神宗实录》卷三三七），其至宣城在本年春夏间（嘉庆府志卷一《大事》、光绪县志卷三十九《附载》）。

《与吕王绳》其二："十年再晤，恍若三生……归而猝即度除，春且还人矣……友人汤君伯润行便，先尔布讯。汤君……为西席于贵僚马公，闻往曾通谒滁阳。"（尺牍卷十）书作于次年春。汤君伯润，指汤莹。

有书寄杨于庭，并为其文集作序。

《答杨道行职方》："鼎祚自丁酉杪秋去金陵，而以兹秋仲之末来，来之前数日，闻先生且渡江，惜哉机缘之浅也……新雕益工且富，愿附不朽，更以申仰止之私。"（书牍卷十）

杨氏新集，当即《春秋质疑》，万历二十八年刊。然书前仅有二十七年杨于庭自序、二十八年丘应和序，并无梅氏序，不知何故。

九月，宁国府同知王光蕴升衡府长史去，作诗文赠行。

《送王季宣郡丞迁左相国归东嘉十二首》，诗集卷二十五。徐谱作二十九年秋，误。

《赠郡丞王公迁左相国归东嘉序》："夏六月，衡府左长史之命遽下矣，余曹、大夫、士、三老、百姓骤闻之，错愕不信也……不佞马之齿稍长，遂属为序次以祖公。"（文集卷八）此文实代宁国府官员某作。

《与王昭文》："契阔之怀，如何可述。比承足下两札，髹器茗荈，种种清绝，念我厚矣。秋气渐高……江都长沙突如其来，白日杲杲，霹雳横下，尊大人晏如裕如……寄上《书记洞诠》一部，顷始竣役。"（书牍卷十）书当作于七月。

约九月，有诗寄从弟梅蕃祚。

《寄子马弟迁宁乡簿》："佐邑仍三户，湘乡秋意深。"（诗集卷十四）

按，梅蕃祚赴宁乡县主簿在今年七月，参见《梅守箕年谱》本年七月。

约十一月，长兴姚绍宪来书，答之。

《答姚叔度》："雨花台集在乙酉，而戊子之秋，记兄方过我邸中，坐未定，王长公适至，相剧谈甚畅。今岁星一周，弇州作古人久矣。奉手札，知伯道丈又归岱录也……用父行迫，辄附数行，二绝寄悼骆生，幸于其墓次焚之。"（书牍卷十）

按，"岁星一周"，自万历十六距今年恰十二年。又，姚绍宪之兄姚绍科卒于今年九月，冯梦祯《快雪堂日记》："（庚子九月二十四日）晚到长兴进西门，泊舟姚氏水次"，二十五日，"早起，吊姚伯道之丧，诸姚皆来迎，饭于伯道临云阁"。

又，由此书可知，是年李槃再至宣城访鼎祚。

姚绍宪，字叔度，浙江长兴人。姚绍科弟。国子生。曾授鸿胪寺丞。嘉庆《长兴县志》卷二十有简传。

本年，苏州刘凤卒，年八十四。同治《苏州府志》卷八十四

万历二十九年辛丑(1601)　五十三岁

二月，宣城知县尹三聘如觐，有诗赠行。

梅鼎祚《宣之风九首》诗序："尹公为宣城六载，再入觐。"诗云：

“岁德在丑二月初，皂囊白简奉诏书。”（诗集卷七）

按，尹三聘升刑部主事在去年八月，因事滞留至今，见下。

春，拟送次子士好入南国子监，未果。

《与吕玉绳》其二：“春中当送小儿游太学，又成良觏。”（书牍卷十）书作于本年初。士好今年十六岁。

《与吕玉绳》其三：“今年为赋长，征输之办，奔走之劳，悉以小儿代。小儿所不遽赴太学者，一以供官役，一以匮私橐耳。”（书牍卷十）

按，徐谱系二书于二十八年，误。参见上年。

有书寄汤宾尹。

《答汤嘉宾》：“曾奉数行，闻其人竟留滞边缴，定浮沉矣……比避迹秦淮四月……麻甥行，率率致讯。”（书牍卷十）避迹秦淮四月，指去年八月至十二月在金陵。

约本年，为宁国府同知黄流芳父黄需作墓表。

《敕封文林郎吉水县知县博罗黄公墓表》，文集卷二十一。

按，黄需卒于万历二十四年，黄流芳万历二十八年至三十年任宁国府同知（嘉庆《宁国府志》作三十年任，误），此墓表当作于此数年间。

黄流芳，字若瓒，号恺衷，广东博罗人。黄需子。万历十七年进士，历官江西吉水知县、松江府同知、南京户部员外郎、广西按察副使等。乾隆《博罗县志》卷十二有传。

三月一日，六从叔梅守相七十寿，作诗以贺。

《寿参知公六从父七十》，诗集卷二十。按，宣城习俗，庆寿做九不做十，守相今年六十九，故系此诗于本年。

三月三日，邑人汪原勺来访。

《汪原勺过园居怀焦宾王、徐从道》：“上巳仍新序，中林有旧盟。”（诗集卷十四）

春，从叔梅守箕仍客游于金陵、扬州等地，有诗怀之。

《春日怀季豹客游》：“春自还归早，君犹定省迟。倚闾劳望眼，悬镜待匀眉。卖赋聊供醉，依人不贷饥。”（诗集卷十四）

春，天目山僧法铠过宣城，驻锡西乐庵，与游。

释德清《径山化城寺澹居铠公塔铭》：“久之下天目，复过宣城，掩关于西乐。乃习荷重负，肩试四十斤经行，以苦筋骨，调昏睡。其道益进。后出关，行脚至匡庐……辛丑至都门。”（《憨山老人梦游集》卷十五）

《吴长舆移斋西乐集铠公》，诗集卷十四。

《铠公上首德和尚坐禅偈》："尔师上智人，结夏宛西曲。"（诗集卷二十五）

《西乐庵施茶偈》，诗集卷二十五。当亦作于此时。

法铠（1561—1621），字忍之，号澹居，江阴人，俗姓赵。事见释德清《径山化城寺澹居铠公塔铭》，《憨山老人梦游集》卷十五，嘉庆《余杭县志》卷二十九有传。

僧千江游方至宣城，与游。

《赠千江和尚偈》序："普觉庵主光和尚，本汉阳榜人也。太朴无文，真实不二，法参船子，因号千江……比者游方宛上，悦双沟而栖止焉……海藏月邦导以谒予，属题数言且系之偈。时天目铠公结夏西乐……"（诗集卷二十五）

五月，与邑人多次集聚西乐庵。

《仲夏雨中赴汪原博、荣期西乐斋会，同铠公、吴长舆、孙伯揆，是日移泉试顾渚茶》《五月七日孙伯揆招过西乐》《月邦自西乐移园居》，诗集卷十四。

《夏日西乐庵访澹居铠公，追忆香林和尚》，诗集卷十九。

高淳韩仲雍丧母，赠以书、礼。

《与韩璧哉》："往者仁兄凤举，阒然无问……太夫人仙仙乎归也，竟稽扶服礼……惟是累年善病，奔走医门，潜逃佛藏，里居什三……兹敢以不斐之词，不腆之馈，上陈几筵，奉修阙事。"（书牍卷十一）凤举，韩仲雍二十五年中举。

约六月，宣城知县尹三聘升任刑部江西司主事。

《比部前宣城令尹公传》："公令宣七年，辛丑夏，晋拜刑部江西司主事。岁适更黄籍，当路者挽公两月而毕役。"（文集卷二十一）

有书答谢廷谅。

《答谢友可大行》："往一报讯，遂阙嗣音……比闻星驾次于斗杓，宣城固走歙道也……仆业习杜门，无意乞长安之米……何大来昨赴螺江，季豹有南首之兴，今尚濡迹也。"（书牍卷九）往一报讯，参见本谱万历九年。梅守箕今年有福建之行。

八月，从兄梅隆祚年六十，为作寿序。

《十长兄宾瞿先生六十序》："先生览揆之旦，次于鹑尾，其干壬午，仰符天子万历之圣期……余生后先生凡七岁，幼而同学，惟先生是仪。"

（文集卷十二）

梅隆祚，字子綦，号宾瞿。据《文峰梅氏宗谱》卷四，其生于嘉靖二十一年八月十七日，与万历帝生日同，故文中有“仰符天子万历之圣期”之句。

约八月底，身有恙。

《病后吴福生见过》，诗集卷十四。

九月，与吴伯敬、吴伯敷等同游敬亭山、翠云庵。

梅鼎祚《吴长舆、季布招登翠云，醉后上敬亭西麓》：“携尊初薄霁，着屐已深秋。”（诗集卷十三）

九月中旬，有南京之行。

《与王玉洞郡丞》：“鼎祚去秋适届东发，患苦痱下，缠绵三旬。九月中始作南游，薄除遂反。”（书牍卷十）书作于次年。

寓居报恩寺。

《寓报恩禅房》，诗集卷十四。

《寺雨》《寺晴》（诗集卷十四），亦同时作。

应歙县谢承宗请，为其母许氏作传。

《谢母许孺人传》，文集卷二十一。许氏卒于去年。

按，此文亦见青阳《谢氏宗谱》卷十一，多有异文。谢承宗，谱作“谢应旸”。

寻谢兆申，不果。

《答谢耳伯》：“比有传足下在秣陵者，即挐一舟相觅，甚非难偶。”（书牍卷十一）书作于三十一年。

九月，王光蕴母林氏去世，作诔文以祭。

《王母太恭人诔》：“惟万历二十九年庚子秋九月，明故中宪大夫永嘉王公之妃、前宁国府君季宣长公之母、累封太恭人林氏，以逾耋即世。”（文集卷二十二）

前宣城知县尹三聘母祁氏卒，为文以悼。

《祭尹母祁太夫人》，文集卷二十五。

按，祁氏之卒，当在今年六月尹三聘离任之后。

《答尹令公》：“新令公遵台台之约束，宜民宜人……六年以来，尝冒只字之干、片言之请否？”（书牍卷十一）尹三聘自二十三年任至今年凡六年，新令为卢维屏。

约本年，为舅爷爷刘琛作墓志。

《将仕佐郎河南封丘王府教授松溪刘公暨配王孺人合葬墓表》，文集卷二十一。刘琛卒于去年十二月十七日。

按，此墓志作年不详。考文中提及刘琛之女“适王给事盖孙、平湖簿三俊”，查光绪《平湖县志》卷十，万历二十六年王三俊任平湖主簿，故权系此文于本年。

万历三十年壬寅(1602)　五十四岁

一月三日，作诗贻泽公四偈。

《壬寅诞日过对亭庵戏贻泽公四偈》，诗集卷二十五。

年初，宁国府同知黄流芳赴京入觐，旋调户部，均有诗祖送。

《送博罗黄郡丞入贺兼上绩》《送黄郡丞赴南司农》，诗集卷十九。

乾隆《博罗县志》卷十二《黄流芳传》：壬寅，擢南京户部员外郎。按，徐谱据《宁国府志》卷三，系于三十一年，误。府志作三十至三十一年黄流芳任宁国府同知，亦误，当为二十八年至三十年任。

春后，送长子入南太学。

《答季方四叔》：“鼎祚春后拟送长儿入南雍。”（书牍卷十一）书作于本年。参见去年春。

春，殷都病故，享年七十二。

唐时升《奉政大夫兵部职方司郎中殷公墓志铭》，《三易集》卷十七。

邑人王有声赴任蒲江知县，有诗寄傅光宅。

《与傅重庆》：“今蒲江令王有声，同学友也，道出部下，敢以作置书邮鄙诗二章，扇头副在……并候蹇理翁一缄，敬烦主记。”（书牍卷十）据乾隆《蒲江县志》卷二，王有声任蒲江知县在万历三十年。

《答张伯大侍御》：“昨岁有所致傅重庆，将邮问门下，寻闻调成都守，计必浮沉矣。”（书牍卷十一）书作于次年。书言傅光宅调成都守，乃传闻之误，傅光宅实升遵义道。

《王蒲江之官，寄傅伯俊重庆》其二：“世外交情十载余。”（诗集卷十九）鼎祚十二年与傅氏相识于苏州，距今已十八年。

有书寄蹇达。

《与蹇大中丞》：“忽值风便，敬附一函一扇，具有鄙诗，用勤仰止。”（书牍卷十）

《寄巴郡蹇中丞》：“海汛早辞辽督节，雪消春寄蜀江书。”（诗集卷十九）或春蹇达有书来寄。

按，时蹇达在巴县原籍。据《神宗实录》卷二九五、卷三七八，二十四年三月，吏部等衙门、尚书等官孙丕扬等题勘明原任戎政侍郎蹇达受贿事迹，奉旨："着在籍听候起用。"三十年十一月，方重新起用为蓟辽总督。

有书寄吴仁度。

《答吴继疏吏部》："今且柄铨矣，职得以差次功令进退人才……先尝削牍奉置便邮，时会星轺指西，遂函而返……缘家叔北首，仰恩主记，并上旧草一部。"（书牍卷十一）

吴仁度万历二十八年至本年六月任吏部考功司郎中，三十年七月改南京刑部四川司郎中。参见《神宗实录》卷三七三、三七四。

夏，有书寄从叔梅守极。

《与春麓五叔》："近且闽中有警，而建宁呼吸定变之勋，益章益烈……内征之命，旦夕必至矣……良书见存，叙致蔼笃，且计署阑秋及。"（书牍卷十一）梅守极时任福建建宁府同知。

夏，南户部郎中李从心三年考满，代作赠序。

《赠南司农郎李公上绩序》："会壬寅夏，先生由曹郎满三载考，大司农书其绩最者。"（文集卷八）

秋，与邻里有嫌隙，赖摄知府张嘉言以解，作诗四章"用代颂言，兼志吾过"。

《赠张寰应司理四首》诗序："某不脊，有群小之愠，辱君侯俯为昭雪。"诗二云："阳回燕黍生，秋巡吴稻熟。兹岁且告登，既富亦方谷。"诗四云："蹇予偶一逢，葵足不自卫。虽为亲受恶，扪舌犹负愧。"（诗集卷五）张嘉言本年四月署知府。

秋，有诗寄张一鲲。

《寄张侍御》："怅望峨眉万里秋。"（诗集卷十六）

约本年八月，宣城知县卢维屏父母双寿，有诗庆贺。

《卢封君双寿诗》，诗集卷二十。卢维屏二十九年至三十二年任宣城知县。

代作《太原卢太公暨王太夫人六秩序》："为日月会于鹑尾，客复以公及夫人年并耆来告，盖时迎养在令署，且为梅氏诸君介，所以申寿者……往余两莅宣，与梅氏善。"（文集卷十三）

有书寄山阴尹三聘。

《与尹令公》："昨年倏闻东讳……瑟缩迟回，以抵于今，始获寓一诔……窃计时将及祥，伏冀台候。"（书牍卷十一）尹三聘母祁氏去年卒，书作于其周年前。

九月二十七日，冯梦祯在苏州观看《玉合记》演出。

冯梦祯《快雪堂日记》："赴吴文仲、徐文江席，于文仲宅同于中甫、文倩、无兢兄弟咸侍作伎。吴伎以吴徽班为上，班中又以旦张三为上，今日易他班，便觉损色。演《章台柳玉合记》。"（《快雪堂集》卷五十九）

约九月或稍后，有书寄王光蕴。

《与王玉洞郡丞》："明公仕不竟志，而得及于太夫人隆养厚终……不驯之诔，聊写私衷……今已小祥……贵郡陈使君，故宣城令……家侄有事瑞安，率申唁候。"（书牍卷十）

不驯之诔，指上年所作《王母太恭人诔》。小祥，指丧后周年祭。王光蕴母卒于去年九月。

有书寄陈公相。

《奉陈公温州》："自辛卯仲冬拜违函丈，且凡挟岁矣。"（书牍卷十）时陈任温州知府。二人曾于十九年相见于北京。参见本谱该年。

挟岁：十年。《周礼·天官·大宰》："县治象之法于象魏，挟日而敛之。"注："从甲至甲谓之挟日，凡十日。"《释文》：又作"浃"。

有诗书寄王至言。

《答王昭文》："岁内家侄东首，为期甚迫，堇能具唁……往属笙台诗，久负为愧，牵率课上四绝，意殊不自惬……陈使君手墨附览……《书记》《李杜钞》，家侄前月附方簿彭书手赍内，并闻。"（书牍卷十一）

以上三书同时作。笙台诗，即《笙台曲为永嘉王昭文赋》，见诗集卷二十五。

十二月，次子士好娶高淳韩仲孝女。

《答季方四叔》："冬间为兄子纳妇，其余皆杜门之日。"（书牍卷十一）

《答汤义仍》："腊至，弟为兄子纳妇境外。"（书牍卷十一）

丰城游先民至宣城来访。

《答汤义仍》："游先民快士也……方以腊至，会弟为兄子纳妇境外，贫冗俱剧，草蔬饭客，或可谅其真率乎？"（书牍卷十一）

曾同亨有书来寄。

《奉答南太宰曾公》："昨冬从黄使君邮致兰讯，值鼎祚方为兄子内婚，事在境外，不敢以空函达。"（书牍卷十一）

有书寄从叔梅守和。

《答季方四叔》："今国本无摇，储位大定……矿榷之役，幸已承轮台之诏……近始一谒新令公，传闻吾叔尝有其举之……《书记》顷印出，因五叔从陆，行李甚简，更不得附。"（书牍卷十一）

据《明史》卷二十一《神宗本纪二》，去年十月立皇太子，今年二月己卯，"不豫，召大学士沈一贯于启祥宫，命罢矿税……异日疾瘳，寝前诏。"

新令公，指宣城知县卢维屏，去年来任。五叔，指梅守极。

作书寄慰汤显祖，约明秋会金陵。

《答汤义仍》："仁兄未燥西河之泪，罢归南山之庐……明秋兄携爱子一来秦淮之间，团瓢斗笠，昕夕相从，且有所托者甚巨甚远，今不敢请也。《玉茗》《紫钗》欲序未皇，亦是荆璧，使刻楮叶，良工尚不无束手耳。吕玉绳近致《还魂》，丽事奇文，相望蔚起，当为兄弁数语，以报《章台》之役。"（书牍卷十一）

按，徐谱以此书系二十九年，误。考书中有鼎祚为子纳妇事，自是本年腊月无疑。未燥西河之泪，指二十八年汤显祖长子病故。罢归南山之庐，指去年正月大计，汤显祖被罢职。参见汤显祖《辛丑闲住作》，《玉茗堂全集》卷十。

万历三十一年癸卯(1603)　五十五岁

正月，邑人徐笃庆与其妻魏氏五十周岁生日，为作寿序。

《徐长君暨魏孺人五秩序》："魏孺人后长君生三年，今岁癸卯届五秩……余二三兄弟及群从，将以端月六日为孺人设帨之辰。"（文集卷十二）端月，即正月。

春，病目。作书答曾同亨。

《奉答南太宰曾公》："台台申奉身之指，暂从鹓蜚，居然龙卧，十载以来，民生顿棘……入春，目青蝉连。"（书牍卷十一）

曾同亨二十年十二月以工部尚书致仕，至本年恰十年。见《神宗实录》卷二五五。

有书寄福建谢兆申。

《答谢耳伯》："为侄纳妇淳湖，事在境外，往来繁劳……敝邑距芜阴百里而遥，惟仁兄有意焉……《书记洞诠》一部驰奏，余未成秩。”（书牍卷十一）时谢兆申似寓芜湖。

五月，邑人殷登瀛母贡氏七十寿，为作寿序。

《瑞应屏辞祝殷母贡太安人七秩序》：“岁癸卯皋月十有一日，为安人设帨之辰。”（文集卷十四）皋月，即五月。

六月中旬，为邑人孙攀《古周礼释评》作序。

《〈古周礼释评〉序》，文集卷一。

按，此序亦存《湘溪孙氏宗谱》卷一，序后款：“万历癸卯季夏中旬，通家侄禹金梅鼎祚撰。”

夏，有金陵之行。

《答季方叔》：“前夏仰勤记存，时鼎祚有金陵之适，与佩使约取报，彼中使者秋月从径涉江矣。”（书牍卷十一）书作于三十二年。

七月，王锡爵七十大寿，作帐词以贺之。

《寿太仓王相公七秩》，文集卷十七。王锡爵生日在七月二十一日。

校订张一鲲《思澄楼稿》并作序。

《思澄楼稿选序》：“往丁酉秋……阅数岁，李大夫守濡须，复渡江而寓公近草并属予选……顷之，大夫用最迁为郎以北，而张公再贻书予征成言。是时，公行年八十矣。”（文集卷三）徐谱以为乃是为《倚玉集》作序，误。

按，李大夫即李作舟（1566—1625），字三溪，号二溟，四川合州人。万历二十年进士，时任无为州知州。

《答张伯大侍御》其一：“无为李使君特信见存，因奉明公之翰币……大集校选粗竣，既还使君转达……序当即撰，先附李使。”（书牍卷十一）

《答无为守李二溟》：“侍御八十之年，万里见托。”（书牍卷十一）同时作。

《与张侍御》：“公昨年政八十耶……往岁曾附一函及所选佳集于濡须使君，寻自广安倅得手札，知其时尚未达，然谅无浮沉也。”（书牍卷十一）书正指此。

《与李二溟学宪》：“昔年仰辱明公勤尺书而问诸菰芦之中，委以笔札之役，比即附使报闻，殊愧崖略。及明公之峻迁而北也，鼎祚方阅藏金陵，不遑以一力将送，疏节可知。”（书牍卷十二）

全椒杨于庭至宣城来访。

《杨道行职方见访》："相见先邀礼黄檗，敬亭双塔坐莲台。"（诗集卷二十五）

《答张伯大侍御》其二："鼎祚偶病目，且杨职方自南谯过访，晨夕与谈艺。"（书牍卷十一）

杨于庭《寄梅禹金文学，往岁得诗刻并书》："遥忆敬亭山下月，清光何处对夫君。"（《杨道行集》卷十二）当作于此后。

有书答海宁郭子直，并附寄《书记洞诠》一套。

《答郭汾原学使》："郭公游仙之胄也，七十年犹初日之光……（鼎祚）五十始满。"（书牍卷十一）

据登科录，隆庆五年郭子直三十七岁，本年恰七十。

十一月，宣城知县卢维屏以入觐赴京，作序以赠行。

《卢令公入觐序》："今年冬仲，令公以入觐，先期发有日，二三子各出其志意，陈图称诗以效驾，而属梅子鼎祚标其端。"（文集卷十）

《赠卢邑侯入觐诗引》："是月也，一阳来复，载奏牍以朝天。"（文集卷十八）本年十一月二十日冬至。此引为唐一澄、唐一灏集赠诗而作。参见文集卷八《为唐两生赠尹侯序》。

代宁国府知府史起钦作书贺梁应泽任徽州府知府。

《贺新都梁太府》，书牍卷十五。

史起钦，字德明，号敬所，浙江鄞县人。万历十七年进士，本年十月由刑部郎中任宁国府知府。梁应泽任徽州知府当在其后，参见康熙《徽州府志》卷三。

十一月十八日，长姊七十寿，作序以贺。

《伯姊麻太夫人七秩序》："阅十年所为癸卯太夫人之称秩者，进六而七矣。"（文集卷十四）

万历三十二年甲辰(1604)　五十六岁

年初，里人张守道赴京会试，有诗赠行并寄汤宾尹。

《送张象先赴阙，寄汤嘉宾太史》，诗集卷十四。

拟编《文纪》。

《答余君房太常》："比图昉自三代，下讫六朝，旁及二氏，为《文纪》，用配冯氏之《诗纪》。堇有端绪，尚需余先生为玄晏先生矣。"（书牍卷十一）书作于本年。

《答王元祯》其一："弟自癸卯来杜门八年，而为《文纪》者百余册。”（书牍卷十三）此言“癸卯”即万历三十一年，或去年已着手编纂。

宣城知县卢维屏父卒，代作祭文。

《祭卢封君》：“粤予秉麾，牧兹宛水。首善为宣，茂宰在理……即予亦若处者之失左右手，而耦行者之丧其侣。”（文集卷二十四）

按，似代知府史起钦作。卢维屏本年离任，当为丁忧。府、县志均作升礼部主事，误。

约春，西乐庵僧自恬病，往慰之。

《即事慰自恬上人》：“共知逢末劫，何必为师悲。”（诗集卷十四）

有书寄洪恩大师。

《答雪浪恩公》：“往记寿吾师五十，今又一旬矣……月邦赴浮山之约，率附数行……向刻《心要》，近入藏而遗《宛陵语录》……事方肇绪，春仲望命之归，且为吾师扫敬亭片石以待。”（书牍卷十一）洪恩今年六十，参见本谱万历二十二年。月邦，即梅咸祚。

春，曹子念病卒。

陆弼《闻曹子年讣寄哭一首》，《正始堂诗集》甲辰稿。

有书寄张一鲲。

《与张侍御》：“鼎祚今年五十六，便觉衰飒，灯下披读，两眼亦渐生花。”（书牍卷十一）

有书致从叔梅守心，对本宗修谱以梅坦为始祖提出异议。

《答守心叔》：“修谱工费，去春鼎祚即已付主者，但乐观其成耳。尊翰谆谆娓娓，似谓先君误，不认都官之子秘书公为祖，而鼎祚不忍显其父之非，因不预其事……若夫秘书之后，鼎祚知其人，读其书，不敢具陈也。”（书牍卷十一）

秘书公，即梅尧臣幼子梅坦，曾任秘书少监。按，文峰梅氏去年春再修谱，参见梅守峻《重修本家族谱序》，见《文峰梅氏宗谱》卷首。

四月，邑人陈希美七十寿，为作寿序。

《进阶朝列大夫观吾陈佥宪先生七秩序》：“兹岁甲辰夏四月日己亥，先生纪年七十矣。”（文集卷十三）

四月，邑人严有敬妻戚氏六十，为作寿序。

《严母戚孺人六秩序》：“今岁甲辰夏孟月望之又九日，而诸君以孺人六秩之期来告。”（文集卷十五）

宁国府推官张嘉言、屈之乘先后捐俸置学田，代作碑记。

《天柱阁田籍记》："甲辰，余来代为理，谒学宫。"（文集卷十六）

据记，此文代屈之乘作。嘉庆府志系屈之乘三十一年任，误，据此文，当改为三十二年。

夏，有芜湖之行。

《夏日芜江，王仲修、闵泰叔、项仲旭、鲍士先、詹公鼎、侄勉初携伎临泛，分得"心"字》，诗集卷十四。

《夏晚偕詹公鼎、侄勉初出江纳凉》，诗集卷二十五。

八月九日，张献翼蒙难于家。

张凤翼《哭弟文》："甲辰仲秋九日，仲弟养痾荒园，为大盗拥杀。"（《处实堂后集》卷六）

潘之恒《代恸》："明词士张幼于先生，以万历甲辰秋八月蒙难曲水园，死非命，年已七十一矣。"（《鸾啸小品》卷一）

有书答吴用先。

《答吴本如大参》："往从临汝拜命之辱，率尔报闻，是后门下入而经文纬武，出而秉节维藩，迨兹岁星一周矣。"（书牍卷十二）吴用先时任浙江右参政。

秋，甥麻一骥赴京，有诗送行并有书寄汤宾尹。

《送麻甥伯顾参军永昌》其一："紫马临秋贡，黄羊带雪围。"其二："此行轻万里，为别倍三秋。"（诗集卷十四）

汤宾尹《麻伯顾赴永昌卫幕》："黑山秋景静边楼，水腻刍肥马不收。"（《睡庵稿》诗集卷五）

十月一日，《才鬼记》十六卷初步编竣，作序。

《才鬼记序》，文集卷四。

按，《才鬼记》万历三十三年蟫隐居刻本，序后署"万历甲辰十月朔，宣城梅鼎祚撰并书"。今上海图书馆有藏，《四库全书存目丛书》收入。

又按，《才幻记序》《才神记序》，均见文集卷四。《才幻记》《才神记》皆当为这一时期编纂，万历三十三年蟫隐居刻本，即是"三才灵记"本。

十月九日，邑人徐元气卒，往祭之。

《祭大银台陵阳徐公》，文集卷二十四。徐元气卒日，据《华谷徐氏宗谱》卷十五。

约十月，邑北境黄池税关裁撤，为作碑跋。

《黄池撤关碑跋》："此府君史公撤黄池榷关碑记也。"（文集卷十八）

按，裁撤黄池税关之议，在本年九月。光绪《宣城县志》卷三十七："今有古碑二，一奉两院永撤黄池税关禁谕，一徐尚书元太撤关碑记。"徐元太碑记今未见，鼎祚此跋或即代元太作。

从叔梅守和由礼部仪制司郎中升任河南按察副使提督学政，有书贺之。

《答季方叔》："老叔历建礼之良，膺衡文之命，而所称地重，则洛邑会阴阳之交，伊流浚道学之脉，若地益以人重，则鸿裁既为帜艺林，素丝复久标清概。"（书牍卷十一）

《文峰梅氏宗谱》卷首录《钦差提督河南通省学政按察司副使梅守和》敕谕一道，款"万历三十二年闰九月"。

约本年十月，邑人徐大望妻蒋氏年六十，为作寿序。

《徐太君蒋老夫人六秩序》："兹岁良月日丁卯，星直女，从兄以太君之年及耆告。"（文集卷十五）

按，徐大望万历三十年卒，年五十九。故蒋氏或当本年六十，故约系此文于本年。

有书寄邑友高维岳。

《与高孝征》："比者掌珠忽陨，有识悼心，何况父子……刘文昌羁宦海岛，荒苦异常，所幸仰托宇下……闻过雷阳时，迭承款教。"（书牍卷十一）

高维岳，字君翰，当又字孝征。二十九年任雷州府推官，本年署府事。

冬，余寅来书，赠以《农丈人集》。

《答余君房太常》："敬展大集，骇目惊魂……汤别乘，外兄也，其人醇茂无它，旦夕能朝先生而事之，幸甚。"（书牍卷十一）

《答畲聿云》："昨冬余君房书来，剧论文事，而质仆以牛耳之尸，将何所属。未几，乃君房即世。"（书牍卷十一）即指上书。余寅次年卒。

汤别乘，指汤以柏，万历三十一年任宁波府通判。余寅卒于次年。徐时进《书余君房先生乡贤祠碑阴赞》："公殁以万历乙巳。"（《啜墨亭集》卷四）

十一月，应天巡抚曹时聘升河道总督，代作赠序。

《大中丞曹公晋右司马总理河道序》："余郡史侯驰书燕邸……某忝守史局，职在纂述，愿操管其后而纪公之勋烈焉。"（文集卷八）此文当代汤宾尹作。

据《神宗实录》卷四〇二，十月二十七日，应天巡抚曹时聘升工部右侍郎、总理河道、提督军务。

约本年，岳母陶氏迁葬，往祭之。

《祭唐外母陶恭人迁殡》：“今几五十年，而施恭人之伯子始克迁以祔嘉议于芳山。”（文集卷二十五）陶氏卒于嘉靖三十四年。

约本年，应尹懋中请，为其父尹三聘作传。

《比部前宣城令尹公传》，文集卷二十一。

《与尹且孺》：“曩夏沈君奉启事……乃谬属传尊先公……尊先公墓未宿草，鼎祚尚及置一束之刍，顾白马西来，稽至今日，亦窃内愧。”（书牍卷十二）

本年，梅守箕病卒于金陵，年四十六。

梅士秀《述刻王父季豹公集略》：“晚年惟饮酒，不善饭，竟以此得疾，时年四十五，卒于金陵。”（《居诸二集》后附）此言四十五，当为周岁，虚龄应为四十六。

约年底，为外甥麻一骥《游燕草》作序。

《游燕草序》：“麻甥伯顾参永昌军事……初谒选，有游燕诗数十章，汤太史嘉宾、余叔膳部郎季方则既已序之，文较著。甥觐归，而其弟凤行之版，征序余赘已。”（文集卷四）

十二月，邑人张守道母八十大寿，为作寿序。

《张母潘太安人八秩序》：“维期月嘉平癸酉前一旬，太皞在御，八风周而三阳泰，是维更新之会，履端之辰，则太夫人方兹始耋尔，约之于时为春，于日为旦，于岁为太初，于皇极为上元。”（文集卷十五）本年十二月十八日立春。

汤宾尹《赠户部署员外郎事主事、东洲张公暨配封太安人潘母合葬墓志铭》：“太安人潘氏生嘉靖乙酉十二月二十八日。”（《睡庵稿》文集卷十九）据以定生年。

万历三十三年乙巳(1605)　五十七岁

一月一日，作《乙巳元夕书怀》。诗集卷二十五

《三才灵记》开始刊刻。时自号蟫隐。参见上年

《答镜水叔》：“侄年且六十一矣，终岁杜门，宗戚之聚晤，佰不得一。山泉之眺听，什不得一。含饴弄孙之外，不得已以其余晷仍寄诸书

生，合作蠹虫，钻它故纸，因自戏称蟫隐居。”（书牍卷十二）

春，至宁国府衙，晤知府史起钦，为其题扇。

《题史府君桃花画扇》：“武陵春逗宛陵阳，牒扇描成半面妆。”（诗集卷二十五）史起钦万历三十一年至三十五年任宁国知府。

知府史起钦刊刻《七子纂要》，为之作序。

《七子纂要序》：“郡君侯四明史公莅我守之明年，政通物和……又明年，刻《七子纂要》成，公既自标其首，简以训多士……申命鼎小子系之。”（文集卷一）

春，宁国知县祁承爜至府，与游。

祁承爜《游山门问瞿硎石次梅禹金韵》：“洞壑既玲珑，春风复和煦。”（《澹生堂集》卷一）

祁承爜《赠梅禹金》其一：“绾授来兹土，薄暮相周旋。”其二：“四诗溯绝源，八代开迷津。下语妙天下，得句惊有神。”（《澹生堂集》卷一）

宁国府推官屈之乘父卒，作祭文以悼。

《祭屈封君》，《鹿裘石室集》文集卷二十四。屈之乘去年来任，本年离任。

约本年，感邑人马士宁义行，为作碑记。

《石冢记》：“于是伐石墚蒙，缪勒辞以记其遗行，尚追为之立继，以尸俎豆而奉扫除。”（文集卷十六）

四月，南京报恩寺高僧洪恩至宣城，与游。

洪恩《乙巳初夏过宣城景德寺对亭庵，时梅禹金、汪原博、汪荣期诸居士见过，为竟日之坐，纪事四首》，《宣城右集》卷二十七。

按，《雪浪续集》卷二录此诗，题作“同月邦、直竺公过宣城景德寺，同禹金、梅伯揆、孙原博、汪诸居士坐对亭庵竟日纪事”。

七月十八日，五从兄梅储祚六十寿，作诗以贺。

《寿五从兄文麓翁》诗序：“以兹届岁乙巳，吉日庚寅，寿登六秩，序属三秋，大火初流，长庚载曜。”（诗集卷二十）

七月，宁国府通判梁梦阳改任东昌府通判，有诗赠行。

《送梁别驾致政还赵，余尝为其兄太宰公跋医无闾碑，因索一通》：“攀别敬亭暮，新霜柳渐稀。”（诗集卷十四）太宰公，指梁梦龙，万历十年吏部尚书。

约七月，为邑人徐大望作行状。

《扬州府儒学教授、前承事郎、广州府番禺县知县、实斋徐公行状》，文集卷二十。

约秋，从弟梅蕃祚卒，赴南京吊丧，作诗三首悼之。

《金陵哭从弟子马三首》，诗集卷五。

按，蕃祚卒年，《文峰梅氏宗谱》未记。考鼎祚诗有“客死有常期，五十弗称夭”，则蕃祚卒于今年也。

《答杨四尊》：“棘后鼎祚尚在秦淮间，即事叩谒，则驺御已及国门之外矣。冬中归，而台台移节泾川。”（书牍卷十二）即指此金陵之行。杨四尊，宁国府推官杨若予。

归途道高淳，作有《湖阳船》。诗集卷五

秋，宁国知县祁承㸁有书来寄。

《与梅禹金》：“野旷天高，秋林萧瑟，思我玄度，不禁一往深情矣。不佞弟方困诸生时，即寤寐作者，惄焉如饥，况今得傍敬亭一片地。奈何室迩而有遐心，乃一接芝宇，杳关问，则以世法苛礼应接不遑，而惟我公荣可不与饮耳。不佞每诵‘废土有人耕不畏，古厅无讼醉何妨’，此境殊不恶，山城自宜饶，此弟独不然，薄福人于清福无缘乃尔，且弹丸一地，向以僻隅，今成孔道，有时合圉人、庖人、仆人而集之一身，或嗔或喜，或慈悲而聚之，一面仰眉目，亦觉其可憎，持此相向，政恐门下移吾床远客耳。

私心有请者，独以风雅之道，才情格力皆属第二义，而古人会心之妙，每从一种高韵处得之。韵也者，非才非法，无古无今，如女之态，酒之趣，非在色相滋味间索也。今之执修眉盼目、嫩颊芳颜，而以为女之色在此矣，不知色固一目而尽也，惟态则姗姗婉转，百出不穷，诚令夷光束昔日之妆，而蹁跹于苎萝道上，则世人惟有拥观已耳，岂更嫌其饰之为今昔哉？故态无定体，而人有同怜，韵无常度，而世有共赏，迫于境，触于情，而动于声者，古今岂有异哉？虽然，江城五月，信口横吹，不按宫商，更成别调，合节而诸声，司乐之职，非丈孰任之？”（《澹生堂集》卷十七）

八月二十五日，屠隆卒，享年六十三。

九月，王稚登来书，告以屠隆病故之耗。

《答畲聿云》：“比百谷以纬真之耗来书，谓词人之厄，信在龙蛇乎？”（书牍卷十一）

十月二十日，冯梦祯卒，享年五十九。

十一月，铜陵畲敬中八十寿，诗以贺之。

《池阳畲通议公八十，是月皇太孙诞生》，诗集卷二十。

畲通议，指畲敬中，畲翘之父。《明史》卷二十二《熹宗本纪》：万历三十三年十一月，神宗以元孙生，诏告天下。

《答畲聿云》："天佑老成，而以平格之寿奉太公，恒使后进获所依归，则吾乡邦之福也，讵独君家庆而已。仆预在世讲礼，当修酌者之辞，拜舞堂下，重以嘉命，敢不祇承。"（书牍卷十一）同时作。畲翘来书当在前数月，并以自作《赐环记》传奇相寄。

徽州知府梁应泽将三年考满，代宁国知府史起钦作赠序。

《徽州梁侯考绩上最序》："今岁乙巳，梁公绩用考成。"（文集卷八）梁应泽三十一年任徽州知府。

约本年，宁国知府史起钦翻刻叠嶂楼诗文碑，为作题跋。

《叠嶂楼诗跋》《叠嶂楼碑跋》，文集卷十八。

《叠嶂楼述》，文集卷十八。此文代史起钦作。

李作舟升浙江提学佥事，有书贺之。

《与李二溟学宪》，书牍卷十二。

据《神宗实录》卷四一四，本年十月李作舟由户部郎中升浙江提学佥事。

十二月，邑人徐元太七十大寿，代作寿序。

《大司寇华阳徐公七秩序》："届于岁乙巳，在礼年且杖国焉……以嘉平之壬戌敬从守为徐公寿。"（文集卷十三）

嘉平之壬戌，十二月二十二日。参见本谱万历二十三年。本文代宁国知府史起钦作。

有书寄宁国府推官杨若予，谢其赠颁新历。

《答杨四尊》："仰承宠颁新历……兼损俸金……惠随春至，感与岁增。"（书牍卷十二）

杨若予（1564—1615），字顺甫，号终慕，云南太和人。万历三十二年进士，今年任宁国府推官。嘉庆《宁国府志》作三十四年，误。《宁国府题名碑》作"万历乙巳年"，是。《弘农杨氏统宗世系族谱》："乙丑除直隶宁国府推官。"（杨世钰、赵寅松主编《大理丛书·族谱篇》卷三，云南民族出版社 2009 年 6 月版）乙丑，当为"乙巳"之误。

十二月二十七日，族兄梅延祚七十，为作寿序。

《一兄长泰和先生七秩序》："是月嘉平，其日丁卯，为先生览揆之

辰。翌辰立春，越岁丙午。”（文集卷十三）

据《文峰梅氏宗谱》卷四，梅延祚嘉靖十五年闰十二月二十七日生。

本年，梅蕃祚第三子梅士劝来从学。

潘之恒《唾余集叙》：“勉叔，子马之叔子也，方髫而父见背，季豹亦先亡，即就禹金学，起居步趋，不违咫尺，于禹金所翻必绎之，所挹必散之，所拈必察之。”（《文峰梅氏宗谱》卷末）

梅士劝《唾余集自序》：“余比年从从父胜乐翁佐纂述之业，朝夕一乌皮几，两人相对雠校，彻曙不能辍，七年于斯。”（《文峰梅氏宗谱》卷末）

约本年，汤显祖寄书泾县张应泰，问及鼎祚近况。

汤显祖《与张东山司马》：“禹金近有新声否？一水蒹葭，曷任延伫。”（《玉茗堂全集》书牍卷一）时张应泰由泉州知府贬大名府通判。

金华胡应麟欲识鼎祚。

胡应麟《报张大来》：“禹金，足下所称鼎足，于来谕中得之，乃仆素乐道其人者，计亦能联璧同来乎？”（《少室山房集》卷一一九）张应泰时任户部员外郎。

万历三十四年丙午(1606)　五十八岁

春，邑友叶炜赴任杭严道，有诗赠行。

《送叶文光参知乞老不允，复赴杭严》：“到日莲花锦作云。”（诗集卷十九）

徐元太《赠叶玄峰备兵于越》，《宛雅二编》卷一。

《神宗实录》卷四一七：“（万历三十四年正月癸巳）调补四川参政叶炜为浙江参政。”

《亚中大夫浙江布政使司右参政玄峰叶公行状》：“甲辰秋，以入贺过里门，雅倦游矣，遂上疏请致事，不报。久之，有蜀藩之迁，寻复用右参政、分守杭严，兼摄诸道。公应之暇豫也，为两台所倚重。未几，复请归，当路力挽之，不待报而行实，丙午之腊月也。”（文集卷二十）

托叶炜寄书浙江右参政吴用先。

《与吴本如宪长》：“往岁从叶宪使仰奉教敕，且汲引先大夫之祀典也，感戢无量。”（书牍卷十三）

为宁国府同知郑和乾母张氏作传。

《贞母郑太孺人传》，文集卷二十一。

按，郑和乾，号清轩，湖广安陆（今属湖北）人。万历十三年举人，三十二年至三十四年任宁国府同知。文中有“君为宁国，三署篆，以廉著”，当在其任职后期，因系此传于本年。

又，文中有“今上之甲申、乙酉间，余出佥楚宪，视学政行部郧中”句，则此传似代邑人麻瀛作。

宣城县知县董暹父卒，作文以悼。

《祭董太公》：“令公之政于宣数月耳。”（文集卷二十四）

按，据吴伯与《夜送董明府闻计归庐》（《素雯斋集》卷七），诗系在三十四年，鼎祚言其任仅数月，则当为三十三年来任。府县志均系在三十二年，误。

本年，《六朝诗乘》二十七卷编刻完成，作有序。

《六朝诗乘序》：“我府君四明史公政成之暇，因命予小子铨选六朝，纂缀汉魏，取衡于冯氏（惟讷）而质成于府君，总之《八代诗乘》。”（文集卷一）

《答方伯文》：“敝郡史府君为不佞梓行《八代诗乘》，两月即完，盖校选、写刻一时迸集，且不避嫌迹，遂不劳而速成也。”（书牍卷十一）

约初夏，过梅咸祚别峰庵。

《月邦弟于开元寺左创别峰庵，初过有作》：“棠花交映茵蔯熟，百遍相过信短笻。”（诗集卷十九）

夏，署宣城县教谕王翊恩升国子助教，作序以赠行。

《娄云王先生拜国子助教序》：“居四载，为丙午夏，先生用累荐，拜国子助教之命且北矣。”（文集卷九）

王翊恩，字补之，南直娄县人。万历十六年举人。事见乾隆《娄县志》卷十七。

五月，南京翰林侍读学士全天叙以分封江藩过宁国府，与游，作诗和全天叙。

全天叙《高斋命酌赠史郡伯德明一首》，署“万历丙午五月，四明全天叙书”（见徐谱）。知府史起钦、宁国知县祁承爜及梅鼎祚皆有和诗。

祁承爜《奉和全玄翁座师酌高斋韵》《再和全座师与史府公书公署诗后》小序：“不肖捧檄宁阳，佩府公师帅者方及期，而吾师适奉玺书赐江藩，取道下邑，问政观风，眷焉莞尔。”（《澹生堂集》卷二）

《奉和全宫詹集高斋赠史府君》，诗集卷十四。

五月，宁国府知府史起钦父母七十寿并获封赠，代作序、颂以贺。

《中宪大夫史翁暨郭太恭人双寿三封序》："越数岁，郎出为宁国，守又三岁，丙午也，则先生年进而登七十……先生悬弧之辰月在午，而太夫人前期贞于孟陬。"（文集卷十三）

午月，即五月。据文中"不佞适李宁国郡"句，此序代宁国府推官杨若予作。

《三命合寿颂》："岁丙午，封中宪公少翁先生偕妃郭太恭人寿七秩也。"（文集卷十六）

五月，应邑人李成器请，为校订《李氏家集》成。

《宣城李氏家集序》："常山君成器帅诸李刻置先祠，以重宗器，敦命鼎小子序之。"（文集卷二）

按，宣城《西溪李氏宗谱》录此序，后款："万历丙午夏月日长至，宣城千秋乡人梅鼎祚撰，句甬林芝书。"本年五月十八日夏至。

李成器，字汝济，号龙石，太学生，本年以叶向高荐任浙江常山县丞。又，林芝至宣城游之时间，参见本谱万历三十七年。

李成器赴浙江常山县丞任，托寄书浙江右参政吴用先。

《与吴本如宪长》："适常山李丞便附一缄，及《八代诗乘》《文纪》凡例，而其时明公方捧表北上，且留连皖歙黄白之间，计此终当浮沉耳。"（书牍卷十三）

宁国府教授张国维升任南国子监博士，作序赠行。

《赠教授张西垣先生擢南国子博士序》，文集卷九。

张国维，后复姓缪，字四备，号西垣，南直吴县人。万历二十九年进士，累官贵州右参政。著有《缪西垣先生文集》等。事见《贵州布政使司右参政西垣缪先生暨配苏恭人继徐恭人行状》（《缪西垣先生文集》附录），崇祯《吴县志》卷三十四有传。

长子士都赴金陵乡试，有书寄陈禹谟。

《与陈锡玄博士》："比月西垣先生南，拟削单牍申仰止，嗣闻擢司曹北矣……小儿士都就试行，敬先布之从史。"（书牍卷十二）时陈禹谟任南国子监博士。

七月七日，邑友孙伯揆就医南京，有诗送之。

《七夕送孙伯揆南游》，诗集卷十四。

按，诗题后有小注："将以医行。"据《宣城苍坑茶赞》（文集卷十七），孙伯揆当为今溪口镇梅陇人。

新安名医程某离宣赴金陵，作诗送之。

《新都程医起麻北鱼于宛，复之留都》，诗集卷十四。北鱼，或是麻瀛号。

秋，宁国知县祁承㸁再至宣城，请梅鼎祚为《澹生堂杂稿》作序，不遇。

《答祁尔光明府》："往屈车骑而临之，值鼎祚偶出郊关，交臂坐失，怅望云何。"（书牍卷十二）

祁承㸁《秋日复同李孟闇、丁明初再过敬亭》："万松集一山，翠色殊欲滴。"（《澹生堂集》卷一）

约九月，吴县钱希言来访。

《钱简栖见访，要登天柱阁，得汤义仍前秋书及诗，有"一枝梅在敬亭心"之句》，诗集卷十九。

按，钱希言字简栖，其于万历三十二年秋访临川，留二月。汤显祖作有《再赠简栖往寻梅禹金二首》，见《玉茗堂全集》诗集卷十六。

钱希言《寻访梅禹金于宛溪之上却赠二首》，《松枢十九山·讨桂编》卷九。

芜江歌姬周华募建准提庵，为作诗疏。

《芜江歌姬周华去伎为尼，募建准提庵》，诗集卷十九。

宁国知府史起钦招游府衙。

《秋日史府君招登叠嶂楼》，诗集卷十九。

约九月底，往金陵。

《答王昭文》："丙午秋，迹仁兄于金陵而不得。"（书牍卷十三）自此年始至万历三十九年，六年杜门。

《答祁尔光明府》："秋中薄游金陵，获奉良讯兼扇头赠篇……京市应酬杂沓，才一抚几，便闻叩门，无膻德而有尘劳。"（书牍卷十二）书本年作。

遇常熟藏书家孙胤伽，有诗相赠。

《秣陵送孙唐卿归海虞，寄赵玄度》，诗集卷十九。

孙胤伽（1571—1639），字唐卿，一字伏生，号生洲居士、东川居士，常熟人。有藏书楼"春云楼""艳雪斋"，藏书多奇本秘籍。著有《玉台外史》《谈觚》《艳雪斋集》等。

过雨花台，感念往事，作诗寄邹迪光。

《感旧寄邹彦吉使君。往王弇州雨花分咏，主宾七人，有"竹林吾总愧朝簪”之句，今惟彦吉及余在》，诗集卷十九。

按，此为回忆万历十六年秋事，参见本谱该年。

有诗寄姚绍宪，忆往事。

《寄吴兴姚叔度，兼追怀长君伯道。往年叔度在金陵客舍，方度曲欢笑，王弇州司马适过余，俾叔度终一曲去。前辈风流今何可得，因并及之》，诗集卷十九。

《答姚叔度》：“雨花台集在乙酉，而戊子之秋，记兄方过我邸中，坐未定，王长公适至，相剧谈甚畅。”（书牍卷十）

汪初明归歙县，有诗相送。

《送汪初明归新安侍祖读书，时尊人侨居余郡》，诗集卷十九。汪初明，汪尚宁孙。

十一月一日，为祁承㸁《澹生堂杂稿》作序。

《澹生堂杂稿序》：“今祁令君尔光者，东越人也，来为余邻邑宁阳，有事趋府，辄过余鼎祚，而余去之田间，复不相直。间一抵掌剧谈……顷之示余以《澹生堂杂稿》。稿所纂诗若文也，缪俾余评而序之。”（文集卷三）原书序署“万历岁丙午中冬朔日丙寅，宣城梅鼎祚撰”。

《答祁尔光明府》：“归伏荒垄，牵率成章，用完宿诺。”（书牍卷十二）同时作。

约本年，读孟楠《奇蜂记》，有感而作跋。

《书孟水曹奇蜂记》，文集卷十六。

孟楠，濬县人，万历二十六年进士，三十一年至三十三年任江西乐安知县。升工部主事，榷芜湖北新关税。辑有《奇蜂集》二卷。南京兵部侍郎张鸣岗序：“《奇蜂集》者，何赋虞部孟君令乐安事而颂之也……满岁称职，天子下玺书褒美君，君郊迎之，有群蜂翔聚成盖，拥覆以行，抵邑复依徊官署中，遂房焉。及君上计，蜂亦去。比归来，逾时复至。其迁南水衡也，尊甫在家，报又得蜂。”（嘉庆《濬县志》卷二十）

约年底，为邑人后节卿妻徐氏六十寿作序。

《后母徐孺人六十序》：“明年丁未，孺人盖春秋六秩矣，二子计所为奉母孺人寿者。”（文集卷十五）徐氏，徐元气长女。

万历三十五年丁未(1607)　五十九岁

年初，有书答吴用先。

《答吴本如大参》：“往从临汝拜命之辱……迨兹岁星一周矣。条风

应律，兰讯下投……叶使君甚荷翁丈之遂其高志，忽有言于南中，隐尚生妒而名之难全也如此，相与寄慨。”（书牍卷十二）

临汝拜命，指二十四年鼎祚为其母作《贞孝颂》。叶使君，指叶炜，去年腊月以被议自浙江杭严道自免归。参见文集卷二十《玄峰叶公行状》。

李作舟来书，言及父守德入绍兴名宦祠事。

《与尹且孺》其二：“先大夫去守越，岁星周且半，而贵郡犹然尸祝于贤人之间。新正得李学宪书，始知尝再举批行也，亦遥度吾丈垂念世好，委心曲调，非谊盛情真，何克臻此？”（书牍卷十二）李作舟三十三年十月至三十五年四月任浙江提学。

约本年春，徐桂卒。

春，福建晋江谢吉卿至宣城游，有诗赠之。

梅鼎祚《答温陵谢修之博士》：“匹练引双虹，重来一谢公……物候梧飞碧，乡心荔擘红。”（诗集卷十四）

谢吉卿，字修之，号月航，福建晋江人。万历八年进士。此言谢吉卿为博士，当是其任广西宣城书院掌教后。参见乾隆《泉州府志》卷四十九本传。其弟谢台卿万历八年任宁国府教授，故诗中有“重来一谢公”之句，亦暗方之以谢朓也。

因外甥麻一骥任官永昌卫，寄书龙膺。

《与龙君善宪使》：“自甲午拜别金陵，凡十有四载……敬因永昌卫幕庐儿行，申祝台候。”（书牍卷十二）

按，龙膺三十四年八月任陕西按察司佥事（《神宗实录》卷四二四）。据叶德均《戏曲小说丛考》，龙膺今年丧母，归里守制，而鼎祚不知也。徐谱系于三十六年，似可商榷。

二月二十五日，邑人叶炜去世，往唁之，为作行状。

《祭叶文光大参》，文集卷二十四。

《亚中大夫浙江布政使司右参政玄峰叶公行状》，文集卷二十。

金励由南户部郎中任宁国府知府，获知。

《答金兵尊》：“鼎祚一介陈人，初无绍介，忽遘特知，且不在区区文字之间，而在硁硁信果之末。”（书牍卷十三）

金励（1567？—1628），字季孺，号霜镡，河南西华人。万历二十三年进士，历太原、曲阳知县，南行人司副、户部员外郎，终江西副使、山东参政。乾隆《西华县志》卷七有传。

约本年，宣州卫指挥佥事王用贤获荐，作文以贺。

《君擢王侯膺荐序》："余少修郡乘……又三十余年，今卫尉王侯君擢以督屯特著声，顷于郭君惟中所，得读侯所条上《郡台八议》……诸与王侯知交者，属不佞叙次其事为侯赠，以侯之祖尝学于先大夫，有世讲也。"（文集卷九）

按，据《宣州卫选簿》，王用贤，字君濯，王存德孙，万历二十九年世袭宣州卫指挥佥事。

寄书无锡邹迪光，欲往翻书。不果行。

《与邹彦吉大参》："今因撰《文纪》……欲来诣左右，寄迹庑下，一见所未见……乡友孙生以布衣游士大夫间，有楼君卿风偶经锡山，属为置书邮门下。"（书牍卷十二）

按，邹迪光万历十九年十一月以湖广提学佥事归，未见其有参政之任，何以称"大参"？或当以其十六年曾任嘉湖兵备道耶？待考。

邹迪光《复梅禹金》："自弇州就场，东南柱折，大雅遂以不振。寻下雉物故，肇林亦故，四明兰溪又故，而艺林词苑凋落已甚。幸金阊有百谷，五茸有元敏，宛陵有足下耳。乃王、冯各近崦嵫，而足下尚远濛汜，所为刑马歃血，执牛耳于坛壝之上者，非足下其谁？若不佞井碗管视，罕所知识，小有结撰，率风蝉雨蚓，时至自鸣，无当韵调，而又困于二竖，夺于曲生，分于蜡屐，废于槃礴，妨于麈尾。顷且屏谢杂嗜，舍身慈氏，六时莲涌，杜口毗邪已矣，无所事于著作之涂矣，则所为独秉旄羽。竖赤帜无人乎千里之内者，又非足下其谁？

来教云欲成《文纪》一书，甚善。此不佞所有志而未能者，以足下才力，成之何难？不佞虽家无遗书，可借近于九龙山下，构得一菟裘，有池有亭，有榭有庖湢，有修廊可步，有便房可以卧起，足下携万卷、挟百氏而来，校雠其中，俾不佞分膏借馥，窃一二绪余，书成之日，附姓名不朽，此所深愿也，而不敢必也，足下果有意乎？

村童数辈，业且老大，然犹能镊髭饰面，搬演公家《章台柳》，足下试一听之，如听头白佳人唱渭城朝雨，差不太俗，何如何如？孙君伯揆人最雅驯，斋头月余，甚难为别，必于别者，欲其归而趋足下来也。"（《调象庵稿》卷三十九）

约夏，有书寄山阴尹懋中，并问及王骥德。

《与尹且孺》："秋中自当踵谢高门，稽首祠下。王先生虽由吾丈屋乌之推，然不佞父了徽惠鸿矣。一缄附答，望更致声。"（书牍卷十二）

有书寄山阴王玉里。

《答王玉里》："足下既陟文脊，铭瞿硎，则去仆一由旬地，何交臂而坐失焉……祁侯第一流人，宜作第一县宰……傥足下果来泾，必寄径下……把酒持螯，候以秋日。"（书牍卷十二）祁承㸁三十三至三十五年任宁国知县。王玉里之游宁国，或在去年。

《答王文学》："足下之不获与且孺兄偕，固以吾两人机缘未到耳。萧伯谷入郡，当为致声。从布贯见况嘉翰及蕺山之扇。"（书牍卷十二）

王文学，或当即王玉里。萧伯谷，即萧思似，字伯谷，泾县人，萧良干长子。萧良干万历十一年至十六年任绍兴知府。

约本年，为泉州《陈崇阳先生遗文》作跋。

《陈崇阳先生遗文跋》："今始表彰于我府君次公。"（文集卷十八）。

按，此"次公"，当为宁国府同知陈振扬之弟。陈振扬，字时通，号清波，福建晋江人。万历二十年进士，三十四年至三十九年任宁国府同知。

约本年，为父母作行状。

《先府君宛溪先生行状》《先母郭太君行状》，文集卷二十。

七月二十七日，孙朗中（士好子）生。《文峰梅氏宗谱》卷五

八月，歙县谢彦章离宣游扬州，有诗赠行，代为引见李柷。

《郊外送谢于宣游广陵》："山色敬亭晚，涛声扬子秋……稻蟹江乡熟，芜萤古苑愁。"（诗集卷十四）

《寄李季宣明府真州》："离梦十年老，江光八月秋。"（诗集卷十四）由诗可知，鼎祚约万历二十五年与李柷相见于金陵。

《与李季宣》："少廉有侄孙于宣……将事广陵，属为邮候……小诗附上，读之足知弟情兴潦倒矣，幸和歌以振我。"（书牍卷十二）

约八月，刘学周任宣城知县，有书来寄，答之。

《答刘尹公》："仰劳谕及，胪列上陈，其粗备草而力不能付杀青者尚存数种……小史诸籍略抄什一，唯听裁示。"（书牍卷十二）

按，刘学周任年，府、县志均作三十四年，误。盖刘学周三十二年任南陵，三十三年丁母忧，不当三十四年服阕补任也。汤宾尹《祭刘翊寰文》曰宣城久缺令，盖三十四年知县董暹以丁忧去任，令久悬也，若以刘学周三十四年任，何以言久缺？

刘学周，字翊成（翼成），一字南嶷，号郁寰（翊寰），湖广武昌人。万历二十三年进士。光绪《武昌县志》卷十六有传。

八月，汤宾尹归里，十二日，与汪原博、汪荣期等聚会。

汤宾尹《八月十二夜汪原博、荣期招饮同梅禹金》，《睡庵稿》诗集卷六。

八月十四日，招汤宾尹与汪原博、汪荣期等再聚。

汤宾尹《十四夜赴禹金招，同原博、荣期仍用前韵》，《睡庵稿》诗集卷六。

约本年，为邑人吴伯敬《道德南华台县》作序。

《道德南华台县序》："吾良友吴长舆者名伯敬，癸卯举于乡……尝有味乎《道德》《南华》也，积十数祀之心力，为之解名，台县笔受，未竟以即世。"（文集卷一）

按，据宣城《吴府族谱》卷九，吴伯敬卒于万历三十四年十月，故此序作于是年之后。鼎祚次年作《答韩君陈》其二（书牍卷九）也提及是书。又，今国图存吴伯敬《南华经台县》三卷，未见此序。

约本年，梓刻从弟梅台祚《弧矢集》，为作序。

《从弟泰符诗序》："年三十五以死……盖乙未冬月也。是后季豹、子马相次死金陵，皆无年。"（文集卷四）

按，梅台祚卒于万历二十三年，梅守箕卒于万历三十一年，梅蕃祚卒于万历三十三年。

约本年或稍后，为宁国府教授马德沣父《检身》《教家》二箴作序。

《马长公先生二箴序》："以容起家高第，恨不获逮事先生，遂不忍骤越先生官，乞为吾郡博，奉二箴传诸梓。"（文集卷四）马德沣本年任。

约本年，宁国府同知陈振扬刊刻《警俗编》，为作跋。

《重刻〈警俗编〉跋》："郡大夫温陵陈公……往受是编虎林，兹图布之宛上，乃两台告诫之檄先后下……刻成，公既自为序，以余小子家世不食牛，命识于末。余复得宋一事在宣城者，及冯元成大参一记。元成、俞安期、谢室，并吾友也。"（文集卷十八）

《警俗编》，海宁夏之时杏儒撰。

万历三十六年戊申(1608)　六十岁

一月三日，六十寿辰，作诗自寿。

《戊申献岁六十诞辰，移舟避客，浪述十首》，诗集卷十四。

邑人刘仲光来贺。

《答刘元弢》："俯臆贱辰，垂情朽质。宠敚芳讯，诚联璧而掷金；

过损丰仪，胜分桃而啖枣，扪衷多愧。”（书牍卷十二）

刘仲光（1561—1623），字元弢，号日铸，邑庠生。事见吴伯与《恩选贡士元弢刘先生传》（《陷马刘氏宗谱》卷十五），其生平可参见光绪《宣城县志》卷十六《孝友传》。

内弟唐之淳、亲家韩仲孝以曹学佺寿文来贺。

《答唐君湜》：“世人率皆寄生，然必有所以为寄。若弟进不能用世，退不能出世，罔生幸免，荏苒至今，顾影疚心，何敢当祝？因一切辞绝，跳身一舫，沿回菰芦间，凡数日亦足小适也。”（书牍卷十二）

《与韩君陈》其一：“春中辱手翰远使，即以犬马之年，不敢登玄黄之篚。”其二：“赠言之典本出仁人，敝乡寒族，弟一切谢绝……而诸丈犹令尘汗，曹能始难为能始矣。且仁兄落笔妙天下，奈何倩人释骐骥而惶惶再索，又计之左者也。弟避之江上，复有嬲之不置者。”（书牍卷十二）

太平县知县许光祚有诗文来贺。

《答许灵长明府》：“献岁偶尔他避，遂稽效驾，顾获博珠玉之篇。”（书牍卷十二）

书又云：“往言《文渊阁书目》及有何钞本，悉见示。秀水沈汝纳孝廉识之否？其家有《十六国春秋》百二十卷，弟撰《文纪》，欲就检，或门下旧识，作数字附弟行为望。”今年欲往嘉兴沈士龙（字汝纳）处翻书，不果。

焦竑有诗文来贺。

《与焦弱侯太史》其一：“先生俯念贱诞，损贲名篇，而以文章不朽之盛事相期祝，此何能副？所为不朽鼎祚者，正仰藉先生此文，重以丰贶，益增罔生之愧尔。”（书牍卷十二）

书云：“春夏之交，非常霪涝，先人之敝庐几为营窟，孙辈复相次举疹，积劳成悴，因循抵今，甫及一奉讯函丈。”可知此书作于秋初。书又云：“《文纪》业得什七，未竟唯刘宋、元魏两朝，不审邺架有道藏全部否？不则当乞玄度丈赴虞山翻阅之。久拟渡江叩请大序，且从玄度借书，而岁荒食俭，游资阙如，然亦决意杪秋抠趋有日也。”可知《文纪》编纂进度。

一月二十二日，方于鲁卒，享年六十八。

约本年，完成传奇《长命缕记》三十出。

《长命缕记序》：“凡天下吃井水处，无不唱《章台》传奇者，而胜乐道人方自以宫调之未尽合也，音韵之未尽叶也，意过沉而辞伤繁也，

是时道人年三十余尔，又三十余年而《长命缕记》出。”（文集卷四）

按，《玉合记》作于万历十四年，三十八岁，其后“又三十余年”，鼎祚已不在人世，“三十余年”当是“二十余年”之误。《长命缕记》若本年作，则为《玉合记》之后二十二年。《长命缕记》第一出《提纲》《临江仙》云：“寿星南纪正当阳，老人作戏逢场。”似为六十自寿作。

亡父守德入祀乡贤祠。

《先府君宛溪先生行状》：“初府君之临诀也，严诫以无入乡贤。即世之数月，而两庠业已举之，鼎祚以治命辞。至万历之戊申，太守大梁金公励刻期以举于督学杨公廷筠，崇祀焉，实非先志也。”（文集卷二十）

《答公衍弟》：“手翰见及念及先人，以为从祀喜。初先人治命，无事于此，而郡台旬日立举，非不肖所及与闻，亦听之而已。乡族近状，举国若狂，狺狺薨薨，无地可免。”（书牍卷十二）

春，有书答韩仲孝，欲为《文纪》觅刊行者。

《答韩君陈》其一：“与吾兄不相见者动辄五年……《文纪》将竣事……顷有欲梓行者，其人皆方都显，易为力，不知弟与彼更有大缘否耶？春水时至，湖上之约定能无爽。”（书牍卷九）《文纪》竣工在次年。

《答韩君陈》其二：“明春和暖，似宜其时，弟颇欲再过丈湖上。”（书牍卷九）当作于本年秋。

三月，叔父梅守立六十寿，为作寿序。

《石门公暨刘太君六秩序》：“吾叔石门公以岁季春始及耆……公之妃刘太君者，前一岁丁未登六秩。”（文集卷十二）

梅守立，字毅甫，号石门。据《文峰梅氏宗谱》卷四，其生于嘉靖二十八年三月十七日。

约本年，广德知州邵圭至宣城，别后有书寄之。

《答广德邵使君》：“昨过陵阳，枉鸾和于荜户，于焉时迫，遂值星言，尚阙一顿之供，何论十日之饮……姚墟大业，开秩尺头，便知迁、固在握矣。”（书牍卷十三）参见本谱万历十九年。

邵圭，三十五至三十八年任广德州知州。其访鼎祚，当为州志之修，竟未果行。

五月二十五日，高淳韩仲孝母狄氏六十，为作寿序。

《韩母狄太夫人六十序》：“赡寿之期，岁徒维涒滩，其月皋，其日庚戌，日躔鹑首之次。”（文集卷十四）徒维涒滩，即戊申。

鼎祚本年当有高淳之行。《与韩璧哉少参》：“郊外奉祖，草草蔬豆，寥寥数言，弗能抒积年契阔也。”（书牍卷十二）韩仲雍今年由贵州提学佥事升福建参议，当亦在此时归里。书作于本年稍后。

六月，邑人刘伯兴年八十，为作寿序。

《东溪翁刘长公八十序》：“维夏之季日己酉，后君匪誉伯仲、汪君原匀辈咸中表亲也，暨予兄子好为长公甥者，共籍予小子言。”（文集卷十二）

按，据文集卷二十《刘母杭孺人行状》，刘伯兴比其妻小五岁，其妻生于嘉靖三年，则刘伯兴生于嘉靖八年。

夏，大水，为知县鲍国忠作《劝义白事》劝赈。文集卷十七

秋，项仲旭至宣城。

《答项仲旭》：“昨丈过宛，有泛舟之兴……夏中洪潦三浸，吾庐几为龙子之国者屡矣。日事曝书，兼拾遗穗，遂不及相闻问。”（书牍卷十二）书当作于十一月，见后。

休宁汪廷讷请为其传作跋，有书答之。

《答汪无如》：“门下日相与临江，讽盈盈一水间耳……所为《订谱》者，傥先示二三则，领略大指，承命而共穮秖之役也，庶非窾言。”（书牍卷十二）今年秋，汪廷讷（别号无如）与汤显祖、程伯书曾至芜湖。

有书答宁国府推官杨若予，进救荒之策。

《答杨四尊》：“比岁荒政……台台首巡田间，凌波面赈……是后议蠲务劝种种，区画固出太尊之苦心，实由台台之襄力……乃犹逊美推名，虚怀下问……重违钧谕，据所闻睹真切者列款上呈，仰俟采择。”（书牍卷十二）去今两年，宣城均水灾。

有书寄族弟梅凤祚。

《答文起弟》：“老弟佐理樵川，政声日著……贤郎归，承惠手札兼有双卮之贻……今春仆年及耆。”（书牍卷十二）樵川，邵武别称，时梅凤祚任福建邵武县丞。

有书答宁国知县陈伯龙。

《答宁国陈令君》：“昨生洲丈介命，缪有所委，偶尔奉诺，意若旧例事止六邑，初不虞郡尊之同举也。郡尊知鼎祚不谓不深，然自未效只字之役，今乃私有代斫，迹涉彼此，谊相衡决，其负慭巨矣。”（书牍卷十二）似陈伯龙请鼎祚为前守史起钦代作去思记。

陈伯龙，字孟阳，浙江萧山人。陈伯龙任年，府县志均置于三十二年，实误。民国《宁国县志》卷四《陈伯龙传》：“先任江右省，会以才

大忤时，调宁邑。”查同治《南昌府志》卷二十二，陈伯龙三十三至三十五年知新建县，则其任宁国当在三十五年或本年。

冬，有书答从叔梅守和。

《答镜水叔》：“学宪之任与他道异……侄年且六十一矣，终岁杜门。”（书牍卷十二）

梅守和，号镜水，一号二水。其任河南提学在三十二年闰九月。参见本谱该年。

有书寄邑人徐大任。

《答少司空徐公》：“比因直衷矢口，偶失一言，外则积衅仇我，内则获咎在公……今者一水足杭，极欲趋谒，且《文纪》成，有所请质于公，而小妇一病淹春，逮秋方在弥留之际，稍待事定，便当渡江而南。”（书牍卷十一）

按，少司空，即工部侍郎。徐大任三十三年十二月任南京工部右侍郎（《神宗实录》卷四一六），次年春考满（参见《神宗实录》卷四六〇）。书中有“明公荣满在迩”，可知书当本年底作。

宣城县训导叶曾获奖荐，作文以贺。

《赠叶司训膺荐序》，文集卷九。

宣城县训导董汝孝获奖荐，作文以贺。

《天柱会赠董学师膺荐序》：“余邑博翼吾董先生……来为宣城司训也，三年于兹矣。”（文集卷九）

董汝孝，字翼吾，南直武进人，万历二十九年恩贡，三十四年任宣城县学训导。《二楼小志》卷三有传。徐谱误作“董汝芳”。

十一月十五日，为汪廷讷《坐隐先生传》作序。

《书〈坐隐先生传〉后》：“比者滇失内地，辽左虏方警。”（文集卷十八）传系顾起元作。按，此文亦见《坐隐先生订谱全集》卷首，署“万历戊申长至日戊戌宣城梅鼎祚撰”。查今年十一月十五日冬至，正戊戌日也。

《答项仲旭》：“坐隐先生……所委为《订谱》役者，业已有序有赞，仆或为颂铭而小叙之，用补阙文，唯坐隐先生命……幸吾丈转达扇头题惠。”（书牍卷十二）

约本年，华亭蒲忠父游宣城，与有交。

《送蒲忠父自仪真游宣归华亭，因忆亡友李季宣、莫廷韩》，诗集卷七。

按，莫云卿卒于万历十五年，李柷卒年不详，考其二十九年至三十一年尚任山东济阳知县，其卒必在三十二年之后。

万历三十七年己酉(1609)　六十一岁

春，宣城县训导叶曾升顺义知县，作诗赠行。

《送叶一之广文迁顺义令》："长安瞻日近，宛水报春生。"（诗集卷十四）

归柏枧故居。

《还蒲上将移入山简诸宗》："何事经年始一归，竹林茅屋尚依依。"（诗集卷十九）

宁国府儒学新修成，寄书焦竑请记。

《与焦弱侯太史》其二："敝郡金太尊为先生座下人材……郡学一新，马广文适董其事……因质之鼎祚，敢以七尺之碑请记于台端。"（书牍卷十二）

焦竑《宁国府重修庙学记》，见《澹园续集》卷四。

三月，从叔梅守纲妻杨氏八十，为作寿序。

《从母杨太孺人八十序》："今岁己酉春三月日躔大梁之次，为从母杨太孺人八秩诞辰。"（文集卷十五）

梅守纲，字章甫，号南川。梅膺祚、储祚父。杨氏，宣州卫人。

宁国府推官杨若予升山西太原府偏关同知，代知府金励作序赠行。

《赠杨司理任太原郡丞序》，文集卷九。同卷另一首代邑人某作。

邹迪光有诗来寄。

《寄赠宣城梅禹金》："闻君老傍敬亭隅，文才风流未尽孤。击剑每过豪士宅，解衣长质酒家胡。里门折节推通隐，艺苑操觚号大巫。为问别来芝宇在，还如掷果少年无？"（《调象庵稿》卷十七）

夏，从侄梅士己赴学南国子监，有诗送之。

《送无己侄游南雍》："云峰占应夏，风海快抟秋。"（诗集卷十四）

梅士己，字继美，号无己。詹应鹏婿。善写兰，著有《百千斋草》。早卒。《文峰梅氏宗谱》卷五有传。

为邑人吴伯与《休夏诗》题辞。

《题吴福生休夏诗》，文集卷十八。

按，此文亦见吴伯与《素雯斋集》卷首。吴伯与《休夏诗》，见《素雯斋集》卷九，编次为万历三十七年。吴伯与自作《休夏诗小序》，见《素雯斋集》卷十九。

约五月，鄞县林芝至宣城，与游。

《答叶顺义》："林仙客近自芜湖过此，周旋弥月。"（书牍卷十三）

《林仙客像赞》（文集卷十七），《君子轩记跋》《屠纬真书林仙客志严庵碑后跋》（文集卷十八），均作于此时。

六月，有书寄顺义知县叶曾。

《答叶顺义》："敬亭执别，夏钥复周……秋令将届，燕地早寒，唯为国珍卫。"（书牍卷十三）

约六月，代作应天武乡试策问。

《应天武举乡试策》，文集卷十九。

七月，为前宁国府通判梁梦阳校订《冰川诗式》成。

《刻〈冰川诗式〉序》："真定梁长公先生有《冰川诗式》……兹且授命大夫校是籍，而更为穅秕之引。"（文集卷二）《冰川诗式》四卷，宁国府通判梁梦阳伯父梁桥著。

按，今万历三十七年《冰川诗式》刻本，题作"重刻冰川诗式序"，序后款："万历己酉之秋七月既望，后学宣城梅鼎祚敬撰。"徐谱系于万历三十三年，误。

《答梁三尊》："尊世父所为《诗式》……鼎祚获从事其间，附言不朽，则至厚幸也，笕削之役，敢不殚心……台端簿计之暇，有吾友蔡曦伯者相与雅谈，亦可代皋苏之释劳也。"（书牍卷十二）

按，梁梦阳万历三十二至三十三年任宁国府通判，三十三年改东昌府通判，旋离任。其请鼎祚代为校订《冰川诗式》，当在三十六年。观此书"司寄九府""簿计"，下书《与梁三府》"偶见榷关规则"等词，则梁梦阳当在户部任职。

《与梁三府》："《诗式》旦夕可竣，而刻工以炎天稍怠，幸发一票督促之。"（书牍卷十二）书作于本年夏。书中提及林芝，二人论交亦在本年。

有书寄浙江按察使吴用先，欲明春访杭州。

《与吴本如宪长》："汪、潘诸君尝盛传明公禅那之外精治于诗，又窃诵范穆其帙……顷者车骑出于宛上，鼎祚先人之庐与瞿石兄止一桥隔……辚辚之音，过而不存，末由效驾……生平足未踏西湖……来春瓢笠所寄，三竺孤山，肯容我迹乎？金商荐凉，玉体调适。"（书牍卷十三）

吴用先三十六年八月至三十八年二月任浙江按察使，故书必作于本年秋初。胡国鉴，号瞿石，宣城人。与吴氏同年进士。

有书寄吏部主事许成器。

《与许道甫吏部》：“昨秋从次君拜尺一之赐……近颇辑得《文纪》……无力授梓，足惜也……弟又欲钩摘诸类书，若《艺文类聚》以下及近代《天中记》之属所未载者，别为二籍。”（书牍卷十二）

按，许成器任兵部武选清吏司员外郎在三十八年三月五日，见民国《宁国县志》卷十二。此言“吏部”，可补方志之缺。

约本年秋，有诗赠宣城知县鲍国忠。

《鲍令君秋兰诗》，诗集卷二十。

鲍国忠（1582—?），字尔进，四川绵竹人。万历三十五年进士，三十六年至四十二年任宣城知县。

八月，邑友吴伯与与长子吴士威同在京应举，有诗贺之。

《吴福生举长君，二十八年而再举子。时方与长君并应京兆举，作此庆之》，诗集卷十九。

按，据《宣城吴府族谱》卷十，吴士威生于万历十年九月，距本年二十八年。又同卷吴伯与次子吴斗生生年失载，据鼎祚诗可知生于本年。

为东乡麻一凤等振雅会业作序。

《振雅会业序》：“东乡有振雅会，麻氏长少若孙、刘诸快士也，余甥子羽实为之长，尸盟焉……是岁己酉，六十年之前为嘉靖己酉，麻及孙之祖并高举京兆。”（文集卷四）

按，文中“嘉靖己酉”当为误记，麻瀛与孙濬为嘉靖庚戌进士，非己酉。

麻一凤，字长灵，一字子羽。鼎祚甥。万历十九年举人，天启间仕吉州学正。

约本年，为王守仁手书作跋。

《阳明先生书草跋》：“吾郡尊大梁金公获此卷，命鼎小子识其后。”（文集卷十八）

约九月，致书高淳韩仲孝。

《答韩君陈》其三：“仙郎见过……汤司成具时艺慧眼，定以为必当骏发矣……水阳之约爽。”（书牍卷九）汤宾尹署国子司业在本年七月。水阳之约，参见上年《答韩君陈》其一、其二。徐谱系此书于三十六年秋，误。

至南京，往谒工部右侍郎徐大任。十月归。

《与徐少司空》：“昨秋薄游陪都，仰勤晋接……入冬以闻家庶母疾，亟星夜驰归，遂不遑谒谢台端。”（书牍卷十二）书作于次年。鼎祚访徐大任，或为某碑事，参见书牍卷十二《答叶一之广文》。

再作书答顺义知县叶曾。

《答叶一之广文》：“侯及授衣，鼎祚尚被葛，日夕思归。偶为焦太史、孙大司马所迟留，亦以撰《文纪》有相质者，然不出旬余反棹矣。”（书牍卷十二）

按，徐谱系此南京之行在万历三十九年，误。孙鑛本年九月自南京兵部尚书致仕，若迟至三十九年，不当久居金陵也。其二，书中提及工部侍郎徐大任，若三十九年，则大任已被论归宣城矣。其三，书中提及林芝，惟本年林芝至宣城，二人当同至金陵。

约十月，宁国府教授马德沣升国学博士，有诗赠行。

《马郡博自晋闱还拜国博，北上便寿尊公司马》，诗集卷十九。尊公司马，指其父马维铭，时任兵部职方司主事。

马德沣（？—1624），字以容，号澹真，浙江平湖人。万历二十二年举人，三十五年进士。天启《平湖县志》卷十四有传。

十月，邑友汤莹母寿辰，有诗赠贺。

《寿汤伯润母》：“燕喜祈难老，鸿钧运小春。”（诗集卷十四）

小春，即十月。《岁时广记》卷三十七引《初学记》：“冬月之阳，万物归之，以其温暖如春，故谓之小春，亦云小阳春。”

宁国府知府金励赴京入觐，设宴为金励送行，并作序赠行。

《赠郡太守金公入觐兼过箕城为寿》，文集卷九。金励，河南西华人。西华又名箕城。

《郡中送太阿金太公入觐序》，文集卷九，代邑人某作。

《诸邑赠郡侯金公入觐序》，文集卷九，代宁国府属六县作。

《请金太公》：“凡历精者两年，行陟明于群辟……爰合欢声于通郡，敬供清宴于荒庐……嘉期待命，斋宿式承。”（书牍卷十五）

宣城知县鲍国忠赴京入觐，作赠序。

《赠鲍令君觐序》凡二首，见文集卷八。其一曰：“某自青社籍陪京，于宣城毗密，多交游某君，某益莫逆……明年岁在庚戌元会，天子当开明堂大受计。”（文集卷八）此序当代南京某作。其二为自作。

太平知县许光祚获荐，作文以贺。

《赠太平令许灵长先生膺荐序》:“丁未冬,武林许公灵长遂从铨领太平……顷者,御史台若督学杨公、视江李公适报命,并荐公于朝……余友杜生孟明、焦生仲弢、谭生仪若暨孙生明六辈,皆所为士之俊而公优遇者,述其邑缙绅先生旨,命余鼎祚一言为公赠。”(文集卷九)

按,鼎祚序中丁未冬许氏领太平,其到任实在万历三十六年冬。许光祚《重修太平县儒学并置祭器典籍记》:“岁戊申冬,余来兹土,展拜庙下。”(见《安徽通志金石古物考稿》)可证。

约本年,为嫂刘氏旌节事宴请知府金励。

《嫂刘氏建旌节坊请郡公》,书牍卷十五。参见本谱万历四十一年。

本年,俞安期《诗隽类函》刊刻。

按,《诗隽类函》正文卷首题有“宣城梅鼎祚增定”字样,则鼎祚此前亦曾参与是书之编纂,或为其提供了部分资料。

万历三十八年庚戌(1610)　六十二岁

正月,邑人黄池雷国和六十寿,为作寿序。

《雷长者六十序》:“岁之庚戌,摄提贞于孟陬,长者年周甲子也。”(文集卷十二)孟陬,即正月。

约春,休宁范穆至宣城来访。

《答范穆,其见投有“就君借宝鉴,所贵分妍媸”之句》,诗集卷十四。

春,为广德知州邵圭作《桐川三瑞赞》。

《桐川三瑞赞赠广德守姚江邵公》小序:“邵公之守广德,政通人和,上最矣,于时有岐麦、驯雉、白兔之三异焉。”(文集卷十七)邵圭万历三十五年任广德州知州,本年春上计。

至海藏庵访梅咸祚。

《过海藏》,诗集卷十四。

五月一日,族叔梅守聘六十寿,为作贺序。

《从叔起莘先生六十序》:“先生生之辰,孟冬望之五日。序之日,长至月朔也。”(文集卷十二)

梅守聘,字仲珍,号起莘。据《文峰梅氏宗谱》卷四,其生于嘉靖三十年十月二十日。长至月,本年夏至在五月二日。

永嘉王至言来书,答之。

《答王昭文》其一:“奉《笙鹤轩草》……计明春夏之交当扶老来相

从长干……属题《太玉》者册子，领在小暇，为之必无爽，正不欲草草塞责也。”（书牍卷十三）

按，王光蕴卒于万历三十四年，书中言“府君果仙游数载”，又在次年汤宾尹作墓志之前，可知此书作于本年。

六月十九日，立秋，有诗寄梅咸祚。

《立秋日寄海藏》，诗集卷十四。

有书寄工部右侍郎徐大任。

《与徐少司空》：“昨秋薄游陪都……计自执别以来，岁钥将周。”（书牍卷十二）

从弟梅庆祚赴任山东大嵩卫经历，有诗赠行。

《送子云弟赴任大嵩》，诗集卷十四。

按，梅庆祚谒选在万历二十四年，参见本谱该年。其任年，据光绪《登州府志》卷三十七、光绪《海阳县续志》卷二。

《与赵仁夫廷评》：“舍弟庆往职大嵩，踉跄罢归，贫不能挈其妻孥。阅岁始来，因藉邮候，倘蒙惠力，俾不为穷海之久羁，免于醉尉之呵诘。此弟同祖诸昆，故敢望施不报也。”（书牍卷十三）书作于四十二年。

梅士劝《寄子云叔大嵩》，《唾余集选》。作于此后不久。

有书答山阴陆梦龙。

《答陆君启进士》：“仁兄然高第……奈何即欲厌薄之……往从赵泾县一奉手敕及一扇，其一浮沉矣。所为太夫人祝者，幸详示懿行……刘伻勒马见投，立表索报……敝郡有白广文先生，可作置邮耳。”（书牍卷十二）

陆梦龙，字君启，浙江山阴人，今年举进士。赵泾县，赵圻，亦山阴人，万历三十年任泾县丞。白广文，白绍尹，宁国府训导，三十八年前后任，《宁国府志》未系年。

六月，知府金励升任徽宁兵备道，作序以赠行。

《郡太守金公擢徽宁兵备宪使序》，文集卷十。此序代邑人张克家作。文中“光禄”，即张克家。

《送金兵尊上池阳任序》，文集卷十。

据《神宗实录》卷四七一，其命在本年五月二十九日。

七月二十三日，韩仲孝母陈氏七十人寿，往高淳为贺。

《韩母陈宜人七十序》：“余兄子士好为夫人孙婿，以相月日丙寅帅子妇由宛涉湖，而祝夫人于堂。”（文集卷十五）相月日丙寅，即七月二十三日。参见《累封宜人韩母陈氏行状》（文集卷二十）。

《答王昭文》：“六年间弟杜门不出，偶赴淳友之约，相羊于玄晖之所望三湖者，逾旬而返。”（书牍卷十三）

梅士劝《同禹金伯、无犹兄赴韩澹明于淳湖》：“百里遥相命，轻桡溯渺茫。随人数行雁，推枕一帆霜。远岸浮寒树，平湖浴夕阳。鱼凫多入馔，风味渐吴乡。”（《唾余集选》）

《文纪》编成，有书寄王兆云。

《答王元祯》其一：“弟自癸卯来杜门八年，而为《文纪》者百余册。上昉羲农，下讫陈隋，旁摭释道鬼神，大校如冯氏《诗纪》之例……闻倌人期春中来南，其时弟阅藏朝天宫，当携请面质耳……一时有两君子胡孝辕、沈汝纳，嗜古搜奇，互相驳难，致足乐也。”（书牍卷十三）杜门八年，本集他处多作“六年”。朝天宫在南京。

《答王元祯》其二：“《文纪》一百册者，财绌，既不能举赢，性癖，又不能请谒，姑置之高阁。”（书牍卷十三）书作于四十二年。徐谱谓此刻为续印，误。《文纪》编成后，未即刊刻，当因鼎祚“财绌”尔。今未见万历刻本，始刻本均在崇祯间可证也。

有书寄从弟梅绵祚。

《答公衍弟》：“数年来含饴弄孙之暇，颇成《文纪》一书，册以百计，力难授梓，聊藏之敝笥，以待后或有同好者耳。”（书牍卷十二）

梅绵祚，字公衍，号龙里。万历十三年举人，时任国子监学正。

有书答芜湖张太华。

《答芜湖张太华》：“长笺斐亹……辱命为糠粃之引于二七。”（书牍卷十二）张太华其人不详，当为芜湖诸生，倩鼎祚为之制义作序耳。

八月十三日，从叔梅守峻卒，享年五十三。

孟时芳《吏部文选司郎中大庚梅公墓志铭》，《文峰梅氏宗谱》卷末。

有书寄王稚登，介前宁国通判梁梦阳往谒。

《与王百谷》：“王先生年七十逾耶？鼎祚亦六十有二矣……敝郡别乘梁公，故赵国太宰鸣泉公难弟……鼎祚敢为介于左右。”（书牍卷十三）

九月九日，与太平焦素臣等泛舟宛溪，登响山。

《九日同焦素臣、费子雨、孙以治、刘彦嘉及儿辈泛舟登响山》，诗集卷十四。

按，《宁国府志》《宣城县志》录此诗，均题为“九日同焦素臣诸子游响山”。

从兄梅国祚营新宅成，集贺。

《饮景灵兄新第》：“枫林声积老，蒲水影澄秋。”（诗集卷十四）

有书答徽宁兵备道金励。

《答金兵尊》：“台翰俯颁，俨若立侍。兼赐分俸，良具腊资……鼎祚自执别后，时时入山，稍葺旧居，损产偿逋，析余儿辈。焦先生近书至，相约开岁就翻道藏。《文纪》业竣，便得作无事人。”（书牍卷十三）

十月，代作《应天武举乡试录序》。

《应天武举乡试录序》：“己酉冬，应天复当武举士。”（文集卷五）

为诏安张廷范《暇啸集》作序。

《张仲子诗选序》：“余所遘张仲子范之，漳诸生，负俊望者也，制义之暇，时而称诗，命之曰《暇啸》。顷侍尊令公来春谷，书通余，且从管元长受所梓行选诗者。”（文集卷三）

张廷范，字范之，福建诏安人，万历四十六年举人，其父张敏本年任南陵知县。

十一月八日，族叔梅守符七十寿，为作寿序。

《从叔右溪翁七十序》：“时届月八日，与长至之辰会。”（文集卷十二）

梅守符，字瑞甫，号右溪。据《文峰梅氏宗谱》卷四，其生于嘉靖二十年辛丑十一月八日。

徽宁兵备道金励刻《八行芳规》成，为作序。

《八行芳规序》：“我六郡观察大梁金公，由吾郡拜命也……盖公尝私淑王文成、罗明德，邃深于理性之学，超览冥寤，体验于日用，时行之间而实出于知识言解之外，且欲以自悟悟他也。念骤难与微言，因掇古之所称八行者，类葺标举，陈纪立规，颁之乡约，以风示众庶……刻成，公下教鼎小子敬书末简。”（文集卷一）

按，金励今年六月由宁国知府升徽宁兵备道，三十九年秋乞归。故此序当作于本年底。又，今南京图书馆藏有《八行芳规》八卷。

十二月，知县鲍国忠新置学田四十亩，代张守道作碑记。

《宣城县新置学田记》：“时庚戌秋八月，穑人告登谷于场，先是司训董先生、王先生协其事，义兴万先生以署谕至也，赞厥成，相与谋伐石为碑，而梅叔子先为述次，命某记之。”（文集卷十六）

按，《安徽金石古物考稿》卷九录其文，后署“赐进士出身、承德郎、户部山西清吏司署员外郎事主事、邑人张守道撰……皇明万历三十八年岁次庚戌冬十二月既望吉日丙戌立石，上元丘羲民书拜篆，本学吏书夏大涧、陆应嘉、费有中、尤本科镌”。

十二月八日，为从甥徐昭庆《檀弓通》《考工通》二书作序。

《〈檀弓〉〈考工〉二通序》，文集卷一。

按，今北京大学图书馆藏《檀弓通》卷首，此序后署“万历岁庚戌腊月八日，无求居士梅鼎祚撰，江东丘羲民书”。二书今有《四库全书存目丛书》本。

有书答浙江右布政使吴用先。

《答吴本如方伯》：“顷者嘉宾丈过里中，颇相昕夕……奉接翰教……捐俸为惠……《文纪》业竣，共可百册，汤丈将欲刻置南雍，果尔，嗣必邮上。计其时开府建牙，未审何地矣。”（书牍卷十二）

按，徐谱系此书于四十一年，误。此方伯，当指浙江右布政使，非四川巡抚。据《神宗实录》卷四六七，万历三十八年二月，吴用先以浙江按察使升本省右布政使。书中言汤宾尹归里，是在本年八月任南京国子监祭酒后，若在三十九年五月后，已因京察被劾不在朝矣，不当言“过里中”。且书中明言不知开府何地，汤氏则未任巡抚可知也。

十二月二十三日，与从兄梅隆祚集饮。

《至后夜过子綦兄饮》，诗集卷十四。

万历三十九年辛亥(1611)　六十三岁

一月十六日，邹迪光于家一指堂观看《昆仑奴》杂剧。

邹迪光《正月十六集友人于一指堂，观演昆仑奴、红线故事，分得“十四寒”》，《石语斋集》卷九。

春，从叔梅守和赴任广西按察使归里，有诗怀旧。

《季方叔时过里门，数月不暇为酒咏，且将之粤西任矣，因感忆季豹、子马、泰符》，诗集卷十四。

三月，为张一鲲《倚玉集》作序，并作答书答诗。

《倚玉集引》：“辛亥之春，先生以邮示余，命题数语。”（文集卷十八）

《答张侍御伯大》：“先生九十之年，万里之外，犹以手书相存问……奉《倚玉集》……属题数语，敬如命……附往《黄蘖心要》一册，少资悟力……是后先生有书置周道长所，鼎祚可便奉报也。”（书牍卷十二）周道长，金陵某道观道士，有挹紫楼。参见书牍卷十三《答潘景升》。

《春日寄答张伯大侍御》其三："曾寄秋风感兴诗，锦城花又暮春时。"（诗集卷二十四）参见本谱三十一年。

约三月，为邑人吴伯与《游黄山纪》题辞。

《书吴福生游黄山纪》《吴福生黄山诗跋》，文集卷十八，亦见《素雯斋集》卷首。

按，吴伯与《黄山游纪》，见《素雯斋集》卷十一。其游在本年二月初。

三月，潘之恒往京口访李维桢，途经宣城，同溯宛溪游响山。

《春暮同潘景升、胡嗣铉、家侄士劝泛响山》，诗集卷十四。

潘之恒《南陔六舟记》："辛亥夏经宛上，禹金命舟登响山，始知宛水宜泛，太白数举以诧新安江。"（《说郛》续集卷二十八）

潘之恒《泛舟响山怀梅禹金》，《漪游草》卷二。

梅士劝《禹金伯集潘景升、胡嗣铉响山泛舟》，《梅氏诗略》卷八。

梅守和《丁酉春别潘景升于新安，越十五年经宛上见访，亦值前时依韵奉和为别，因感忆季豹亡兄》，《梅氏诗略》卷三。

谢彦章亦至宣城。

《答潘景升》："于宣兄信宿言旋。"（书牍卷十三）

三月底，别后有书寄潘之恒。

《答潘景升》："弟年六十三，自不宜宿于外，且游资空乏，何肯改生平之无求，裹足不出门者，凡六岁于斯也。往承训为《山川志》，先是何宾岩、慎蒙泉皆为之，弟窃怪此事……《亘史》虽属戏剧，大有精理……近辑《文纪》及百册，凡例附阅……春夏之交，欲就朝天宫翻道藏，采入前《纪》。仁兄倘来金陵，觅我于周道士挹紫楼，一晤为愿。"（书牍卷十三）书作于别后。所谓六年不出，指三十四年至今。

《亘史》，潘之恒著，有次年秋江宁顾起元序，天启六年刊。此时当为草稿。

约四月，邑友吴伯与馆于黄山，有诗送行。

《送吴福生授业黄山》，诗集卷十四。

五月十日，久旱得雨，有诗记其事。

《五月初十夜雨，时久旱，首种不入，郡方起大狱》，诗集卷十四。大狱，指梅振祚等宣淫案。

五月十三日，雨后晴，有诗记其事。

《五月十三日晴，俗传老龙生日》："是夏方忧旱，今朝更忌晴。"（诗集卷十四）

四从叔梅守和赴任广西按察使，有诗赠行。

《送季方叔赴广右宪长，先两任梁》，诗集卷十九。

邑人胡国鉴回宣城，有答和诗。

《答胡司封正父过里门，见示出京候调之作》，诗集卷十九。

光绪《宣城县志》卷十五《胡国鉴传》："丁未，转精膳司员外郎，寻转吏部稽勋、文选、验封诸司员外郎。辛亥，调南京礼部郎中。"

观看皮影戏表演，作有观后诗。

《影戏》："三载窥臣歌有意，近前犹隔宋东邻。"（诗集卷十九）

按，诗用宋玉《登徒子好色赋》及元稹《会真诗三十韵》之典，可知皮影所演者，亦才子佳人故事。

秋，徽宁道金励乞养归，作有赠序。

《书〈南陔〉〈白华〉二诗赠金兵公归养序》："公繇吾郡守秉宪畿南以迨今，请养凡四阅岁，鼎祚先后凡七为文以赠。"（文集卷十）金励三十五年初知宁国府，迄今凡四年。徐谱作四十年，误。

《赠宪使太阿金公请养序》："今年秋，有事于漕，至自淮，遂以侍养告，不待报发矣。"（文集卷十）

有书寄永嘉王至言。

《答王昭文》："弟《文纪》事竣……太玉楼诗，时并诺责，惟照在韵补，祇领府君大序，犹齿及鄙姓名乎？"（书牍卷十三）

书作于汤宾尹今年被劾归里后。王至言当请鼎祚缓颊，倩汤氏为其父作墓志。《玉洞王公墓志铭》，见汤宾尹《睡庵稿》文集卷十六。

有书答太原府同知杨若予。

《答杨使君太原》："金府君屺岵在陟，拂衣渡江……郡中近事日纷，寒宗多构，非复向来清平光景。"（书牍卷十三）书作于金励乞养归里后。

约秋，前宁国府推官许光祚子满周，当有诗贺之。

汤宾尹《奉贺许理公公子弥周诗》序："往令仙源……未逾年理吾郡，至止之月辄喜得雄。迨晬日，梅禹金欲偕予为诗歌张之，予病，未能也。家弟近尹适同一二文学有言，为先一言用纪盛美。"（诗集卷十）

按，许光祚三十六年冬任太平知县，三十七年秋任宁国府推官，三十八年仍回太平，其子满周当在本年。

有书寄汤显祖。

《答汤义仍》："弟多山居，无由致讯，比闻使诣嘉宾兄，迹之去矣……敝郡无一足语者，兄往所习也，惟一嘉宾时相对。顷弟内衅颇深，彼外讧不少……《文纪》竣事，可百册，远不能邮，亦欲面晤，乞得大序耳。惠集脱第十二卷，或未刻，望寄补。"（书牍卷十三）

闻使诣嘉宾，指本年秋汤显祖为汤宾尹《睡庵稿》作序，见《睡庵稿》卷首，《玉茗堂全集》文集卷二《睡庵文集序》、尺牍卷二《寄汤霍林》。汤显祖"惠集"，或当为《玉茗堂全集》之初版。

八月十四日，泛舟宛溪，有诗怀旧。

《八月十四夜集寄流斋，月微阴，客复先醉，追忆季豹、子马、泰符辈，大有青莲悼贺监之感，独酌成咏》，诗集卷十四。

寄流斋，鼎祚舟名。见《春暮同潘景升、胡嗣铉、家侄士劝泛响山》题后小注，诗集卷十四。

梅咸祚自杭州归，读其诗有感。

《月邦自云栖觐莲师归，示竹窗二笔》，诗集卷十四。

云栖寺，在西湖梵村栖真院。参见乾隆《杭州府志》卷二十九。

八月十七日，从兄梅隆祚年七十，为作寿序。

《十长兄子綦先生七十序》："兄前是年六秩，吾宗人咸诣播芳堂为祝，而余鼎祚为之词，兄虚襟受之。岁纪辛亥进七秩，而宗人申约如前。"（文集卷十三）参见本谱万历二十九年。

八月二十日，宁国府同知陈振扬升南京户部郎中，有赠诗并代知府马从龙作赠序。

《送陈郡丞赴南户曹二首》，诗集卷十九。

《郡丞清波陈公擢南户曹序》："陈公丞郡者五年……丁亥祖公于敬亭之阳。"（文集卷十）按，徐谱以为此"丁亥"乃"辛亥"之误，不知此"丁亥"实乃指日，非指年也。

有诗寄怀许光祚。

《寄答许灵长槜李》，诗集卷十四。许光祚当自太平县离任后寓嘉兴府海盐县。

过西乐庵访梅咸祚。

《过西乐留斋，同可大、勉叔作》："游踪减多病，秋色已如斯。"

（诗集卷十四）

梅士劝《过西乐庵》："我乘闲日到，曾记来年游。葵熟青含露，茶香白注秋。"（《梅氏诗略》卷八）

从侄梅士劭往武昌访其岳父高维岳，有诗送行。

《送劭侄访外舅高兴国君翰》，诗集卷十四。时高维岳任湖广兴国州知州。

梅士劭（1581—?），字与可，后改名士与，字勉仲。梅蕃祚长子。《文峰梅氏宗谱》卷五有传。

从侄梅士劼夭，有诗悼之。

《伤士劼侄》，诗集卷十四。士劼，梅蕃祚次子。

梅士劝《哭仲兄》："哭母未逾岁，哭兄还此辰。"（《唾余集选》）

梅士劝《检书得仲兄遗诗，悲忆成咏》，《梅氏诗略》卷八。

俞安期来访。

梅士劝《俞羡长先生再至》："重游记岁月，旧友感晨星。握手见头白，著书多汗青……相对转无语，窗中看敬亭。"（《唾余集选》）

梅士劝《俞羡长先生访禹金伯，来值即病，片谈而别》，《梅氏诗略》卷八。

与从侄梅士劝往蒋庄收板栗。

《同劝侄过蒋庄收栗，侄方持斋，以三诗相呈》："近郊时可涉，老圃渐能侪。"（诗集卷十四）

梅士劝《秋日蒋村庄赋》："园栗秋阴老，山薇晚饭贫。"（《梅氏诗略》卷八）

梅士劝《庄居薄暮》《早起》（《唾余集选》），当亦此时作。

福建张燮来书，请为其父张廷榜作诔。

《答张绍和》："拜教命之辱，始知尊甫翁先生仙仙乎游也……所为尊先公诔者，自是仆挂剑之心，絮酒之谊。范之兄县役行遄，俟以异日。"（书牍卷十三）张廷榜万历二年曾任本府太平县知县。今文集未见其诔。

张燮（1574—1640），字绍和，福建龙溪人。张廷榜子。万历二十二年举人。著有《霏雪居集》《霏云居续集》《群玉楼集》及《东西洋考》，辑有《七十二集》。

《答张范之》："顷者荣侍来郡，此良晤之会耳，奈何闻所闻、不见所见而去乎？良书俯颁，实次于面……绍和丈千里神交，累勤闻问……一缄附上佳扇，汗讫不足出入怀袖也。"（书牍卷十三）同时作。

张敏，字功伯，号范之，福建诏安人。时任南陵知县。康熙《诏安县志》卷十一有传。

冬，有书寄前徽宁道金励。

《奉金兵尊》其一："台从初旋……不斐芜言，所效于郡邑之册轴者业且赘矣，复附一卷……明春崇祠告成，碣文副墨，颛戒申布。"（书牍卷十三）

约十一月，为郭子章七十大寿作贺诗。

《大司马青螺郭公暨萧夫人七十双寿四首》，诗集卷十四。按，郭子章生日在十二月二十五日。

为邑人刘仲达《刘氏鸿书》作序。

《刘氏鸿书序》，文集卷一。

按，《刘氏鸿书》今存最早刻本为万历三十九年，鼎祚此序未收入书中，或序成而书已竣刻也。

刘仲达（1566—1620），字九逵，号剑昌。国子生。光绪《宣城县志》卷十八有传。

曹学佺为作赠序。

《赠梅禹金序》："宛陵有梅禹金者，即宋梅都官之后，而大中公之子也。禹全能读其父书，而远无愧于乃祖德。早岁治《周易》而从事于进取之策，寻即弃去，遨游两都间，声名藉甚。老而益肆力于简编，居其家不出矣。盖不欲以词章自好，而以儒者为己任；不欲为一时之名，而褎然举千百世而嗣续之者也。禹金所著有《鹿裘石室》诸篇，其为诗文若干；又所裒辑《古乐苑》《文纪》《书记洞诠》等书，夫岂无意哉？"（《石仓文稿》卷二）

按，《文纪》去年编成，故此序当作于本年或稍后。本年前后，曹氏寓于蜀。

年底，高淳韩无疾、魏翰先来访。

《送魏宾起赀业汤司成还淳湖》，诗集卷二十五。

梅士劝《同魏宾起、韩元长、无犹兄集天柱阁池亭》《送宾起、元长（岁晏人言别）》，《唾余集选》。

韩无疾，字元长，鼎祚亲家韩仲孝子。魏翰先，字宾起，崇祯七年岁贡，历任云南武定经历、马龙州同知。参见汤宾尹《萝县阁社义序》，《睡庵稿》文集卷六。

万历四十年壬子(1612)　六十四岁

年初，宴请宣城知县鲍国忠。

《请鲍令公》："长日占圭，当一阳迎祥之候……荷帡幪者五年，实深恋恋；申孅婉于一夕，愿藉陶陶。"（书牍卷十五）鲍国忠三十六年来任，至本年凡五年。

春，因邑人孙伯揆父子制茶清绝，为作茶赞。

《宣城苍坑茶赞》小序："壬子春，伯揆属余为之赞。"（文集卷十七）

春，邑人胡国鉴任南户部。

《送胡正父司封调南户曹》："曲尘丝柳喜迁莺，春日春曹折赠行。"（诗集卷十九）

按，光绪《宣城县志》卷十五《胡国鉴传》："辛亥，调南京礼部郎中。"此言"南户曹"，或县志有误耶？

二月十九日，邑人许国忠七十大寿，有诗赠贺。

《寿许彦贞八兄七十，与观音大士诞同日。兄尝为处州丞若守，近惟有魏姬在侍》，诗集卷十九。

邑后学汪初明考取秀才，有诗赠贺。

《赠汪初明举秀才（与余孙鸿中肄业）》，诗集卷十九。

汪初明，汪尚宁孙，寓宣城。

春，有恙。

《摄起答汤嘉宾司成屡过》，诗集卷十九。

六月，宣城县知县鲍国忠生辰，作序以贺。

《寿邑侯日葵鲍公兼祝封太公太夫人序》："今上为御历嗣服之四十年壬子……而我邑君侯鲍公夏六月中旬吉日，实揽揆之辰，纪年甫三十有一。"（文集卷十三）

有书寄陈振扬。

《与陈郡丞》："以明公而载莅金阊也，故借寇君于河内，乃迎竹马

于渔阳，重望宿资，新命且下。”（书牍卷七）

乾隆《泉州府志》卷四十九《陈清扬传》：“升南户部郎中，奉差过里，事竣还京，道中擢瑞州府知府，便途赴任。”

约六月，天台县知县胡来聘母蒋氏七十寿，代邑人某作寿序。

《天台令胡母蒋太夫人八十序》：“今年秋孟月，太夫人年登八秩，侯三载考最。”（文集卷十四）

胡来聘，广西全州人。万历三十八年任天台知县。

七月，作五言长律为刘仲光母七十祝寿。

《寿刘夫人七十》诗序：“今壬子秋仲一日，刘夫人寿登七秩，二子方偕举京兆鹿鸣之歌。”（诗集卷二十）

按，据汤宾尹《刘母唐太孺人七十寿序》（《睡庵稿》文集卷十二），其寿辰在八月一日。

有书寄金陵栖霞寺僧法通。

《答栖霞通公》：“耳顺之年忽焉已过……惠寄六言十首，辋川遗韵，聊以七言相报……漪老耋龄累经此变，其胡以堪?”（书牍卷十三）

法通诗，未见。鼎祚答诗，见诗集卷二十五《答伞山通公》，原当有十首，集仅存七首。漪老，即焦竑，此言其耋年遭变事，不详。

秋，宁国府推官关守箴升南京都察院经历，作序以赠行。

《郡司理关侯擢南宪台序》：“辛壬之际，郡适多故……未几，而擢南台宪史之诏报闻矣……今之秋螟蟊为灾。”（文集卷十）

按，徐谱系在四十一年，并言许光祚接任在四十二年，盖因《宁国府志》而致误，说见下。又按，据文中“某缪守史局……某方退耕于野”。可见此序当代汤宾尹作。

约八月，宣城知县鲍国忠贬官去，有书相慰。

《答鲍令君》：“台台北首之旬日，而所闻遂顿异，然不虞颠倒缪乱、邪互回曲至若斯也。”（书牍卷十三）

按，鲍国忠去年，府县志未载，考其于四十一年之前已任江西安义知县，故其离宣城在本年。

许光祚再任宁国府推官，请为作集序。

《答许灵长》：“明公秉郡宪……昨从杜生所仰奉宝翰……辱命鼎祚为糠秕之引，须受大集尽读之，勉撰片言，庶称扬扢。”（书牍卷十三）

按，许光祚任年，嘉庆府志作四十二年，误。据鼎祚《郡侯马公入觐序》，本年十一月知府马从龙上计，许光祚已在任；操江总督丁宾四十一年初《循例荐举有司官员疏》（《丁清惠公遗集》卷二），已有“宁国府推官许光祚……廉能业有令闻，拮据犹当新政，俱俸未及期”之记载；《安徽通志金石古物考稿》五录有《宁国府题名记》“许光祚，浙江钱塘人，由举人于四十年擢任”，则许光祚再任宁国府推官在本年。

有书寄嘉定县训导李重贤。

《答李广文》：“顷毕十岁之心力，为《文纪》一书，将近百册，此庶可称述，而家诎不能举嬴，当束之高阁耳……故职方殷君开美，徐宗伯之子孺旭、孺谷，并为弟友。”（书牍卷十三）

李重贤，字龙河，宣城人，万历三十二年岁贡。书中提及“故职方殷君开美”，殷都卒于万历三十年春，参见本谱该年。

十月，代作《应天武举乡试录序》。

《应天武举乡试录序》：“天子御大历服之四十年，龙集壬子……冬十月当武举士。”（文集卷五）

约本年，为邑人施弘猷捐赠义田作记。

《双溪施氏义田记》，文集卷十六。据记，文作于三十七年后，今权系于本年。

为从兄某事寄书南陵管橘。

《答管侍御》：“仰承云翰，垂轸泥潜，且及先从兄之亡后也，其人荒于酒而耄于吝，自昔已然，寄居邻邑，绝迹宗亲，以故生前之计尽属含糊，死后之孤并无所托，遂使内衅外侮，一时踵至，而其内动止不常，语言多舛，又复似之。彼家事，弟初不预也，重勤雅命，当为处分，名分本明，情理具在，然未卜能办此否也。”（书牍卷十三）

按，管橘三十六年八月至三十七年十一月任四川道监察御史，其后历任福建水利道佥事、大理寺右评事，三十九年五月因京察“才力不及”（《神宗实录》卷四八三）归里。鼎祚此书称“答管侍御”，似不妥。或于书中所言“疏节极矣”，二人久不交往，不知其后历任各职也。又，书中提及管橘次子管一堂中举事，自是本年作无疑。管一堂，号四虚，万历四十年举人。

十一月十日，应侄梅士治请，为邑人陈大志作七十寿诗。

《寿后潭陈丈七秩》诗序："后潭先生者，尝与余同乡校……余群从多为先生门弟子，而从子士治其婿也。兹者玄默次于岁御，望舒会于星纪，其月壬子，厥日庚子，为先生七十初度，治属余有所以为先生寿者。"（诗集卷二十）

梅士治（1583—1633），原名士惇，字君平，号雁门，梅储祚第五子。崇祯三年举人。《文峰梅氏宗谱》卷五有传。

约十一月底，宁国知府马从龙入觐，有诗文以赠行。

《赠郡太守汝南马公入觐》，诗集卷二十。

代作《郡侯马公入觐序》："是年壬子秋，合太原之绩，考三载，上最矣。长至之月，覆奉所职，用祗觐皇上。"（文集卷十）本年冬至在十一月二十九。

代詹沂作《郡侯马公入觐序》："明年癸丑春，天下之藩臬郡邑当奉计以朝，我郡太守马公在焉……愿得中丞之一言以祖公。"（文集卷十）

马从龙，字云从，号虞生，河南新蔡人（旧志作上蔡人）。万历二十年进士，三十八年任宁国府知府，累官通政使致仕。乾隆《新蔡县志》卷七有传。

闰十一月，至水阳。

《冬闰水阳大士庵访觉一上人于心莲阁》《过南禅寺，旧名空相，即唐开成间之白龙院也，有石幢存》，诗集卷十四。大士庵，在慈溪。

梅士劝《远公置庵水阳寄信》，《梅氏诗略》卷八。

年底，宣城县教谕万象新赴京与次年春试，有诗赠行。

《送万司谕北上春试》，诗集卷十九。

万象新，字与调，南直宜兴人。万历二十五年举人，三十八年署宣城教谕。累官刑部郎中。嘉庆《宜兴县志》卷八有传。

宣城儒学训导董汝孝升广西思恩知县去，有诗赠行。

《送董广文迁思恩令》，诗集卷十九。

董汝孝，字翼吾，南直武进人。万历二十九年恩贡，三十四年任宣城县学训导。《二楼小志》卷三有传。

万历四十一年癸丑(1613)　六十五岁

正月一日，试笔有诗。

《癸丑元旦试笔，予年方六十五，是时桃杏尽开》，诗集卷十九。

春，南京碧峰寺僧如愚至宣城，有诗赠答。

《答蕴璞愚师过宛见赠》，诗集卷十九。

汤宾尹《蕴璞来宣，予卧病两月，依来韵送之》，《睡庵稿》诗集卷九。

作书致龙膺，欲其致讯杨鹤，助赀刻印《文纪》。

《与龙君善宪使》："殚十数年之功而为《文纪》一书……闻杨公修龄者有大材，度盐台财力宿富，即徽郡诸大家不过费连朝之饷尔，先生能有意致之耶？拙草顷稍料理，大略可十数册，倘成，更就先生乞序焉。"（书牍卷十三）

龙膺时任陕西按察司佥事。杨鹤，字修龄，湖广武陵人。万历三十二年进士，四十年十月任两浙巡盐御史（《神宗实录》卷五〇〇）。

有书寄唐公靖。

《与唐君平》："昨冬车骑过里门，值孙辈疹于庄居，弟方挟医省视，则信人不宿驾行矣。十年契阔，六秩弟兄，遂不能以卮酒相劳藉，惋怅云何……尚有道藏未竟，旦夕将来冶城一了此局，握手掀髯，在大小长干间耳。"（书牍卷十三）时唐公靖自太原府推官归后，侨居金陵。

唐公靖（1535—1614），原名一相，字君平，号中台，宣城人。鼎祚岳父唐汝迪侄。万历三十八年进士，著有《视舌草》《抱膝稿》《髯吟稿》等。事见钱谦益《太原府推官唐君墓志铭》（《初学集》卷六十一），光绪《宣城县志》卷十五有传。

春，歙县程君达来访。

《送程君达游岭南省亲雷阳。君达称诗，善禄命，寓金陵而游吴》，诗集卷七。《程君达出近诗，自言学袁中郎，戏答》，诗集卷十九。

梅士劝《禹金伯招陈君达泛响潭》，《宛雅二编》卷三。陈，即程，当为音讹。

汤宾尹《约程君达过别，雨日夜不停，次邹彦吉韵兼寄怀》，《睡庵稿》诗集卷十。

程君达，生平不详，当为程文光子。万历间文光曾任徐闻县主簿。见嘉庆《雷州府志》卷九《职官志》。

约三月，邑友张守道还朝，有诗赠行。

《送张岸先员外服阕还朝》其一："烟花延禁直，春草缓江程。"（诗集卷十四）

张守道时任户部主事，署员外郎。其母潘氏卒于万历三十九年二月十六日，本年五月服阕。见汤宾尹《赠户部署员外郎事主事、东洲张公暨配封太安人潘母合葬墓志铭》，《睡庵稿》文集卷十九。

四月，应内弟唐君湜请，为上海吴震恒七十寿作序。

《上海吴翁七十序》："岁癸丑夏四月，君湜以其县弧之期来告。"（文集卷十二）

有书寄前徽宁道金励。

《奉金兵尊》其二："施生还，获闻福履清胜……祠祝之建，阖郡同心，业有成绪。惟是碣文所关最重，顾鼎祚人微，当自有私记传之……寡嫂刘氏顷下部札，已蒙旌命矣……吴福生褒然腾踔，我夫子之造就有自，藻鉴愈明，至此犹验也。"（书牍卷十三）吴伯与今年春举进士。

《奉金兵尊》其三："敝地郡邑之事一大变矣，是非倒置，黑白混淆……门内之衅孽横生，疑诋丛至，事几销骨，时切戒心。窃念实无因致是，然在先贤处之当必有道，夙忝门墙之末，不识夫子何以训我也?"（书牍卷三）与上书同时或稍后作。

五月五日，有诗寄怀前宁国府知府金励。

《奉寄金使君西华》："江南春到浴兰时，每忆高斋宴赏宜。"（诗集卷十九）浴兰节，即端午节。

七月七日，与弟侄辈泛舟蒲干。

《七夕蒲上同弟子亿、子由、伯箴、仲鸿、可大、子传、侄旃美、勉初、勉叔、儿都溪泛》，诗集卷十四。

约秋，当涂知县何舜岳有书来寄。

《答何令公》："当涂为开天之首，地控陪都之上游……重以台台学殖渊涵……将应符于六阶，乃试锦于三辅。"（书牍卷十三）

何舜岳，字廷鸣，号越畸，浙江临海人。本年进士知当涂县。书当作于其初任时。

约秋，张凤翼卒，享年八十七。

八月一日，歙县汪道会卒，享年七十。

八月初，华亭汪君度归里，有诗送行。

《送汪君度归华亭为寿，时近中秋且留之》，诗集卷十九。

汪君度，名不详。梅士玹《同汪君度晚入海藏分“楼”字》（光绪《宣城县志》卷三十二）、梅士劝《闻汪君度宿柏枧寺却寄》（《唾余集选》），可见其在宣停留较长时间。

家难复作。

《答汤义仍》：“比忽戈鋋，兴自骨肉，所为工言翕舌者之子，吾兄往习之。无著天亲且有调达，何况相忌，自古而然。”（书牍卷八）此万历二十九年事。其始发在万历八九年，至今而烈。

《奉金兵尊》其三：“昨冬吴福生北首……是后敝地郡邑之事大变矣。是非倒置，黑白溷淆，自建邦设吏以来，未有若此时之不公不平、至怪至险者也……门内之衅孽横生，疑诋丛至，事几销骨，时切戒心。”（书牍卷十三）吴伯与去冬北上应试，今春中进士。

亡兄元祚妻刘氏受旌。

《奉金兵尊》：“寡嫂刘氏，顷下部札，已蒙旌命矣。”（尺牍卷十三）

《嫂刘氏建旌节坊请郡公》，尺牍卷十五。据嘉庆《宁国府志》卷三，时知府为余士奇。

宁国友许成器赴任辰沅兵备道，有诗赠行。

《送许道甫宪使饬兵辰常》，诗集卷十九。

按，乾隆《沅州府志》卷二十五系许成器之任在万历四十五年，则此时鼎祚已殁，焉能作此诗以送行？或许氏两有其任耶？待考。

约本年，长洲知县胡士容父母七十双寿，有诗寄贺。

《为长洲令胡仁常寿其尊太公、李太夫人七秩双封长律》，诗集卷二十。

胡士容，字仁常，湖广广济（今湖北省武穴市）人。胡应中子。万历三十八年进士，四十一年至四十三年任长洲知县。乾隆《广济县志》卷九之三有传。

十一月十八日，长姊八十大寿，为作寿序。

《伯姊麻母太夫人八十序》：“今岁癸丑月长至，吾姊麻太夫人之年登八秩，前是耆为癸巳，进而老为癸卯，余鼎祚帅昆弟子姓递为寿，而鼎祚申祝词，至是凡三为役矣。”（文集卷十五）参见本谱万历二十一、三十一年。

十二月二十二日，王稚登卒，享年七十九。

本年，吕天成《曲品》刊刻。

《曲品》卷上评鼎祚为“上品之中”，其词曰：“禹金名家隽胄，乐苑鸿裁。贡京同贾谊之入秦，作客似陆机之游洛。著述不遗鬼妓，交游几遍公卿。”

万历四十二年甲寅(1614)　六十六岁

为歙县徐上达《印法参同》作序。

《印法参同序》：“今新安徐伯达之《印法参同》出，而后谓之完……今为印良者类出新安，余所识吴良止、何震、何遵、詹泮、罗彝叙辈，而震为之冠。”（文集卷一）

按，《印法参同》四十二卷，未见鼎祚此序。徐上达序后款“万历甲寅上月吉日”，知其刻于本年也。今国图存卷十至卷二十一，每卷前署“宛陵梅鼎祚禹金校”。

徐上达，字伯达，一字学父，工印。

三月十四日，为邑人吴伯与《长安秋逸》作小引。

《长安秋逸引》，文集卷十八。

按，此引亦见吴伯与《素雯斋集》卷首，后款：“万历甲寅谷雨日。”

四月，唐公靖卒于南京。

钱谦益《太原府推官唐君墓志铭》，《初学集》卷六十一。

五月，与侄梅士劝、外甥徐昭庆编《玄对山水》。

《玄对序》：“甲寅夏五，梅雨浃旬，颇饶昼晏。属从子劝条摘郦注之所称奇丽者，因及诸书，偕徐甥穆如更广之，芟芜撮胜，讫于六朝，以存古之遗。唐无与焉。凡三卷，题之《玄对》……明年春，徐甥谋于劝，授诸梓。”（文集卷四）卷首题“江东梅鼎祚汇裁，从子梅士劝、从甥徐昭庆辑录”。

六月，约汤显祖来聚，不果，汤遣宜伶至。

《封安人十从母孟太君八十序》：“是岁（指甲寅）六月也……余友汤义仍祠郎适以乐部来余所，善歌《洞玄》，舞羽衣，缭绕翩跹，云歌霞唱，以介太君寿。”（文集卷十五）

《答汤义仍》其二："奉手教，知翁丈行抵章门，为封姨波臣所尼。惘然者久之……宜伶来三户之邑，三家之村，无可爱助。然吴越乐部往至者，未有如若曹之盛行。要以《牡丹》《邯郸》传重耳，而皆不能演什三，此中唯得陈上枝一人，乃其徒时时龄龁之不休，可笑也。敝乡吉礼多在冬底，极作戏剧，而宜伶忽遄归。"（书牍卷十三）

《与赵仁夫廷评》："汤义仍兄以善唱新辞乐部送弟处。秋中特访我赤铸、宛水之间，翁丈肯抉别后惊人诗，骏马宝剑，翩然作一晤，亦奇观矣。"（书牍卷十三）

六月，从叔梅守恭妻孟氏八十大寿，为作寿序。

《封安人十从母孟太君八十序》："今岁甲寅，太君行年八十矣。"（文集卷十五）参见上条。

六月，回山口贺宗长寿。

《答王元祯》："偶有入山寿宗长之行。"（书牍卷十三）

《答亭州王元祯》："弟偶有家庆，日在杯酒间。"（书牍卷九）

《夏日携宜伶蒲上，子綦兄以病不与会，贻诗致艳，有"北窗羲皇"之语，奉答一章》，诗集卷十九。

按，鼎祚此行，当因婶母孟氏八十大寿。

梅隆祚《禹金弟过访》："风雨还能过药房，悲时感事话联床。谢庭池草秋仍茂，田氏园荆晚更芳。病我十年成废弃，看君两代足恩光。林中胜事知多少，偏尔词坛独擅场。"（《梅氏诗略》卷四）与《夏日携宜伶》诗同韵，知为和答诗。

作书再答王兆云。

《答王元祯》其二："《玄对》仅三卷，刻者以其家他妨暂止。明春竣，当寄上。"（书牍卷十三）

有书寄前徽宁道金励。

《奉金兵尊》："昨夏朱吏还，奉手敎，知太老先生在弥留之际。今夏朱生还，载奉手敎，乃知太夫人相踵仙逝也……鼎祚望七之年，精力顿惫，齿目作楚，行步多蹶，涉卷即忘……别逾三秋，途迈千里，伸纸发函，感怆横集。"（书牍卷十三）

七月十九日，申时行卒，享年八十。

约七月，为高淳韩仲孝母陈氏作行状。

《累封宜人韩母陈氏行状》，文集卷二十。陈氏卒于六月十八日，葬于十月。

代人作贺陈禹谟迁官太仆寺卿。

《贺陈学台迁太仆》，书牍卷十五。

据《神宗实录》卷五一七，本年陈禹谟由太仆寺少卿升太仆寺卿。按，陈禹谟未见有学使之任，待考。

有书寄胶州赵任。

《与赵仁夫廷评》，书牍卷十三。书为从弟梅庆祚事，参见本谱三十八年。

秋，邑人刘伯起七十寿，为作寿序。

《敬原刘次君七十序》："甲寅秋，次君之年登七秩。"（文集卷十二）

八月，邑人詹沂年八十，为作寿序。

《大中丞詹公八十序》："岁甲寅，则公年届八秩云……八月日乙巳，公揽揆之辰。"（文集卷十三）

邑人张仲誉编《鉴径评解》成，为作序。

《鉴径评解序》："书成之明年，太岁在甲，而衡文者首颁功令，申祖制。"（文集卷一）

十月，有高淳之行。二十七日归。

《与韩君陈》其一："自家别后，忽及腊期。"（书牍卷十三）当为韩仲孝母陈氏葬事。

《与韩君陈》其二："弟初意升堂拜母，自犹子之情谊，且佳招再四，不敢爽期。乃我丈以宾宾我，丰庖盛乐，有加无已，陶陶永夕……道经石臼，距�山特尺有只，点苍澄碧，惜不把吾兄之袂相与浩歌耳。别后留大舅家一日夜绝维去，廿七午抵舍，则催租之吏与征文之使杂沓于门，而武林有贵客待晤境上矣。"（书牍卷十三）

《祭韩母陈宜人》，文集卷二十五，是时作。

冬，有书寄如愚。

《答蕴璞》："鼎祚自吾师移锡后……乃复病魔见侵，齿目作楚，重以苦嗽，胸胁痰饮，自季秋至今，迄无宁日……属嗽方甚，屡更医手，高弟所谂闻，未即报命。"（书牍卷十三）如愚四十一年曾至宣城。

十一月，从母朱氏八十大寿，为作寿序。

《一从母朱太孺人八十序》:“岁中冬二日,昆从子弟群而咸拜乎堂下,献爵致祝。”(文集卷十五)

按,朱氏为梅守选妻。据文峰《梅氏宗谱》卷四,梅守选生于嘉靖十五年,朱氏当较之长一岁。又,梅守选为梅继前次子,鼎祚称“一从叔”,不知何故。

十二月,寄书韩仲孝,欲刻印陶弘景集。

《与韩君陈》其一:“忽及腊期……陶弘景者,弟有其遗集二册,真诰十卷,《真灵位业图》一卷,《内丹赋》一卷,《登真隐诀》三卷,《刀剑录》一卷,半在道藏中,今天下道藏不数处有之,即有之亦十缺八九,弟意欲汇此几种,共刻为《陶隐居集撰》,吾兄固其乡后俊也,亦有意乎?”(书牍卷十三)

《与韩君陈》其二,当亦同时作。

万历四十三年乙卯(1615)　六十七岁

一月八日,为从弟梅膺祚《字汇》作序。

《字汇序》:“(诞生)二子士人、士杰能读父书而梓行之,请序于余。”(文集卷一)

按,今华东师大图书馆藏藏万历四十三年《字汇》刻本,其序后署:“万历乙卯孟陬之月谷日立春,江东梅鼎祚撰。”孟陬月,即一月。本年立春在一月八日。徐谱误作四十一年。

从叔梅守模七十寿,为作贺诗。

《怀谷三叔七秩》,诗集卷十九。

按,据《文峰梅氏宗谱》卷四,梅守模字端甫,行坎三,号怀谷,生于嘉靖二十五年。然其为梅继禄第五子,鼎祚何以称为“三叔”?待考。

春,过西乐庵,晤僧自恬。

梅士劝《同禹金伯过西乐庵》:“抱书来寂寞,出郭试芳春。”(《唾余集选》)

按,据梅士劝《西乐自恬寂后追忆同禹翁昔游》(《唾余集选》),自恬当殁于鼎祚后。

三月六日,歙县谢陛卒,享年六十九。

邹迪光来书，绍介周光祚来谒。

《与梅禹金》："追数雨花浮白已二十七寒暑矣，人寿几何而契阔若此！不佞老且惫，一切事不挂胸臆，亦不复驰骤少年场，二六时间惟与瞿昙对面，寻绎三大藏作生活耳。闻足下年逾不佞，而意挺神王，搜二酉，探三坟，亲鬘髯，不废丝竹。令人羡杀。传者又谓足下尚丰仪秀整，翩翩都雅，如卫洗马、王长史，其然乎否？果尔，更令人羡杀。承明周君后来之秀，三吴中艺林月旦以此君为第一，宛陵之游意在梅先生，非独为敬亭山、桃花潭也。于其行敬勒八行起居，便附拙稿、拙扇，用博喷饭。《文纪》刷青，想已竞业，数载校雠，亦劳止矣。翘首可胜注企。"（《石语斋集》卷二十三）

按，鼎祚与邹氏万历十六年初会于金陵，至本年凡二十七年。周光祚，字承明，苏州长洲人。

梅士劝《至日同周承明集别峰庵》(《唾余集选》)，当作于此时。则周光祚之游宣，在五月二十七日夏至前后。别峰庵，在开元寺左。

夏，徽宁道饶景曜升任四川右布政使，代作序以赠。

《治兵按察使饶公擢四川右布政使序》："迨乙卯夏，公绩著劳久，擢拜四川右布政使以行。"（文集卷十）据文中"某摄总台宪者七年"，此序当代詹沂作。

饶景曜，字廷献，号昆圃，江西进贤人。万历二十年进士，四十年以河南参政升任徽宁道。同治《南昌府志》卷四十一有传。

八月二十四日，逝世。

《临去留题》题后小注："乙卯八月廿四日午时，以手画授而逝。"（诗集卷二十五）

汤宾尹《哭禹金梅三丈》五律四首，《睡庵稿》诗集卷九。其二后有小注：禹金临革有"持螯拍饮愿空违，急急如律令，腊月三十日"等语。

吴伯与《哭梅禹金十首》，《素雯斋集》卷四。

梅士劝《哭禹金从父六首》《赴板桥庄再哭禹金伯》《禹金伯殁已月余，抚今感昔，触绪成诗》，均见《唾余集选》。

梅士玹《哭禹金叔》，《宛雅二编》卷八。

谱　后

万历四十四年丙辰(1616)

六月十六日,汤显祖病逝,享年六十七。

万历四十五年丁巳(1617)

章伯敬至宣城。

徐复祚《南北词广韵选》卷一:"丁巳岁,余友章伯敬自宛城归,手一册惠余,则禹金所作《长命缕》也。询禹金起居,始知已化为异物,不觉泫然。吴下以词曲名家,就余所及交者,若郑虚舟而后,梁伯龙、张伯起、孙禹锡、梅禹金、沈宁庵、顾衡宇,今皆次第往矣,不胜痛哉!"

万历四十六年戊午(1618)

春,友人邹迪光于家观《长命缕》传奇,有怀。

邹迪光《一指堂同承明兄看演〈长命缕〉传奇。此是梅禹金所作,禹金物故,即事生感二首,仍用咏玉兰之韵》,其一:"江左才郎笔吐花,添词按谱号当家。吹箫单史珠能返,望石邢娘璧不瑕。两部清玉依降缕,一时大碗嚼绯霞。若教锦□□□化,此曲应传萼绿华。"其二:"词人身已跨蓬瀛,留得声歌满座倾。檀板按来皆白雪,香喉流出是明琼。青楼误落鸳鸯种,彩缕还多鼓瑟情。莫道雕虫真小技,骊驹采葛尽传名。"(《始青阁稿》卷八)

七月,潘之恒与汤宾尹、袁中道游响山,有怀。

潘之恒《泛舟响山怀梅禹金》:"小桥曾忆维孤艇,南阮论才尚属君。"(《漪游草》卷二)参见本谱万历三十九年。

天启三年癸亥(1623)

子士都、士好刊刻《鹿裘石室集》六十五卷。

刻本题:“宣城梅鼎祚禹金着,同邑汤宾尹嘉宾订。”总目后有“天启癸亥岁玄白堂雕”牌记。

汤宾尹序,款:“天启三年癸亥仲夏,友弟汤宾尹书。”李维祯序,款:“天启岁癸亥孟冬望日,大泌山人李维桢本宁甫撰。”高维岳序,款:“天启三季癸亥长至、社弟高维岳撰并书。”吴伯与序,款:“天启四年甲子中夏、友弟吴伯与书于严滩舟次。”

天启五年乙丑(1625)

本年,邹迪光卒,享年七十七。

崇祯二年己巳(1629)

春,长子梅士都募资刊刻《皇霸文纪》十三卷。

卷首有两序,一为陈继儒序,款“崇祯己巳仲春望日,眉道人陈继儒撰”,一为吴伯与序,款“岁己巳孟秋,友弟吴伯与撰并书”。每卷前署“江东梅鼎祚纂辑,男士都校阅”。

《四库全书总目提要》卷一八九:“《皇霸文纪》十三卷,明梅鼎祚编。鼎祚辑陈、隋以前之文,编为《文纪》,以配冯惟讷《诗纪》。此编上起古初,下迄于秦,故曰《皇霸文纪》,乃其书之第一集也。洪荒以降,书契莫详,事尚无征,况其文字,传于后者,非汉代纬书之依托,即战国诸子之寓言,一概裒存,遂不免一真百伪。至《集古录》《博古图》《考古图》所列诸铭,名姓时代,半属臆求;点画偏旁,多缘附会。刘、杨异释,薛、郑殊音,而确定为某商某周,编之简牍,实为失于阙疑。甚至‘篴磬铭’六十三字,惟录篆文,尤乖体例。他如《穆天子传》《诗序》之类,本各自为书,亦登文集,则录所不当录。屈原《楚辞》,惟载三篇,则删所不当删。何致之《伪岣嵝碑》、杨慎之《伪石鼓文》并出近代,漫无考证。大横庚庚之兆,且以汉文误入之,皆辑录之疏,不可据为典要。然网罗繁富,周、秦以前之作,莫备于斯,芜杂之中,精英不乏。陆机所谓‘虽榛楛之勿翦’,亦蒙茸于集翠者也。故病其滥而终取其博焉。”

崇祯三年庚午(1630)

子士都、邑人詹应鹏刊刻《西晋文纪》二十卷。

今存《西晋文纪》刻本，正文卷端题“江东梅鼎祚纂辑同邑詹应鹏参阅”，前有序款“崇祯庚午季秋月，友弟詹应鹏撰”。

邑人詹应鹏捐资重刻《古乐苑》。

今存《古乐苑》刻本，正文卷端题“西吴梅鼎祚补正，东越吕胤昌校阅”，前有序款“崇祯庚午季秋月，友弟詹应鹏撰”。

崇祯五年壬申(1632)

六月二十九日，祁彪佳观《玉合记》演出。

《祁忠敏公日记》：“邀曹大来、沈宪申二客观《玉合》剧。”

十月十二日，祁彪佳再观《玉合记》演出。

《祁忠敏公日记》：“别赴宋长元席。同席为吴昆池、阮旭青、黄水濂、刘振贤、钱瑞星，观《玉合记》。”

崇祯九年丙子(1636)

十一月二十日，梅鸿中至山阴，以《文纪》赠祁彪佳。

《祁彪佳日记》卷六《林居适笔》：“（二十日）出访广文叶君彻奇、宣城梅君鸿中，梅君为禹金先生孙，惠以先生所辑《文纪》。”

崇祯十年丁丑(1637)

应天监察御史张煊、宁国府知府周维新为刊刻《宋文纪》等。

今存《宋文纪》卷首有“崇祯十年丁丑腊月八日”张煊序，及周维新、张溥二序。

张煊、宣城知县余飏刊刻《南齐文纪》。

今存《南齐文纪》，正文卷端书“晋阳张煊参定，闽莆余飏订阅，江东梅鼎祚纂辑”。

顺治十二年乙未(1655)

江南督学李来泰、宣城知县王同春刊行《东晋文纪》。

据《北京大学图书馆藏古籍善本书目》，其正文卷端题“临川李来泰参定，沁水王同春订阅，江东梅鼎祚纂辑”，王同春顺治七年至十五年任宣城知县，李来泰顺治十二年任江南省督学，寻督苏松粮储，则知其刻于本年。

顺治十五年戊戌(1658)

宁国府知府迟日豫重刻《南齐文纪》。

迟日豫《南齐文纪序》："宣厄于兵，刻多毁而佚予因捐俸梓其残阙……顺治戊戌秋八月望日，江南宁国府知府今升两浙盐法道迟日豫书。"(《南齐文纪》卷首)

正文卷端题"辽东迟日豫参定，闽莆余飏订阅，江东梅鼎祚纂辑"。

康熙初

钱谦益编《列朝诗集》成，《丁集》选鼎祚诗十六首。

《列朝诗集小传》：禹金于学博而不精。其为诗宗法李何。虽游猎汉魏三唐。终不出近代风调、七言今体步趋李于鳞，又其靡也。"秋减叶声中"，五字擅场，虽千章万句，亦何以加?

参考资料

梅鼎祚《鹿裘石室集》，明天启三年玄白堂刻本，《续修四库全书》集部第1378—1379册。

梅鼎祚《梅禹金诗草》，明万历十一年鹿裘石室刊本。《四库全书存目丛书补编》第75册。

徐朔方《梅鼎祚年谱》，《晚明曲家年谱》第三卷，浙江古籍出版社1993年版。

梅守德《沧洲摘稿》《沧洲续稿》《无文漫草》，明隆庆六年、万历六年刻本。

梅守德等编万历《宁国府志》，明万历五年刻本。

沈懋学《郊居遗稿》，明万历三十三年沈有容刻本，《四库全书存目丛书》第163册。

梅守箕《居诸集》，明万历十六年刻本，《居诸二集》，明崇祯十六年刻本；《四库未收书辑刊》第6辑第24册。

唐汝迪《唐嘉议惠庵先生集》，民国十七年泾县朱氏活字印本。

梅咸福等《文峰梅氏宗谱》，清光绪十八年刻本。

汤宾尹《睡庵稿》，明万历间刻本，四库禁毁书丛刊集部第63册。

王寅《十岳山人诗集》，明万历间刻本，《四库全书存目丛书》集部第79册。

汪道昆《太函集》，明万历十九年刻本，《四库全书存目丛书》第117—118册。

周怡《讷溪集》，明万历间刻清乾隆增修本，《明别集丛刊》第2辑第67册。

朱孟震《朱秉器全集》《河上楮谈》《玉笥诗谈》，明万历间刻本，《北京图书馆古籍珍本丛刊》子部第79册。

欧大任《欧虞部集》十五种，《北京图书馆古籍珍本丛刊》子部第79册。

俞安期《翏翏集》，明万历间刻本，《四库全书存目丛书》集部第143册。

汤显祖《玉茗堂全集》，明天启元年刻本，《明别集丛刊》第4辑第26册。

方于鲁《方建元集》，明万历三十四年刻本，《四库全书存目丛书》集部第146册。

张凤翼《处实堂集》，明万历间刻本，《四库全书存目丛书》集部第137册。

王稚登《南有堂诗》，明崇祯间刻本。

孙七政《松韵堂集》，明万历四十五年刻本，《四库全书存目丛书》集部第142册。

刘凤《刘子威禅悦小草》《刘子威杂稿》，《丛书集成三编》第49册。

周光镐《明农山堂汇草》，明万历间刻本，《明别集丛刊》第3辑第88册。

屠隆《白榆集》《栖真馆集》《由拳集》，明万历间刻本，《续修四库全书》集部第1 359—60册。

傅光宅《傅伯俊诗草》，明万历间刻本。

黄辉《黄太史怡春堂藏稿》，明天启间刻本。

吴稼竳《玄盖副草》，明万历间刻本，《四库全书存目丛书》集部第186册。

徐熥《幔亭集》，明万历二十九年王若刻本，《四库全书》集部。

吴澍等纂《宣城吴府族谱》，民国十四年怀宁郑文发堂刻本。

杨于庭《杨道行集》，明万历间刻本，《四库全书存目丛书》集部第168—69册。

祁承㸁《澹生堂集》，明崇祯间祁氏家刻本。

释洪恩《雪浪集》，明万历间释通泽刻本，《四库全书存目丛书》集部第190册。《雪浪续集》，禅门逸书续编本，台北汉声出版社1987版。

冯梦祯《快雪堂集》《快雪堂日记》，明万历四十六年黄汝亨等刻本，《四库全书存目丛书》集部第164—65册。

邹迪光《石语斋集》《调象庵稿》，明万历间刻本，《四库全书存目丛书》集部第159—60册。

《中国明朝档案总汇·武职选簿·宣州卫选簿》，广西师范大学出版社2001年版。

梅清《梅氏诗略》，清道光五年敦睦堂刻本，《清代家集丛刊》第134册，国家图书馆出版社2015版。

吴伯与《素雯斋集》，明天启间刊本。

梅士劝《唾余集选》，清顺治间澄怀堂刊陈允衡辑《诗慰初集》本。

潘之恒《鸾啸小品》，明崇祯元年刻本。

李言恭《青莲阁集》，明万历十八年刻本，《四库未收书辑刊》第5辑第23册。